构建人力资源第三方服务管理体系

提供规范化的实务工具与解决方案

人力资源第三方服务工作手册

王红 徐姗姗 编著

业务类型、环节梳理……

业务流程、业务规范……

三个层面　经典精炼

六种形式　实务实用

风险环节、常见问题……

中国劳动社会保障出版社

图书在版编目（CIP）数据

人力资源第三方服务工作手册/王红，徐姗姗编著．—北京：中国劳动社会保障出版社，2017

ISBN 978-7-5167-3273-1

Ⅰ.①人… Ⅱ.①王…②徐… Ⅲ.①人力资源管理-手册 Ⅳ.①F243-62

中国版本图书馆 CIP 数据核字（2017）第 305249 号

中国劳动社会保障出版社出版发行

（北京市惠新东街 1 号 邮政编码：100029）

*

保定市中画美凯印刷有限公司印刷装订 新华书店经销

787 毫米×1092 毫米 16 开本 14.25 印张 329 千字
2017 年 12 月第 1 版 2017 年 12 月第 1 次印刷

定价：45.00 元

读者服务部电话：（010）64929211/84209103/84626437
营销部电话：（010）84414641
出版社网址：http://www.class.com.cn

版权专有 侵权必究

如有印装差错，请与本社联系调换：（010）50948191
我社将与版权执法机关配合，大力打击盗印、销售和使用盗版图书活动，敬请广大读者协助举报，经查实将给予举报者奖励。
举报电话：（010）64954652

前言 QIANYAN

人力资源第三方服务是相对于人力资源管理外包而言的。外包，作为现代企业提升自身核心竞争力、控制运营成本的重要战略方式之一，已从生产加工外包、信息技术外包、公关服务外包等硬件资源领域逐渐延伸至人力资源管理外包等软件资源领域。

据调查，世界 500 强企业中在人力资源管理方面，有 95% 以上会选择部分或全部职能的外包，这样既降低了人力资源管理成本，也提高了管理工作效率和管理水平。这使得人力资源第三方服务行业得以蓬勃地发展。

近年来，我国人力资源第三方服务业发展迅速，行业规模快速扩大，服务功能也日趋多元化、专业化。但是，人力资源第三方服务企业自身的经营管理水平、服务专业化程度有待提高，其业务在运行的过程中暴露出来的问题也越来越多，主要表现在业务类型繁杂、运作程序不规范、与客户企业常发生冲突或纠纷，其从业人员的专业技能水平也亟待提升。

此外，诸多高校在开设劳动与社会保障、人力资源管理专业的时候，一般会选择社会保障管理、人力资源管理、绩效管理、薪酬管理、劳动关系管理等常设课程，而人力资源第三方服务相关的课程却鲜有涉及。这显然不利于培养人力资源第三方服务人才。

在这种市场形势下，关于如何规范人力资源服务企业的经营管理活动、如何通过精细化运营向管理要效益、如何提升从业人员服务技能的专业水平，则成为人力资源第三方服务企业经营管理人员关注的重点问题。

为了帮助人力资源第三方服务企业解决上述问题，帮助行业从业人员掌握人力资源第三方服务的实际操作技能及规范标准，本书作者团队结合多年在人力资源第三方服务公司管理工作的实践经验，编写了本书。

本书特点主要体现在独家性、权威性、实战性、实用性、方便性等方面。

1. 独家性

本书是市场上第一本关于人力资源第三方服务企业业务流程和业务规范的实务类图书。其内容系统、全面、实用，涵盖了第三方招聘服务、猎头服务、人才测评服务、社会保险事务代理服务、第三方培训服务、劳务派遣服务、涉外就业服务、人事档案管理服务、人力资源咨询服务等 9 大业态的关键工作，以满足人力资源第三方服务企业推进流程化管理、制度化管理的规范需求。

2. 权威性

本书编写团队成员大多从业于人力资源第三方服务行业，或多年经营人力资源第三方服务企业，或奋战于具体的人力资源第三方服务业务，对人力资源第三方服务有着深厚的理论基础和娴熟的实战经验。

3. 实战性

本书中关于第三方服务业务适用的法律法规、第三方服务业务的流程分析、规范示例、风险分析、问题解决、案例实训等内容，集"实操、实训、实务、实用"于一身，是人力资源第三方服务机构规范化发展本企业、第三方企业从业人员提升服务技能的实战工具书。

4. 实用性

以第三方服务企业的业务操作、服务技能提升为主要线索组织全书内容的架构与编写，实现了业务开展、岗位操作与图书内容的无缝对接，综合权威实战人士的实践经验，构建最实用、最高效的人力资源第三方服务手册。

5. 方便性

本书还向读者免费提供部分书中与人力资源服务工作密切相关的表格、文书、制度、流程等执行工具，以方便读者在工作需要时"拿来即用"，或稍加改编后即可方便地使用这些工具，从而大大地方便工作并提升自身的工作效率。

本书既适用于人力资源第三方服务机构工作人员，也可作为用工单位人力资源管理人员与第三方服务机构合作时的实际操作指导书，还可作为高校人力资源管理、劳动与社会保障等专业的教学辅导用书。

在本书编写过程中，刘井学、孙宗坤、孙立宏、袁晓烈负责资料的收集和整理，贾月、邹霞负责本书图表的编排，沈冬霞、刘亚萍负责第1章的编写，刘俊敏、王海燕负责第2章的编写，李作学、高玉卓负责第3章的编写，王淑燕、张天骄负责第4章的编写，陈里、韩燕负责第5章的编写，刘仙梅、郭蓉负责第6章的编写，金成哲、齐艳霞负责第7章的编写，刘阳、王素艳负责第8章的编写，韩庆龄、周鸿负责第9章的编写，匡晓蕾、姚小凤负责第10章的编写，全书由王红、徐姗姗统撰定稿。

目 录 | MULU

第1章　人力资源第三方服务组织设计　/1
1.1　人力资源第三方服务业态类型　/1
1.2　常见第三方服务企业的组织结构设计　/4
1.3　第三方服务企业常设岗位的职责设计　/7

第2章　第三方招聘服务　/13
2.1　第三方招聘服务及其类型概述　/13
2.2　个人求职登记业务流程与规范　/18
2.3　岗位推荐业务流程与规范　/22
2.4　委托招聘业务流程与规范　/25

第3章　高级人才猎头服务　/31
3.1　猎头服务及其类型概述　/31
3.2　客户开发业务流程与规范　/33
3.3　人才寻访业务流程与规范　/37

第4章　人才测评服务　/40
4.1　人才测评服务及其类型概述　/40
4.2　人才测评前期准备业务流程与规范　/43
4.3　人才测评实施业务流程与规范　/49
4.4　测评数据处理与报告业务流程与规范　/55

第5章　社会保险事务代理服务　/60
5.1　社会保险事务代理服务及其类型概述　/60
5.2　企业社会保险开户登记业务流程与规范　/62
5.3　参保人员增减申报业务流程与规范　/67
5.4　员工医疗费用报销业务流程与规范　/71
5.5　员工工伤认定与费用报销业务流程与规范　/76
5.6　员工生育医疗费报销和生育津贴申领业务流程与规范　/83
5.7　员工失业保险金领取业务流程与规范　/88
5.8　员工退休手续协办和养老保险清算业务流程与规范　/92
5.9　异地社保关系转移业务流程与规范　/96

5.10　社会保险补缴业务流程与规范　　　　　　　　　　　　　　/100

第6章　第三方培训服务　　　　　　　　　　　　　　　　　　/105
   6.1　第三方培训服务类型与实施主体概述　　　　　　　　　　　/105
   6.2　国家职业资格培训机构办学许可证办理业务流程与规范　　　/109
   6.3　国家职业资格证书培训业务开展业务流程与规范　　　　　　/113
   6.4　定制化培训业务实施业务流程与规范　　　　　　　　　　　/118
   6.5　客户企业员工培训实施业务流程与规范　　　　　　　　　　/123

第7章　劳务派遣服务　　　　　　　　　　　　　　　　　　　/127
   7.1　劳务派遣服务类型及业务范围界定　　　　　　　　　　　　/127
   7.2　用工单位派遣需求咨询业务流程与规范　　　　　　　　　　/132
   7.3　劳务派遣劳动合同解除或终止业务流程与规范　　　　　　　/143
   7.4　劳务派遣争议处理业务流程与规范　　　　　　　　　　　　/149
   7.5　被派遣员工工伤事故处理及管理业务流程与规范　　　　　　/154
   7.6　用工单位退工受理业务流程与规范　　　　　　　　　　　　/159

第8章　涉外就业服务　　　　　　　　　　　　　　　　　　　/164
   8.1　涉外就业服务类型与实施主体概述　　　　　　　　　　　　/164
   8.2　外国人就业许可手续办理业务流程与规范　　　　　　　　　/167
   8.3　台港澳人员内地就业证及备案手续办理业务流程与规范　　　/173

第9章　人事档案管理服务　　　　　　　　　　　　　　　　　/177
   9.1　人事档案管理服务及其类型概述　　　　　　　　　　　　　/177
   9.2　个人存档业务流程与规范　　　　　　　　　　　　　　　　/180
   9.3　单位存档业务流程与规范　　　　　　　　　　　　　　　　/184
   9.4　人事档案查借阅业务流程与规范　　　　　　　　　　　　　/188
   9.5　人事档案转出业务流程与规范　　　　　　　　　　　　　　/192

第10章　人力资源咨询服务　　　　　　　　　　　　　　　　/198
   10.1　人力资源咨询服务及其类型概述　　　　　　　　　　　　/198
   10.2　人力资源管理项目咨询需求调研业务流程与规范　　　　　/202
   10.3　人力资源管理咨询项目投标实施业务流程与规范　　　　　/207
   10.4　人力资源管理项目咨询协议签订业务流程与规范　　　　　/212
   10.5　人力资源管理项目问题诊断业务流程与规范　　　　　　　/217

第1章 人力资源第三方服务组织设计

1.1 人力资源第三方服务业态类型

人力资源第三方服务业是现代服务业中新兴的代表性领域，是为劳动者就业与职业发展、用人单位聘育用留人等提供相应服务的行业。其具体业务形态主要包括两大方面。

◆ 针对劳动者的，主要包括劳动者求职信息登记、职业介绍与指导等就业服务。

◆ 针对用人单位聘育用留人的，主要包括多渠道招聘服务、猎头服务、人才测评服务、培训服务、社会保险事务代理服务、劳务派遣服务、人事档案服务、人力资源管理咨询服务等多种业务类型。

1.1.1 就业服务

就业服务主要是指面向劳动者提供的求职信息登记、职业介绍与指导等相关服务。其中，个人求职信息登记是对年满16周岁、有求职意愿的个人办理求职登记手续，包括查验求职者身份证明材料、了解其求职意愿或方向、指导其填写"求职登记表"等。

职业介绍与指导则是根据求职者本人登记的求职信息与求职意愿，招聘人员向求职者本人介绍客户单位登记的用人需求及信息，向其推荐合适的空岗信息后，并对求职者本人进行简单的个人求职指导。指导的内容包括应聘单位的地址、乘车路线、岗位信息、面试技巧、就业观念、防骗技巧等。

1.1.2 招聘服务

招聘服务主要是指第三方招聘服务机构确认客户单位的招聘需求、发布招聘信息、选择招聘渠道、面试与筛选、背景调查与录用等一系列服务或其中某一项服务。目前最常见的招聘服务主要包括现场招聘会服务和网络招聘服务。

其中，现场招聘会服务包括校园招聘会、行业专场招聘会、专业人员专场招聘会等形式。而网络招聘服务则可分为搜索类一站式网络招聘服务、行业类网站招聘服务、SNS类社交网络招聘服务以及新兴的自媒体社交网络招聘服务等。

在第三方招聘服务的起始环节，有的还会涉及客户单位用人指导的业务需求，这项业务会因客户单位招聘工作人员成熟程度而异。

1.1.3 猎头服务

猎头服务即高级人才寻访服务,是为企业客户提供咨询、搜录、甄选、评估、推荐并协助录用高级人才的一系列服务活动。这里,高级人才主要是指满足客户要求的具有较高知识水平和专业技能的高层管理人员、高级技术人员或其他职位稀缺人员。

从本质上来讲,猎头服务其实是招聘服务的一种,与后者不同的是,猎头服务的对象是需要高端人才的企业,服务内容更个性化,服务方式更专业化。

1.1.4 培训服务

培训服务是指专业培训机构向客户单位提供培训前调研、培训内容设计、培训课程开发、培训实施授课以及培训后效果跟进落实等一系列活动。根据服务对象的不同,培训服务包括个人技能培训服务和企业培训服务。

个人技能培训服务种类比较多,包括英语培训、小语种培训、职业技能资格认证培训、会计培训、计算机培训、文体艺术培训、出国留学培训等;而企业培训服务则包括公开课服务、企业内训服务、咨询式培训服务、企业网络培训服务等。

1.1.5 人才测评服务

人才测评服务就是指测评人员在较短的时间内,采用科学的方法和手段,收集被测人员在主要活动领域中的表征信息(行为事实),然后对被测人员的素质做出数量或价值判断的过程。其宗旨在于达到人与事、人与职位相匹配。

人才测评服务包括测评工具的开发与供应、测评工具应用全程服务、测评专家顾问咨询、为客户企业定制人才测评整体解决方案等。各项服务往往与招聘服务、培训服务或其他人力资源外包服务结合在一起,作为单独的服务项目或与其他服务项目并行。

1.1.6 人事档案服务

人事档案服务是指人才中心依据《流动人员人事档案管理暂行办法》等规定,接受不具有人事档案管理权单位的委托,办理其员工档案接收、查阅与转出手续的服务。

一般来说,下列10类人员的人事档案可以委托(单位委托或个人委托)人才中心代为保管。

(1) 辞职或被辞退的机关工作人员、企事业单位的专业技术人员和管理人员的人事档案。

(2) 与用人单位解除劳动合同或聘用合同的专业技术人员和管理人员的人事档案。

(3) 直接分配到非国有企业工作及待业的大中专毕业生的人事档案。

(4) 自费出国留学及其他因私出国人员的人事档案。

(5) 外商投资企业、乡镇企业、民营科技企业、私营企业等非国有企业聘用的专业技术人员和管理人员的人事档案。

(6) 外国企业常驻代表机构的中方雇员的人事档案。

(7) 受国有企事业单位委托管理的人事档案。
(8) 用人单位聘用的本市及外埠城镇人员的人事档案。
(9) 个体劳动者、自由职业人员及失业和下岗人员中申请自谋职业或实现灵活就业人员的人事档案。
(10) 其他流动人员的人事档案。

1.1.7 劳务派遣服务

劳务派遣服务是指劳务派遣机构或企业（以下简称"派遣单位"或"用人单位"）与实际使用劳动者的单位（以下简称"用工单位"）签订劳务派遣协议，根据用工单位提出的人员标准与工资待遇等要求，招聘、录用合格人员，并将该劳动者派遣至用工单位工作，从中获得收入的经济活动。

劳务派遣服务的内容主要包括派遣用工需求受理、招工与派工、社会保险和公积金申报与缴纳、工资发放、人事档案传递和信息管理、工伤事故申报与工伤鉴定、人事相关证明出具等服务。

1.1.8 涉外就业服务

涉外就业服务是指境外人员在中国大陆境内从事社会劳动并获取劳动报酬的行为，包括台港澳人员在内地就业和外国人在中国大陆就业。

涉外就业服务简单来说主要是行政许可，即相关机关对拟在中国大陆就业的外国人和台港澳人员入境申请、签证办理、劳动合同签订、就业证与居留证办理等行为实施管理的行政许可和监督的行为。

1.1.9 社保事务代理服务

社会保险事务代理服务是指具备工商局核发的营业执照和当地人社局批准核发的"人力资源服务许可证"的人力资源第三方服务机构代办委托存档人员的社会保险费的收缴和支付等服务，具体服务内容包括社会保险信息的采集、社会保险的申报、基本保险手册或保险卡的发放、社会保险费用支付以及社会保险经办机构需办的其他相关事项。

1.1.10 人力资源咨询服务

人力资源咨询服务主要是围绕人力资源管理工作所提供的咨询服务，包括组织内外部环境调研、分析与诊断，人力资源战略规划、组织架构与管控，岗位设计及职位体系设计，以及薪酬体系设计、绩效管理体系设计、员工胜任素质体系设计等量体裁衣式的体系性解决方案。

1.2 常见第三方服务企业的组织结构设计

1.2.1 职业介绍机构组织结构设计

职业介绍机构是运用市场机制实现劳动者就业和转换职业的中介机构，是职业介绍的主要形式。我国的职业介绍机构主要分为非营利性职业介绍机构和营利性职业介绍机构两种。前者主要是由国家各级人力资源和社会保障部门举办的公共职业介绍机构，或由其他政府部门、企事业单位、社会团体举办的从事非营利性职业介绍活动的服务机构。

营利性职业介绍机构是由法人、其他组织和个人举办的以营利为目的的从事职业介绍活动的服务机构。这类机构的成立或业务的开展需要经过人力资源和社会保障行政部门的审批，并向工商行政管理部门申请办理企业登记注册和营业执照。

职业介绍机构的主要服务职能包括客户的接待登记、提供求职或招聘的信息、组织双方面谈、其他委托服务等任务。因此，中小型职业介绍机构的组织结构可参考如图1—1所示来设计。

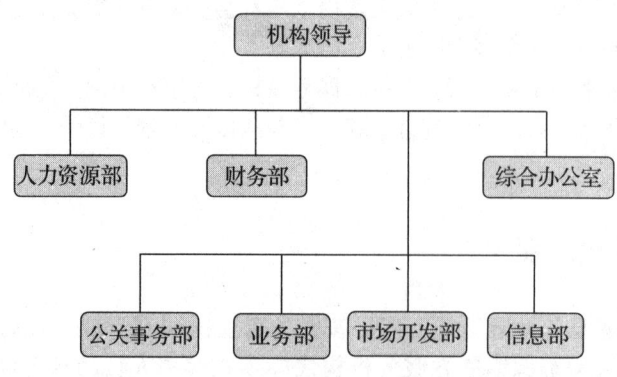

图1—1 职业介绍机构组织结构设计范例

1.2.2 猎头公司组织结构设计

猎头公司的主要任务是寻访高级人才，并能很好地匹配用人单位的招聘需求。所以，猎头公司一边对接用人单位、一边对接高级人才，前者由业务拓展部来开拓，后者一般由猎头部来完成。业务拓展部开拓来的企业客户交由猎头部去寻访高级人才，并由猎头部跟踪完成后续的面试、筛选与录用签约等服务。

业务多、规模大的猎头公司，会针对不同的行业设立猎头项目部，还会设立本公司的人事行政、财务等部门。因此，常见的猎头公司组织结构设计范例如图1—2所示。

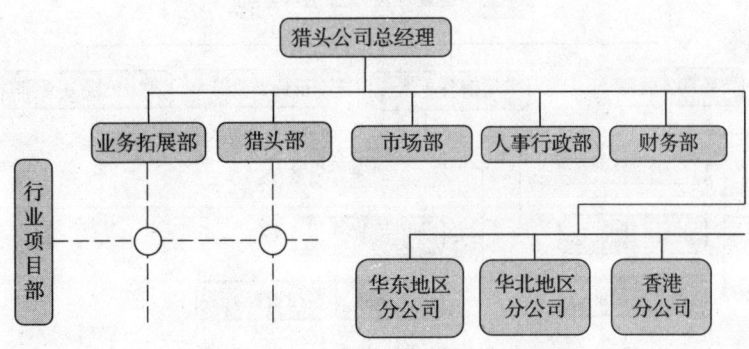

图 1—2 猎头公司组织结构设计范例

1.2.3 劳务派遣服务公司组织结构设计

劳务派遣服务公司的业务主要包括三大块：企业客户开发、被派遣劳动者招聘与培训、劳动者派遣业务管理。因此，劳务派遣公司的业务职能部门可依据这三大业务来设置客户开发部、招聘培训部、劳务派遣部。随着劳动者被派遣到企业去工作，还会涉及被派遣劳动者的薪酬管理、绩效管理、日常事务处理、社会保险申缴与相关事务处理、劳动纠纷的处理等事务。

因此，劳务派遣服务公司的组织结构可参考如图 1—3 所示的思路来设计。

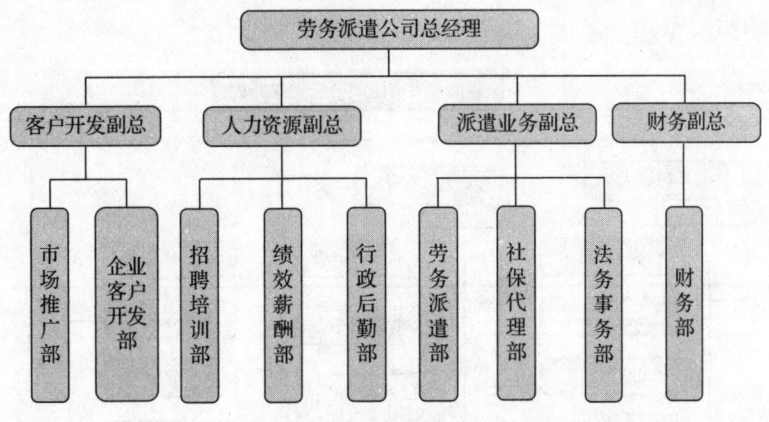

图 1—3 劳务派遣服务公司组织结构设计范例

1.2.4 人力资源管理咨询公司组织结构设计

人力资源管理咨询公司的业务主要围绕企业客户人力资源管理工作来展开，这类公司的组织结构既可按照其咨询业务模块来设计，也可按照客户所在行业的类型来设计，有的综合型人力资源管理咨询公司还会设计培训、投资、风控、文化创意等业务模块。

人力资源管理咨询公司的组织结构可参考如图 1—4 所示来设计。

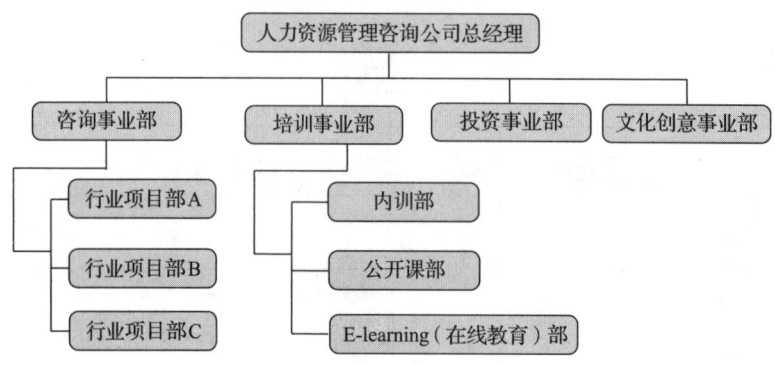

图1—4 人力资源管理咨询公司组织结构设计范例

在图1—4中,每个行业项目部还可以按照所在项目部擅长的咨询项目细分成规章制度设计咨询部、人力资源法律法规咨询部、企业组织结构设计咨询部、绩效管理体系咨询部、薪酬体系设计咨询部等。

1.2.5 外企人力资源服务公司组织结构设计

外企人力资源服务公司的设立,需要经国家相关部门的审批和许可。此类公司,除了主动开拓企业客户外,还会设置一些窗口业务,如人事档案建档的受理、社会保险和住房公积金的代理、留学服务事务的咨询与代理等,为前来咨询或办事的顾客提供相应的服务。

所以,外企人力资源服务公司的组织结构需要根据自身开展的业务类型来选择设计,典型的范例如图1—5所示。

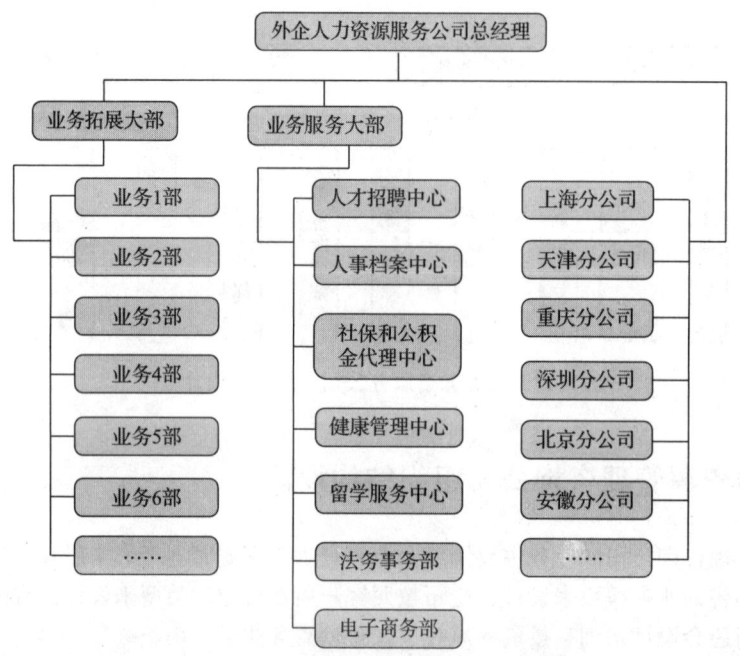

图1—5 外企人力资源服务公司组织结构范例

1.3 第三方服务企业常设岗位的职责设计

1.3.1 职业介绍顾问岗位职责

职业介绍顾问主要针对客户企业人力资源状况和求职者的登记信息,根据业务流程提供方案,提供职位介绍、求职信息与岗位信息匹配等服务。

一般来说,职业介绍顾问需要 2~3 年以上企业人力资源管理或职业介绍工作经验,掌握专业、全面的人力资源管理知识和社会保障专业知识,能够独立承担职业介绍项目的实施。其岗位职责描述范例如图 1—6 所示。

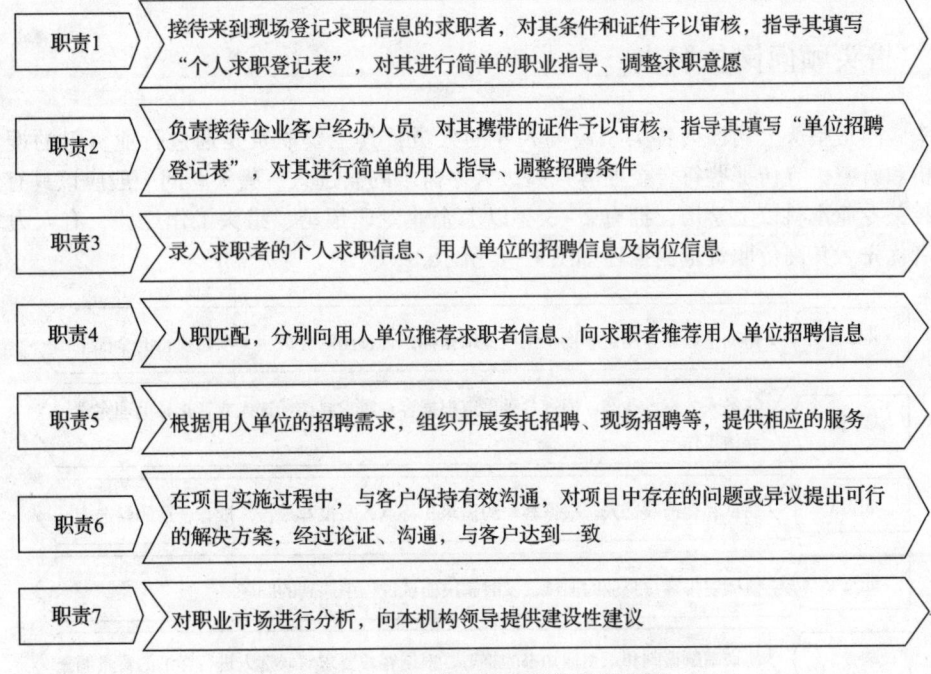

图 1—6 职业介绍顾问岗位职责范例

1.3.2 猎头 BD 岗位职责

猎头公司作为提供第三方招聘服务的单位,一端面向企业,一端面向高端人才。BD 是 Business Development 的首字母缩写,即猎头业务拓展人员,主要对接客户企业人力资源高级管理人员,负责开拓猎头公司的客户企业、获取对方高级管理人员招聘的委托。

一般来说,猎头 BD 需要 3 年以上企业招聘或销售经验或 1 年以上猎头工作经验,有人力资源相关证书者优先。其岗位职责范例描述如图 1—7 所示。

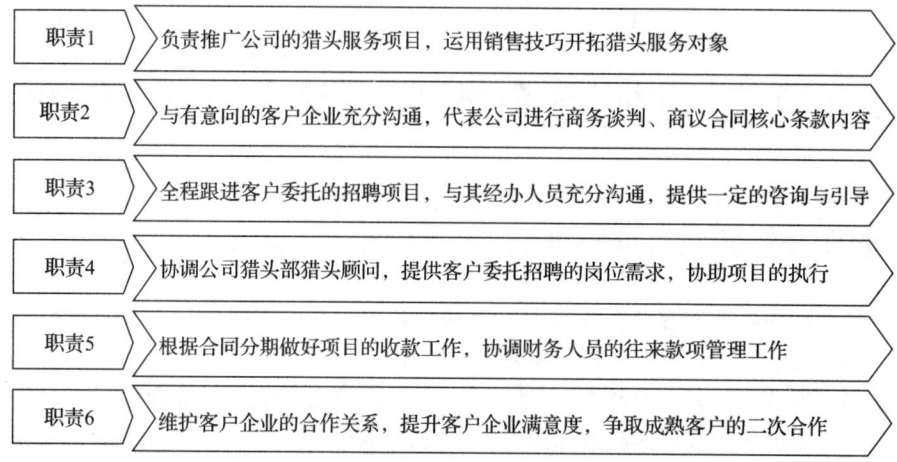

图 1—7　猎头 BD 岗位职责范例

1.3.3　猎头顾问岗位职责

猎头顾问是猎头公司面向各类型高端人才的人员，其主要职责是通过行业资料的搜集、整理、分析和研究，寻访那些符合企业客户高级人才需求的候选人。猎头顾问一般应该具有人力资源管理相关专业本科以上学历，拥有 2~3 年以上企业专职招聘、猎头工作经验，有人力资源相关证书者优先。其岗位职责范例描述如图 1—8 所示。

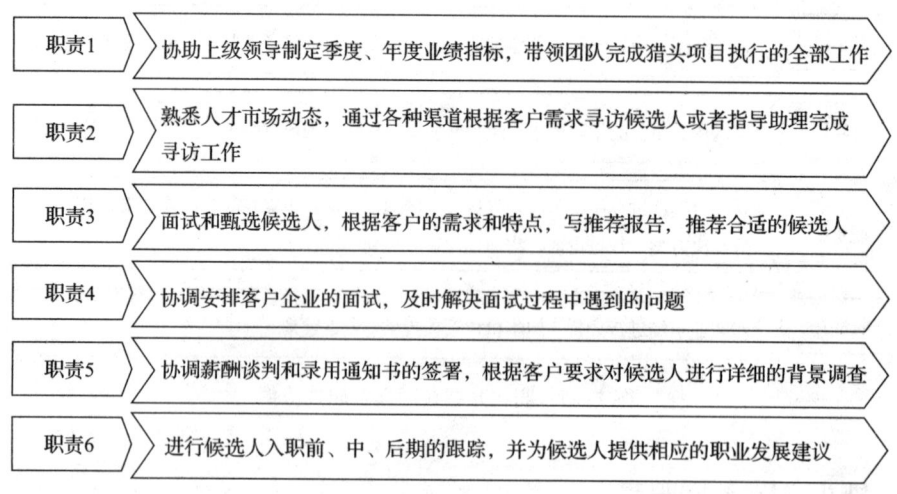

图 1—8　猎头顾问岗位职责范例

1.3.4　招聘事业部经理岗位职责

对于人力资源第三方服务单位而言，招聘事业部经理主要专注于为客户提供招聘解决方案。不同类型的企业，招聘事业部经理的岗位职责略有不同。

（1）第三方招聘服务机构的招聘事业部经理岗位职责

第三方招聘服务机构中的招聘事业部经理主要负责用人单位招聘、求职者求职等事项的规划工作，具体岗位职责范例如图1—9所示。

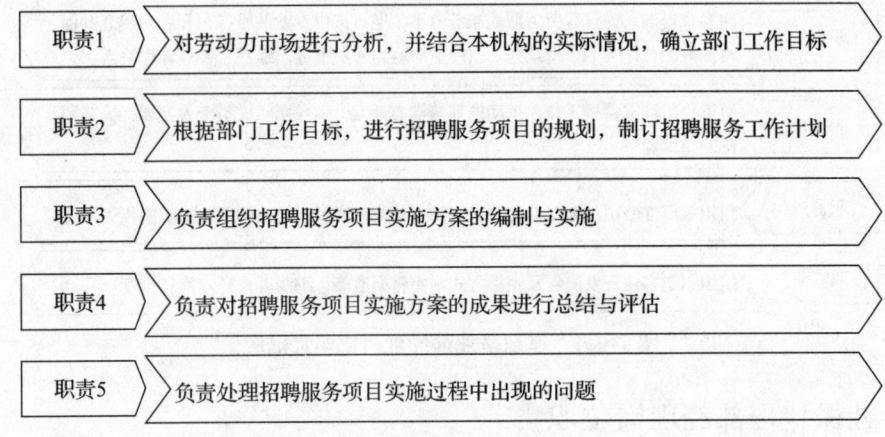

图1—9　第三方招聘服务机构的招聘事业部经理岗位职责范例

（2）劳务派遣公司的招聘事业部经理岗位职责

劳务派遣公司的招聘事业部经理主要工作职责是根据用工单位的招聘需求，组织实施被派遣员工的招聘工作，具体岗位职责范例如图1—10所示。

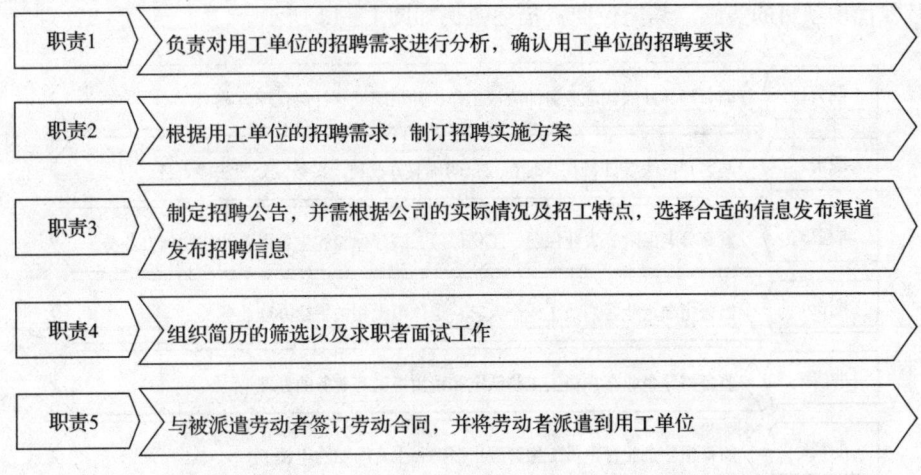

图1—10　劳务派遣公司的招聘事业部经理岗位职责范例

1.3.5　派遣事业部经理岗位职责

派遣事业部经理主要负责本公司劳务派遣业务的市场拓展与客户关系维护，确立业务拓展策略、制订业务拓展计划，以及派遣业务团队的建设。派遣事业部经理一般需具备3年以上劳务外包（派遣）市场开发、管理工作经验，具有劳动保障、人力资源管理等相关专业专科以上学历。其岗位职责描述范例如图1—11所示。

职责1	负责确立本公司劳务派遣业务拓展策略，组织制订季度、年度派遣业务拓展计划
职责2	组织宣传、推广本公司的人力资源劳务派遣服务产品，开拓新客户
职责3	向客户提供人力资源劳务派遣服务方案，通过提供专业的服务，和客户建立并保持良好的合作关系，持续地、积极主动地为客户服务，维系老客户合作关系
职责4	负责部门日常营运工作，推动内部培训与开发，引导团队成员个人发展，提升团队的整体竞争力
职责5	组织做好本公司与被派遣劳动者、用工单位三者关系的协调，及时解决相关冲突
职责6	组织制定客户开发流程及销售方式、销售渠道等，编制客户开发管理制度

图1—11 派遣事业部经理岗位职责范例

1.3.6 社保代理部经理岗位职责

社保代理部经理主要负责针对客户对社会保险服务的需求，提供社保代理方案，并根据与客户签订的社保代理协议组织完成社保代缴代办等代理业务。

一般来说，社保代理部经理需要3年以上人力资源管理、社保办理或社保代理相关工作经验，需要全面掌握社保相关政策，以及专业的人力资源管理和社保代理专业知识，能够独立组织和承担社保代理项目的实施。其岗位职责描述范例如图1—12所示。

图1—12 社保代理部经理岗位职责范例

1.3.7 咨询项目经理岗位职责

咨询项目经理一般是企业某一个或某几个咨询项目的负责人,其主要职责是带领团队进行咨询项目的开发设计,并监督实施,保证项目目标达成。

在人力资源管理咨询公司任职的咨询项目经理,一般应具有5年以上管理咨询行业工作经验,拥有管理类相关专业硕士以上学历,精通企业战略规划、组织结构设计、管理流程设计以及人力资源管理相关业务咨询业务模块,具备良好的管理咨询知识、咨询诊断能力以及优秀的沟通协调能力,能够经常出差。其岗位职责范例描述如图1—13所示。

图1—13 咨询项目经理岗位职责范例

1.3.8 培训项目经理岗位职责

培训项目经理主要负责带领项目团队做好培训客户的开发、培训项目的计划、培训项目的实施、培训项目的评估等工作,确保团队工作效率,提高第三方培训服务的客户满意度。

一般来说,培训项目经理应具备培训工作经验和项目管理经验,掌握全面的培训管理知识、课件开发及设计知识,同时应具有较强的计划、控制、沟通协调和应变能力。因培训客户的地理差异,一些具有海外业务的第三方培训服务单位还要求培训项目经理熟练掌握一至两种外语。其岗位职责范例描述如图1—14所示。

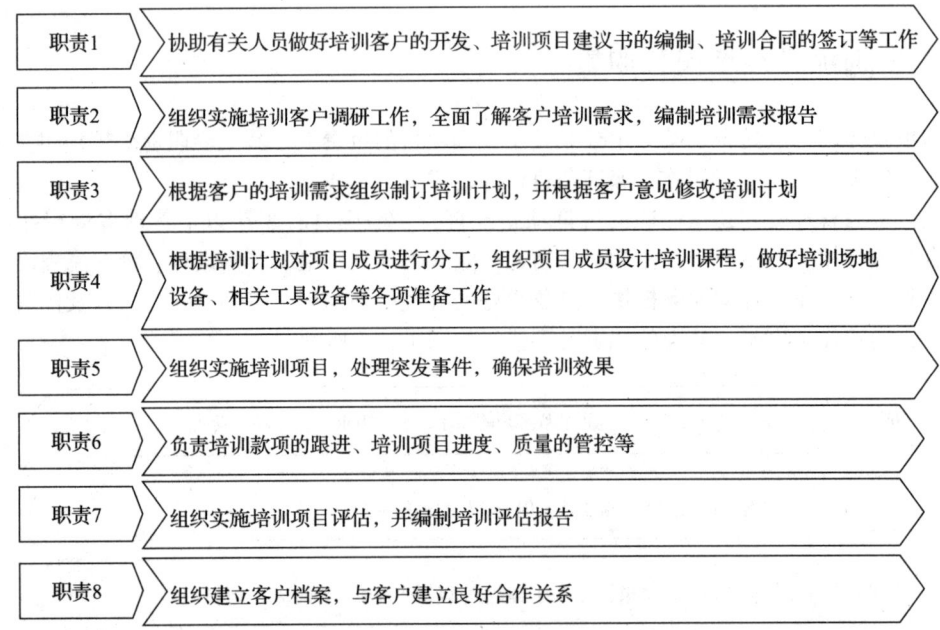

图1—14 培训项目经理岗位职责范例

1.3.9 人事档案中心经理岗位职责

人事档案中心经理主要负责组织本中心员工做好单位或者个人客户人事档案的接收、保管、转存、查借阅、转出及相关证明的开具等工作，确保本中心日常工作高效有序。

一般来说，人事档案中心经理应具备2～3年以上企业人力资源管理经验，并具备1年以上企业人事档案管理经验，掌握全面的人力资源管理知识，熟知本地区人事档案存档、转出等相关政策，具有良好的沟通协调能力及责任意识。

人事档案中心经理的岗位职责范例描述如图1—15所示。

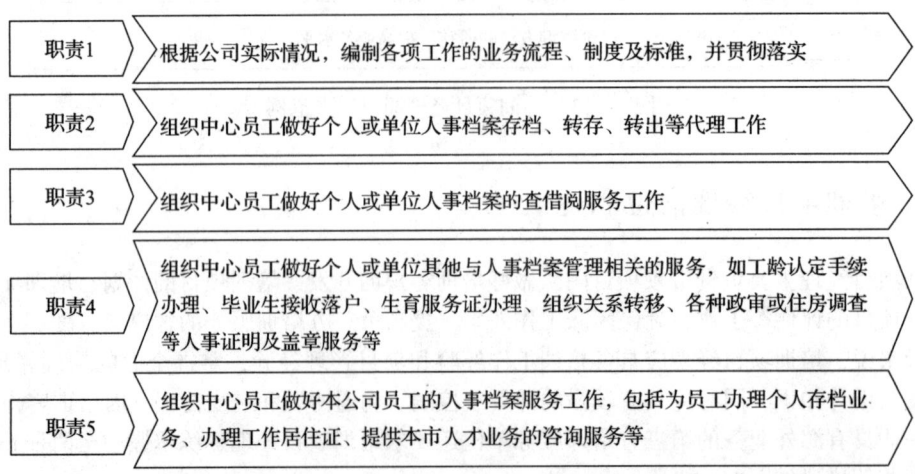

图1—15 人事档案中心经理岗位职责范例

第 2 章 第三方招聘服务

2.1 第三方招聘服务及其类型概述

2.1.1 第三方招聘三重关系分析

第三方招聘是招聘服务机构根据求职者的求职意向为求职者提供岗位信息，或根据用人单位的招聘需求向用人单位提供求职者信息，使求职者能够找到合适岗位或使用人单位找到合适人才的经济活动。

与传统的人员招聘相比，第三方招聘活动中多出的招聘服务机构，既不提供岗位也不提供劳动力，仅仅向求职者提供相关岗位的信息、向用人单位提供求职者的信息，因此，在第三方招聘业务中涉及求职者、招聘服务机构、用人单位三类主体。此三类主体间的业务关系具体如图 2—1 所示。

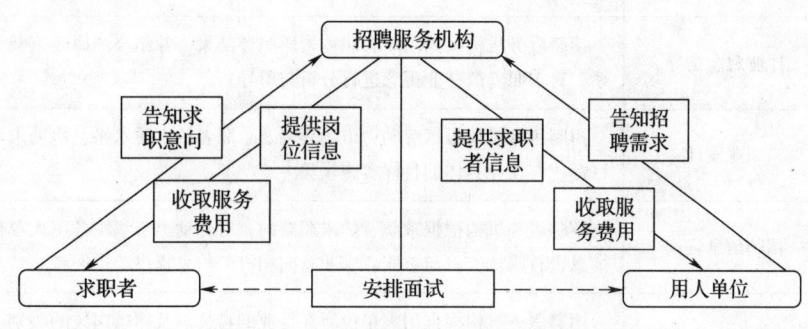

图 2—1 第三方招聘三类主体关系分析

2.1.2 第三方招聘业务类型分析

在实际开展的第三方招聘业务中，根据业务内容的不同，第三方招聘服务可分为职业介绍和就业招聘指导两种。

（1）职业介绍服务

职业介绍服务是招聘服务机构为了实现招聘服务目标，而向求职者提供的岗位介绍服务或向用人单位提供的求职者介绍服务，它属于第三方招聘服务中的传统项目，其具体服务项目说明如图 2—2 所示。

（2）就业招聘指导服务

就业招聘指导服务包括对求职者的就业指导和对用人单位招聘工作予以指导这两种服务，是招聘服务机构根据国家政策法律法规的要求，结合市场劳动力供求情况，为求职者顺利就业或用人单位顺利开展招聘工作提供的相关指导服务。

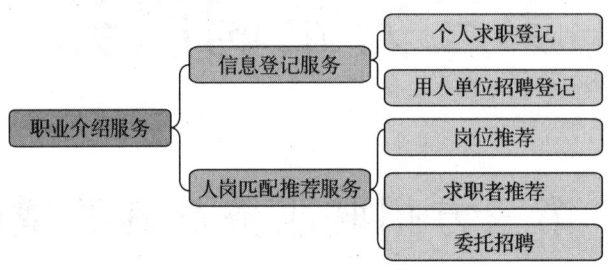

图 2—2 职业介绍服务项目体系

就业招聘指导服务的具体服务内容见表 2—1。

表 2—1　　　　　　　　　就业招聘指导服务内容

服务对象	服务项目	说明
求职者	法律政策咨询	招聘服务机构根据求职者的实际情况及需求，将国家有关求职、就业促进、劳动合同签订等方面的法律法规及相关政策详细告知求职者
	职业素质测评	招聘服务机构通过一定的心理测量技术对求职者的行为特征、能力水平、个性特点等进行系统评价，确定求职者的职业素质水平
	择业观念指导	招聘服务机构根据求职者职业素质测评结果，并结合法律政策及劳动力供求关系，对求职者的择业观念进行分析与引导
	职业设计	招聘服务机构根据劳动力市场环境及求职者的素质水平，协助求职者设定职业目标，并设计具体的目标实施步骤
	招聘信息咨询	招聘服务机构根据求职者的求职意向，对劳动力市场中各用人单位提供的招聘信息进行筛选，将与求职者求职意向相符的信息提供给求职者
用人单位	法律政策咨询	招聘服务机构根据用人单位所在行业的特征以及招聘岗位的类别特征，详细将有关招聘实施、劳动合同签订等方面的法律法规及相关政策告知用人单位
	求职信息咨询	招聘服务机构根据用人单位的招聘需求，对劳动力市场中的求职信息进行筛选，并将符合用人单位招聘需求的求职信息提供给用人单位
	招聘指导	招聘服务机构根据用人单位的招聘需求及实际情况，为用人单位的招聘工作实施提供协助指导，使用人单位掌握人员招聘的基本程序及相关技能，提高招聘的成功率与招聘工作的效率

2.1.3　三大新型方式助力人员招聘

随着移动互联网技术的发展，一些新型的招聘方式涌现出来，以下介绍了其中的 3 种。

（1）微博招聘

现如今，微博招聘已成为企业招聘的一个有效渠道，越来越多的企业通过建立官方微博来发布招聘信息，并且取得了一定成效。

所谓微博招聘，即用简洁的文字将招聘信息发布到微博上，进而实施招聘的一种招聘方式。由于微博的直接互动有效拉近了招聘企业与应聘者之间的距离，提升了沟通效率，且相比其他招聘渠道，成本较低，因而这一新型招聘方式受到了企业的广泛欢迎。

做好微博招聘需要考虑如下3个方面，具体内容如图2—3所示。

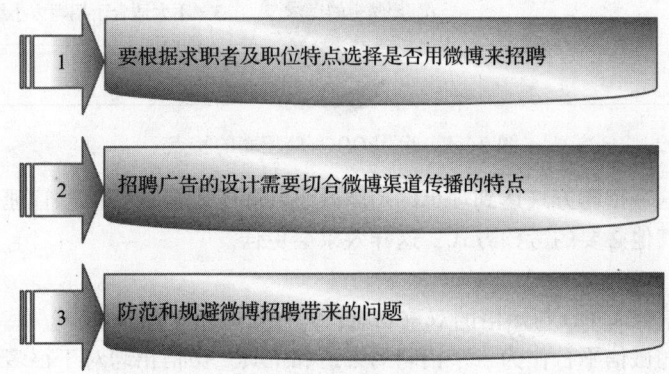

图2—3　运用微博招聘需考虑的三个方面

作为人力资源管理者，应积极地去寻求创新思路，挖掘微博广泛且即时传播带来的益处，为我所用，促使自己在提升专业实力的同时，不断提升招聘工作水平。

（2）运用QQ进行招聘

运用QQ软件进行招聘与面试员工，是不少企业采用的一种新的招聘方式。如有的企业构建的QQ空间、QQ交流群，就是通过QQ发布招聘信息，收取应聘者信息和进行视频面试的。如图2—4所示给出了一个演示示例。

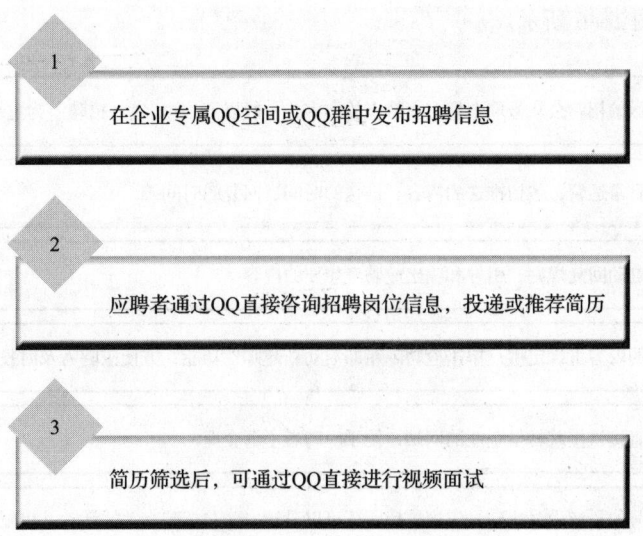

图2—4　QQ视频在招聘中的运用

从上述示例中可看出，QQ聊天软件被应用在人才招聘中，有着其自身的优势，就是双方登录QQ时，可以实现三种沟通，即文字沟通、视频沟通和音频沟通。除此之外，它还具有如下特点，具体内容如图2—5所示。

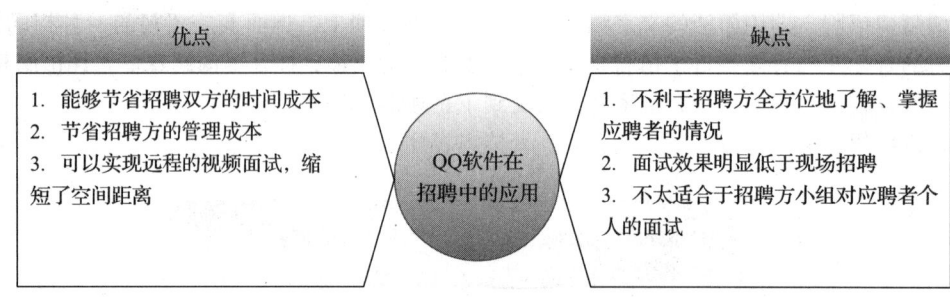

图 2—5 运用 QQ 实施招聘的特点

企业要想运用这一招聘方式达到理想的招聘效果，除了需要做好信息管理、人员配备等基础工作外，还需辅以其他必要的考核方式，这样效果会更佳。

（3）微信招聘

相对来说，微信兼有 QQ 与短信的双重功能，同样可应用于招聘工作。

微信招聘即使用微信平台作为一个招聘的渠道和工具。微信招聘对于很多从事招聘的朋友来说并不陌生，但一谈到具体怎么做的问题时很多人却不知从何处着手。微信招聘主要有两种方式：利用微信本身的功能服务项来实现招聘和通过设立企业公众账号进行招聘。

随着微信用户的迅速增长，以及后续整个移动互联网终端普及和信息获取的流量转移到移动终端，将会有越来越多的企业开始建立自己的微信招聘平台。

在企业的微信公众号上，招聘人员可以每天群发一条招聘信息，还可以设置自动添加回复，当有求职者发送信息的时候就可以自动回复预先设置好的内容，内容包括文字、音频、视频、图片、图文消息等。

上面主要介绍了企业如何运用微信这一工具实施招聘，具体到招聘实施环节，其中还有一些技巧。具体内容如图 2—6 所示。

1	给自己企业微信招聘公众号取个好记有特点的名字，一般以"公司名字+招聘"为主
2	做好账号的日常运营，包括推送的内容、推送的时间、回复的时间等
3	运用关键词自动回复规则，引导和输出应聘者想要的内容
4	可以在推送的内容里设定用户单击应聘邮箱即启动新建邮件功能，方便应聘者及时投递简历
5	设置链接可直接链接跳转至企业的网站，便于应聘者了解企业
6	招聘公众账号的粉丝数量达到一定规模后，还可以设计一些与招聘有关的活动，以配合其他招聘渠道的实施

图 2—6 微信招聘实施技巧

企业招聘员工，其实质是一种认识人才、识别人才、选择人才的过程。求职者用微信上传简历，向招聘方提交简历，让招聘方了解自己，这是企业认识人才的过程。企业用微信来与求职者对话，交流，这是沟通过程。企业通过微信与求职者沟通，从而识别求职者。最后，企业用微信的文字与语音功能对求职者进行面试，选择中意的求职者。

任何事情都是有利也有弊，作为人力资源从业者，最重要的是要扬长避短，灵活运用各种招聘方法，这样才能为企业招聘到合适的人才，又可为企业减少不必要的开支。

2.2 个人求职登记业务流程与规范

2.2.1 个人求职登记业务流程图示范（见图2—7）

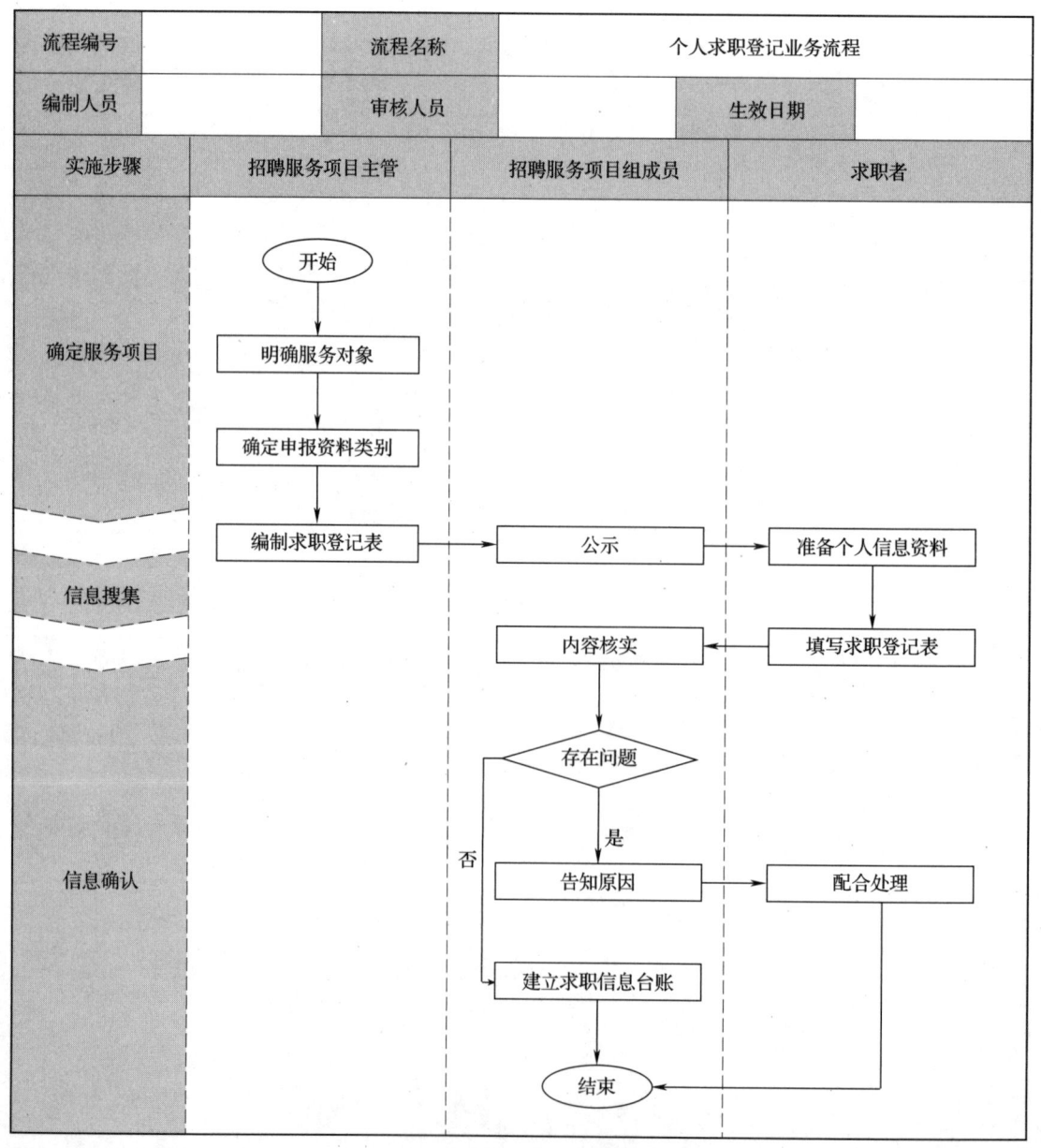

图2—7 个人求职登记业务流程图示范

2.2.2 个人求职登记业务规范的编制（见表2—2）

表2—2　　　　　　　　　　个人求职登记业务规范

制度名称		个人求职登记业务规范		编制部门	
				执行部门	

第1条　为了明确个人求职登记程序，规范个人求职登记的管理工作，确保本招聘服务机构提供的个人求职登记工作有序展开，特制定本规范。
第2条　本规范适用于个人求职登记业务办理工作。
第3条　招聘服务项目主管需根据招聘服务范围明确求职登记服务对象。
第4条　招聘服务项目主管需明确求职者在进行求职登记时提供的个人资料。
1. 必备资料，即求职者在进行求职登记时必须提供的资料。
(1) 二代居民身份证原件及复印件。
(2) 个人学历证明原件及复印件。
(3) 近期一寸免冠彩色证件照。
2. 可选资料，即求职者有相关证明资料时即可提供，没有可暂不提供。
(1) 职称或职业资格证书等其他证明个人技能专长的资料的原件及复印件。
(2) 特困职工、军警家属、残疾人有效证件及复印件。
(3) 失业人员需提供"就业失业登记证"的原件及复印件。
第5条　招聘服务项目主管需编制"个人求职登记表"供求职者登记信息。
第6条　招聘服务项目组成员需对求职者的登记信息进行核查，具体核查内容如下：
1. 求职者是否在服务对象的范围内。
2. 求职者个人信息资料的真实性。
3. 求职者登记表信息与个人信息资料的一致性。
第7条　招聘服务项目组成员需根据核查结果，对求职登记信息进行处理。
1. 对于核实无误的求职者登记信息录入系统，建立求职信息台账。
2. 对于信息存在问题的，需进行以下处理：
(1) 求职者不在服务对象范围，需将求职者的登记信息剔除，并向求职者说明原因。
(2) 求职者个人信息资料存在虚假，需将虚假信息剔除，并向求职者说明。如情节较为严重，可进行资格免除处理。
(3) 求职者登记表信息与个人信息资料不一致，需要求职者依照其个人资料修改登记表。
第8条　本规范由业务部制定，其解释权、修订权归业务部所有。
第9条　本规范经总经理批准后颁布执行。

编制日期		审核日期		批准日期	
修订标记		修订处数量		修订日期	

2.2.3 高风险环节分析

由于招聘服务的多样性、求职者类别特征的复杂性以及求职者信息资料可能的虚假性等风险，明确服务对象和内容确认两个环节是个人求职登记业务中的高风险环节，招聘服务机构可事先对这两个环节进行深入分析，予以防范。具体说明见表2—3。

表 2—3　　　　　　　　　　个人求职登记业务高风险环节说明

高风险环节	风险说明	风险应对措施
明确服务对象	◎ 招聘服务需求多样，招聘服务机构未能根据自身的实际情况准确界定服务范围，从而难以明确服务对象 ◎ 对服务范围虽进行准确界定，但是针对服务范围的特征及各类求职者的类别特征，招聘服务机构未能进行深入分析，从而未能准确确定满足招聘需求的人员特征要求，进而导致服务对象不符合招聘的需求	◎ 招聘服务结构首先需要以自身的实际情况为依据，选择与机构发展战略相契合的服务项目，合理确定服务范围 ◎ 招聘服务机构需对服务范围进行分析，并结合劳动力市场中现有的求职者的类别特征，确定满足服务需求的求职者的特征
内容确认	◎ 求职者信息资料种类繁多，招聘服务机构难以有效识别虚假的信息资料，如虚假的学历证明、技术资格证明等 ◎ 求职者登记的信息资料数量较多，招聘服务机构难以准确识别其中错误的信息资料	◎ 招聘服务机构需对求职者提供的信息资料的类别、数量等进行明确说明 ◎ 招聘服务机构需了解相关求职信息资料真假识别标准或掌握相关求职信息资料真假识别技术 ◎ 招聘服务机构需优化人力资源管理信息系统，以提高信息筛选的准确率

2.2.4　常见问题的解析

在个人求职登记业务实施过程中，常见的问题主要发生在求职登记表设计、求职登记信息核实以及求职信息台账管理等工作过程中。

（1）求职登记表设计不合理

招聘信息登记表设计人员在设计求职登记表时，往往会因为对相关招聘服务工作的战略意图理解不准确、不全面或由于惯性思维的影响，导致求职登记表设计不合理，尤其在登记表的内容设计上存在问题，具体表现如图2—8 所示。

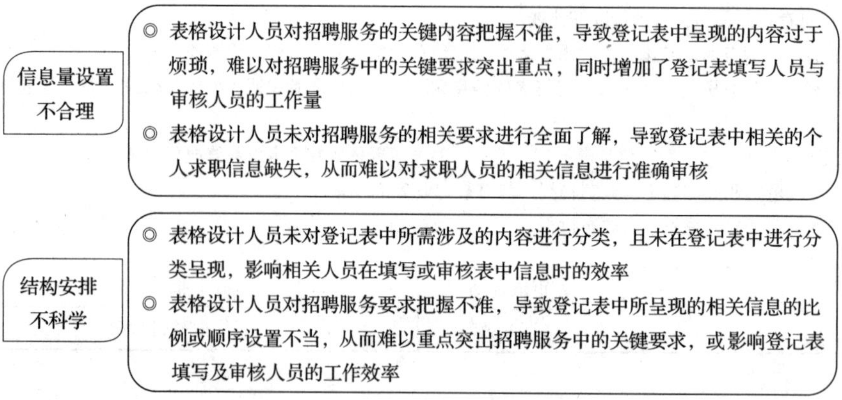

信息量设置不合理
◦ 表格设计人员对招聘服务的关键内容把握不准，导致登记表中呈现的内容过于烦琐，难以对招聘服务中的关键要求突出重点，同时增加了登记表填写人员与审核人员的工作量
◦ 表格设计人员未对招聘服务的相关要求进行全面了解，导致登记表中相关的个人求职信息缺失，从而难以对求职人员的相关信息进行准确审核

结构安排不科学
◦ 表格设计人员未对登记表中所需涉及的内容进行分类，且未在登记表中进行分类呈现，影响相关人员在填写或审核表中信息时的效率
◦ 表格设计人员对招聘服务要求把握不准，导致登记表中所呈现的相关信息的比例或顺序设置不当，从而难以重点突出招聘服务中的关键要求，或影响登记表填写及审核人员的工作效率

图 2—8　求职登记表设计问题

（2）求职登记信息核实效率低下

求职登记信息核实作为个人求职登记业务的关键环节，其效率直接影响后续工作及整个业务流程的效率。在第三方机构提供的个人求职登记服务中，求职登记信息核实效率低下是普遍存在的问题，其具体表现如图2—9 所示。

○ 信息核实人员未及时对登记信息进行审核，导致未能在规定时间内完成信息核实任务，从而影响后续相关工作展开

 ○ 信息核实人员工作不仔细，未能发现求职登记信息中存在的问题

 ○ 求职登记信息填写人员在填写登记信息时存在造假行为，且招聘机构缺少对虚假信息识别技术或信息核实人员缺乏对虚假信息识别能力，难以有效识别登记表中的虚假信息

图2—9　求职登记信息核实问题

（3）求职信息台账管理不规范

招聘服务机构应建立求职信息台账，及时对通过审核的求职信息进行整理、存档。然而，很多招聘服务机构在求职信息台账管理过程中存在着诸多问题，导致求职信息台账管理不规范，其具体表现如图2—10所示。

 ○ 求职信息台账登记不准确，导致求职信息台账的相关内容与求职者实际情况不符

 ○ 求职信息台账更新不及时，未能及时修改、添加或剔除相关求职信息，导致求职信息台账的信息滞后

图2—10　求职信息台账管理问题

2.3 岗位推荐业务流程与规范

2.3.1 岗位推荐业务流程图示范（见图2—11）

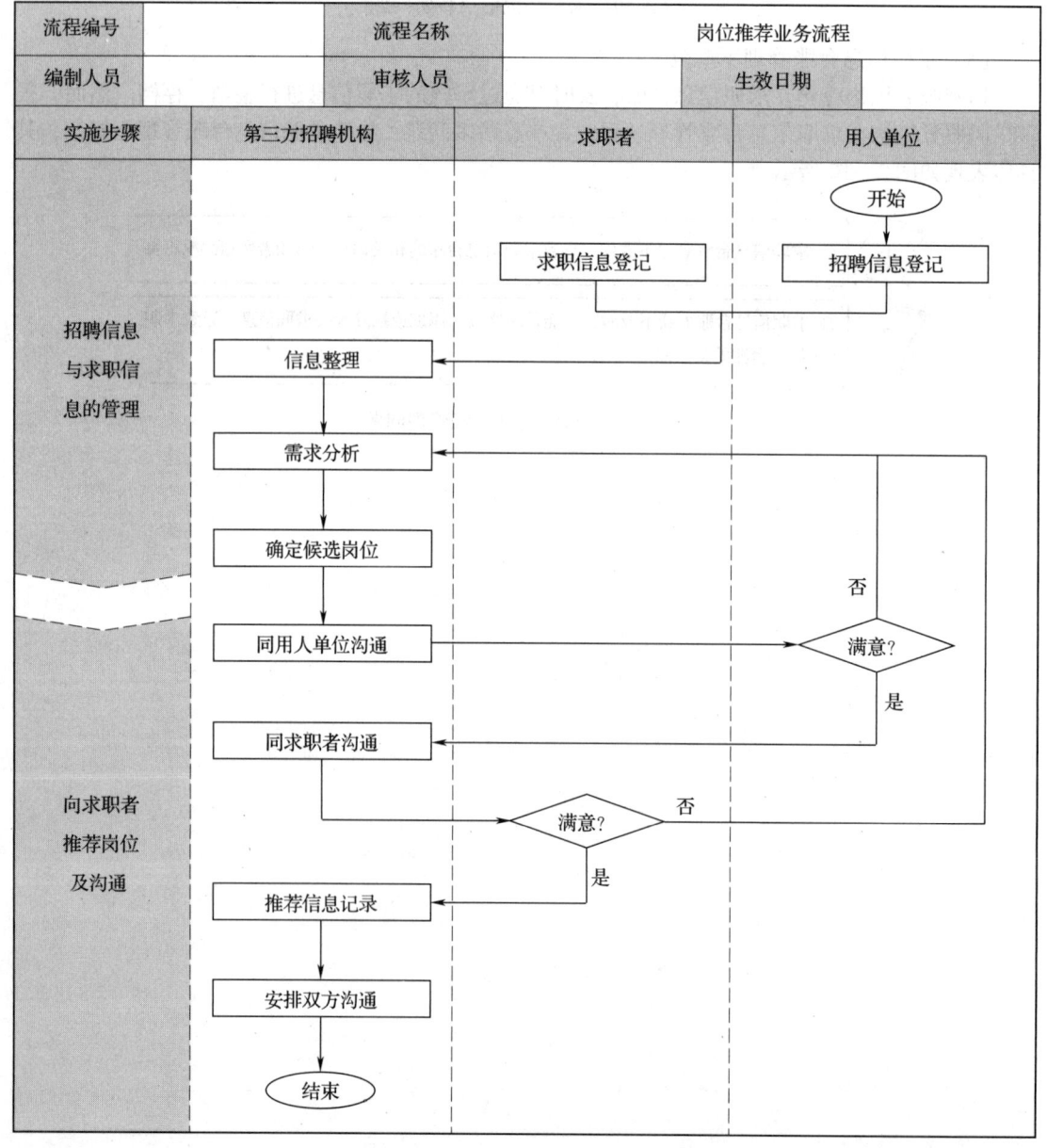

图2—11 岗位推荐业务流程图示范

2.3.2 岗位推荐业务规范的编制（见表2—4）

表2—4　　　　　　　　　　　　岗位推荐业务规范

制度名称	岗位推荐业务规范	编制部门	
		执行部门	

第1条　目的
为了规范本招聘服务机构的岗位推荐业务实施程序，确保岗位推荐业务有序展开，提高求职者与岗位匹配的成功率，特制定本规范。
第2条　适用范围
本规范适用于岗位推荐业务的实施工作。
第3条　求职信息分析
招聘服务项目组需对求职者登记的求职信息进行分析，确定求职者的求职意向。
第4条　招聘需求信息分析
招聘服务项目组需结合求职者的求职意向，对用人单位的招聘信息进行分析，筛选能够满足求职者需求的岗位作为候选岗位。
第5条　与用人单位沟通
招聘服务项目组需根据求职者的求职意向与用人单位的招聘需求的契合度，依次与提供候选岗位的用人单位沟通，向其说明求职者的基本情况。
1. 用人单位如对求职者不满意，招聘服务项目组需重新选择与求职者的求职意向相契合的岗位，并与提供岗位的用人单位进行沟通。
2. 用人单位如对求职者满意，招聘服务项目组需与求职者进行沟通。
第6条　与求职者沟通
招聘服务项目组在与求职者进行沟通时，需向其说明岗位及用人单位的基本情况。
1. 求职者对岗位或用人单位不满意，招聘服务项目组需重新根据求职者的求职意向选择候选岗位，并依次与用人单位、求职者进行沟通。
2. 求职者对岗位或用人单位满意，招聘服务项目组需做好岗位推荐相关信息记录，记录以下内容：
（1）求职者基本信息，主要包括求职者姓名、求职意向、求职登记时间等内容。
（2）招聘岗位基本信息，主要包括岗位名称、岗位招聘人数、用人单位名称、招聘登记时间等内容。
（3）岗位推荐时间。
第7条　求职者与用人单位沟通
招聘服务项目组需及时安排求职者与用人单位面谈，使双方及时进行有效沟通。
第8条　本规范由业务部制定、解释与修订，经总经理批准后颁布执行。

编制日期		审核日期		批准日期	
修订标记		修订处数量		修订日期	

2.3.3 高风险环节分析

岗位推荐是招聘服务机构根据求职者求职意向和用人单位招聘要求，将求职者与用人单位的岗位进行匹配，并根据匹配程度向求职者推荐合适岗位的过程。

在岗位推荐业务中，岗位需求分析、同用人单位沟通、同求职者沟通是三个核心环节，它们也是三个具有高风险性的环节，其实施情况直接关系到岗位推荐业务的实施成果。因此，招聘服务机构需对此三个环节进行深入地研究分析，并制定合理的应对措施，以有效规避各类风险，具体说明见表2—5。

表2—5　　　　　　　　　　岗位推荐业务高风险环节说明

高风险环节	风险说明	风险应对措施
岗位需求分析	招聘服务机构对求职者的求职意向把握不准确，难以在求职者与岗位之间形成有效的组合	◎ 招聘服务机构需对求职者登记求职信息及求职者所处的环境情况进行深入分析、识别，能够准确表达求职者求职意向的信息 ◎ 招聘服务机构在对求职者求职意向进行分析时，要以求职者的客观实际情况为主要分析依据，避免思维定式对分析结果的影响
与用人单位沟通	招聘服务机构缺少科学地与客户沟通管理机制，导致招聘服务机构业务人员在与用人单位及求职者进行沟通时，存在不规范的沟通行为，导致沟通效果不佳	◎ 招聘服务机构可制定岗位推荐沟通管理工作规范，明确沟通内容要求与语言规范 ◎ 招聘服务机构可建立反馈机制，收集用人单位、求职者的反馈意见，并将其纳入到业务人员的考核或培训中 ◎ 招聘服务机构需建立岗位推荐人员培训机制，定期对业务人员进行岗位技能培训
与求职者沟通		

2.3.4　常见问题的解析

岗位推荐的实质是招聘服务机构围绕招聘岗位，分别与用人单位、求职者双方，特别是与求职者进行推荐沟通的过程。在此过程中，招聘服务机构需注意两类问题，即沟通程序的规范性与沟通语言的规范性，具体说明见表2—6。

表2—6　　　　　　　　　　岗位推荐业务常见问题说明

问题类别	问题概述	问题表现	影响
沟通程序的规范性	招聘服务机构在同用人单位或求职者进行沟通时存在沟通程序不规范的问题	在确定求职者和岗位匹配关系后，先与求职者进行沟通，后与用人单位沟通	这种情况容易出现求职者对岗位十分满意，但用人单位对求职者不满意或是岗位已招满而导致岗位推荐失败的问题
沟通语言的规范性	招聘服务机构在与用人单位或求职者进行沟通时存在沟通语言不规范的问题	◎ 在沟通过程中，岗位推荐业务人员可能会在有意或无意情况下使用非规范性的语言，如"您到底想找薪资是多少的工作"或"企业大概能提供五险一金"等 ◎ 岗位推荐业务人员会为了隐瞒一些对第三方不利的内容，使用一些具有掩饰性、误导性的语言	容易引发求职者或用人单位对其服务的专业性与规范性的怀疑，从而影响对其他相关服务的满意度

2.4 委托招聘业务流程与规范

2.4.1 委托招聘业务流程图示范（见图2—12）

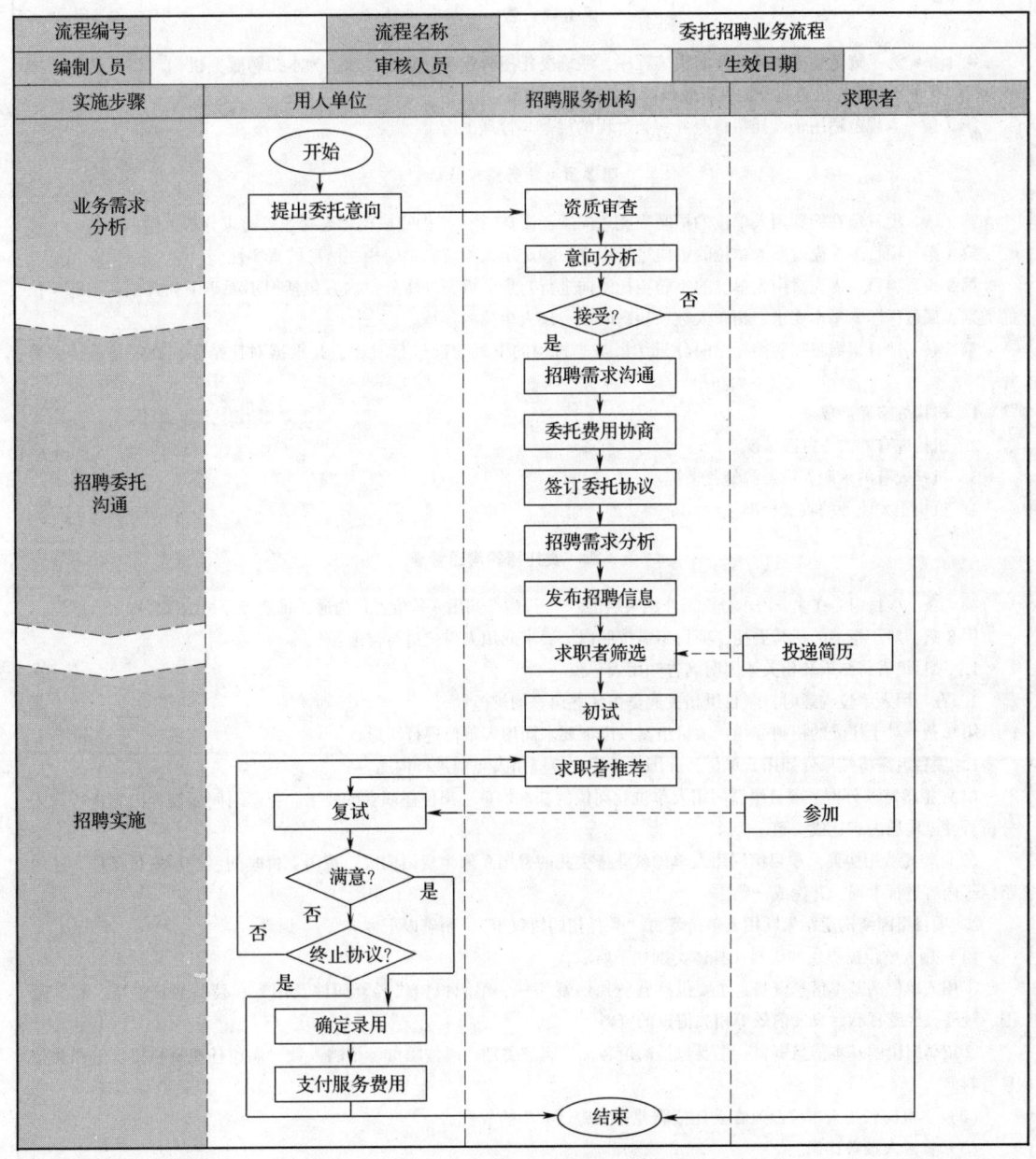

图2—12 委托招聘业务流程图示范

2.4.2 委托招聘业务规范的编制（见表2—7）

表2—7　　　　　　　　　　　　委托招聘业务规范

制度名称	委托招聘业务规范	编制部门	
		执行部门	

第1章　总　　则

第1条　为了规范委托招聘业务的实施程序，明确委托招聘业务的实施要求，为本招聘服务机构（以下简称"本机构"）有序开展委托招聘业务提供有效保障，特制定本规范。

第2条　本规范适用于委托招聘业务实施过程的规范与管理工作。

第2章　业务需求分析

第3条　项目组在接到用人单位的招聘委托意向后，需在＿＿＿天内完成招聘委托业务需求分析工作。

第4条　项目组需先对用人单位的资质进行审查，确定用人单位提供的相关信息的真实性。

第5条　项目组需先对用人单位的招聘委托意向进行初步分析，具体分析内容包括但不限于下列几项：招聘岗位的类别、岗位任职者基本要求、招聘人数、招聘时限、用人单位的预算。

第6条　项目组需将招聘委托意向分析结果与本机构的下列情况进行对比，并根据对比结果，确定是否接受委托：

1．机构战略发展要求。
2．机构现有的人力资源情况。
3．机构现有的求职人员资源储备情况。
4．机构相关业务的收费标准。

第3章　委托招聘沟通管理

第7条　项目组需在业务需求分析工作结束后的＿＿＿天内，同用人单位进行沟通，将业务分析结果告知用人单位。

第8条　对于拒绝的招聘委托，项目组需按照以下要求同用人单位进行沟通：

1．项目组需将结果及相关原因明确告知用人单位。
2．在与用人单位沟通时，项目组相关成员需注意语言的规范性。

第9条　对于接受的招聘委托，项目组需按以下要求同用人单位进行沟通。

1．项目组需将结果告知用人单位，并围绕下述内容同用人单位进行沟通：

（1）招聘需求分析。项目组需同用人单位就岗位的基本信息、岗位任职者的要求、招聘时间限制等内容进行深入分析，并就沟通内容达成一致。

（2）委托费用协商。项目组同用人单位就业务委托的费用总额、费用构成、费用支付时间、费用支付条件、违约赔偿等内容进行沟通，并达成一致。

2．项目组围绕沟通结果同用人单位签订"委托招聘协议书"，明确以下内容。

（1）用人单位需提供的资料，具体类别如下所示：

①用人单位的基本信息资料，主要包括营业执照复印件、组织机构代码复印件及用人单位的经济性质、经营范围、规模、经营现状、发展前景等相关信息的资料。

②招聘岗位的基本信息资料，主要包括岗位名称、岗位类别、岗位职责、招聘人数、岗位任职资格要求等相关信息资料。

（2）本机构和用人单位双方在委托招聘业务实施过程中的权责。

（3）候选人推荐比例。

（4）招聘委托完成时限。

续表

制度名称	委托招聘业务规范	编制部门	
		执行部门	

（5）违约情况的界定标准及相关处理标准。
（6）费用支付要求，包括费用总额、费用构成、费用支付时间、费用支付条件、违约赔偿数额等。
（7）委托业务结束认定标准。
（8）落选候选人招聘限制相关规定。

第4章 招聘实施过程管理

第10条 项目组需对用人单位的招聘需求进行深入分析，明确用人单位对岗位任职者在知识、技能、能力及个性四个方面的具体要求。

第11条 项目组需根据招聘单位的招聘需求，选择合适方式发布招聘信息，明确招聘单位名称、招聘岗位名称、招聘人数、本机构的名称、岗位任职者资格要求、岗位职责、薪资范围、面试程序等信息。

第12条 项目组需根据用人单位的招聘需求，对简历进行筛选，并按照1：____（岗位招聘人数：参加初试的人数）的比例确定参加初试的人员。

第13条 项目组协同机构内相关专业人员对求职者进行初试，并按照1：__（岗位招聘人数：机构推荐参加用人单位面试的人数）比例确定推荐给用人单位面试的求职者。

第14条 项目组需将岗位候选人推荐给用人单位，并同用人单位协同确定复试时间、复试地点等信息。

第15条 项目组需将复试相关信息准确告知岗位候选人，并组织相关候选人参加复试。

第16条 项目组需根据复试情况，进行委托业务相关后续工作的处理，具体如下所示：

1. 对于用人单位对岗位候选人满意的情形，项目组需在用人单位确定录用求职者的____天内，将服务费用支付信息发送给用人单位。

2. 对于用人单位对岗位候选人不满意的情形，项目组需为用人单位推荐其他求职者。

第5章 附　则

第17条 本规范由业务部制定、解释与修订。
第18条 本规范经总经理批准后颁布执行。

编制日期		审核日期		批准日期	
修订标记		修订处数量		修订日期	

2.4.3 高风险环节分析

委托招聘是用人单位将部分岗位的招聘工作委托给招聘服务机构进行的一种招聘形式。在委托招聘业务中，招聘服务机构的主要工作事项是根据委托要求，"代替"用人单位进行员工招聘工作。在委托招聘实施过程中，招聘服务机构需注意一些高风险环节，并采取措施予以有效地防范，确保委托招聘业务有序展开。

（1）委托招聘业务高风险环节：资质审查

资质审查是招聘服务机构对用人单位所提交证件的有效性及单位基本信息的真实性进行审查的过程。资质审查环节存在的风险是招聘服务机构未对用人单位的资质进行严格审核，导致对用人单位的招聘主体资格做出误判或未能有效识别出用人单位存在的相关问题。针对上述风险，招聘服务机构可采取如图2—13所示的应对措施进行预防。

措施1	招聘服务机构需制定科学可行的资质审查标准，为资质审查结果的准确性提供依据
措施2	招聘服务机构需制定资质审查工作规范，规范相关业务人员的工作行为
措施3	招聘服务机构需对相关业务人员进行培训，提高业务人员对虚假信息识别的技能

图2—13　资质审查风险应对措施

（2）委托招聘业务高风险环节：招聘需求沟通

招聘需求沟通是招聘服务机构就用人单位的具体招聘需求同用人单位进行深入沟通的过程。在此过程中，容易发生的风险及风险应对措施见表2—8。

表2—8　　　　　　　　　　　招聘需求沟通风险说明

风险说明	风险应对措施
在招聘需求沟通过程中，用人单位未能对其招聘需求进行准确阐述，而招聘服务机构亦未对相关内容予以求证，导致招聘服务机构对招聘需求的理解与用人单位的实际需求存在偏差	招聘服务机构应与用人单位就相关内容进行反复确认，必要时，最好对招聘需求进行书面性描述，并获得用人单位的确认
招聘服务机构的业务人员在与用人单位进行沟通时，未能认真倾听用人单位的要求，导致对用人单位的招聘需求理解不准确	招聘服务机构需定期就沟通规范及沟通技巧等内容组织业务人员开展培训
	招聘服务机构需要求业务人员在沟通过程中做好沟通记录，并要求记录上有用人单位责任人的签字，同时，可根据沟通记录的填写情况对业务人员进行考核
	招聘服务机构需定期同用人单位进行沟通，并可将用人单位的反馈信息作为业务人员的考核依据

（3）委托招聘业务高风险环节：签订委托协议

签订委托协议是招聘服务机构和用人单位就委托招聘中涉及业务实施程序、业务实施要求、业务费用支付、问题责任界定等问题进行约定的过程。在签订委托协议过程中，存在的风险主要包括协议签订主体资格风险和协议内容风险两类，具体说明见表2—9。

表2—9　　　　　　　　　　　签订委托协议风险说明

风险类别	风险说明	风险应对措施
协议签订主体资格风险	委托协议的签订者不具有协议签订资格，导致签订的协议无效	◎ 招聘服务机构需制定委托协议管理规范，对协议签订主体的资格进行明确 ◎ 招聘服务机构需对用人单位协议签订者的资格进行审查，确保其具有协议签订资格
协议内容风险	委托招聘协议内容不完善、不合理、不合法，容易导致委托招聘业务纠纷发生	◎ 招聘服务机构需安排或聘请有关法务人员及资深业务人员共同起草委托协议书或审查委托协议书，确保协议书内容的全面性、合理性、合法性

(4) 委托招聘业务高风险环节：招聘需求分析

招聘需求分析是招聘服务机构同用人单位签订委托招聘协议后，以招聘需求沟通结果为依据，对用人单位的招聘需求进行全面、深入分析，准确理解用人单位招聘需求的过程。在此过程中，容易发生的工作风险及应对措施见表2—10。

表2—10　　　　　　　　　　　招聘需求分析风险说明

风险说明	风险应对措施
招聘需求沟通相关记录信息不准确，导致招聘需求分析结果不准确，若依此录用求职者难以满足用人单位的需求	招聘服务机构需加强对招聘需求沟通及沟通记录的管理规范工作，确保沟通的有效性及沟通记录的准确
招聘服务机构相关业务人员在需求分析过程中，未能以用人单位的实际情况为分析依据，而是凭借个人经验等进行分析，导致分析结果不准确	招聘服务机构需定期对业务人员进行培训，提高业务人员的分析能力
	招聘服务机构可安排多名业务人员对用人单位的招聘需求进行分析，并综合各位分析人员的分析结果，确定招聘需求

(5) 委托招聘业务高风险环节：求职者筛选

求职者筛选是招聘服务机构依据用人单位的招聘需求，对求职者进行筛选的过程。求职者筛选过程存在的工作风险具体见表2—11。

表2—11　　　　　　　　　　　求职者筛选风险说明

风险说明	风险应对措施
招聘服务机构制定的求职者筛选标准不符合用人单位的招聘需求，导致依此标准为依据筛选出的求职者不能满足用人单位的招聘需求	◎ 招聘服务机构需以用人单位的招聘需求为依据，制定求职者筛选标准 ◎ 招聘服务机构需明确求职者筛选标准制定程序及相关要求，规范求职者筛选标准的制定
招聘服务机构相关业务人员对求职者筛选标准理解存在偏差，导致筛选出的求职者难以满足用人单位的招聘需求	◎ 招聘服务机构需定期对业务人员进行培训，提高业务人员的工作能力

2.4.4　常见问题的解析

在委托招聘实施过程中，常见的问题主要包括需求理解不准、协议签订不严、招聘人员不符三大问题，具体解析见表2—12。

表 2—12　　　　　　　　　　委托招聘业务常见问题说明

问题	问题说明
需求理解不准	◎ 招聘服务机构在招聘需求沟通过程中未能与用人单位进行有效沟通，主要表现如下： 　⊕ 用人单位未对招聘需求进行明确表述，同时招聘服务机构也未对相关内容向用人单位求证，致使沟通需求不明确 　⊕ 沟通内容不全面，仅局限于具体的招聘条件标准，而未对条件标准产生的背景、目的、影响进行沟通，致使招聘服务机构对条件标准的理解具有片面性 ◎ 招聘服务机构在招聘需求分析过程中，对用人单位需求分析不准确，具体表现如下： 　⊕ 本机构业务人员在需求分析过程中未以用人单位的实际招聘需求为依据，主观臆断倾向明显 　⊕ 本机构业务人员在需求分析过程中，拘泥于用人单位给出的具体条件或标准，而未对条件或标准的产生及影响进行深入分析
协议签订不严	◎ 招聘服务机构缺少协议合同管理规定，导致协议签订实施程序不规范 ◎ 招聘服务机构需安排熟悉法务知识与业务知识的相关人员共同审核并签订委托协议，但是，由于机构缺少相应人才或安排不合理，导致签订的协议不合理、不合法 ◎ 招聘服务机构法务人员未对协议内容进行认真审核，导致签订协议不合理或不合法，不利于委托招聘业务的有序开展
招聘人员不符	◎ 招聘服务机构未准确理解掌握用人单位的招聘需求，以致为用人单位招聘的人员难以满足用人单位的岗位招聘需求

第 3 章 | 高级人才猎头服务

3.1 猎头服务及其类型概述

3.1.1 猎头招聘业务范围界定

猎头（Headhunting）在现代的意义多指猎头公司搜寻并获取高级人才的行为。在猎头招聘业务中，猎头公司"猎取"的人才主要是高级人才，具体包括如图 3—1 所示的两类人员。

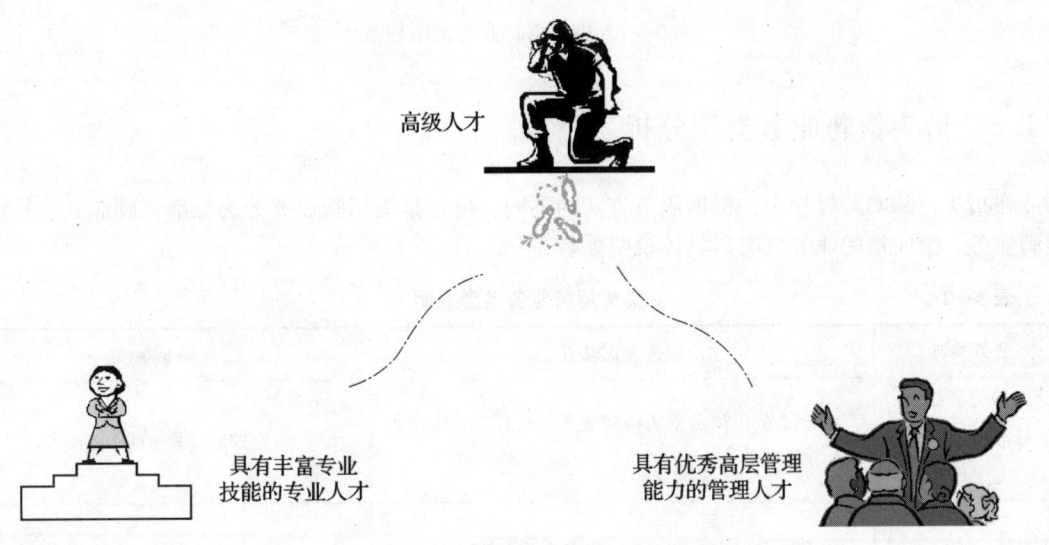

图 3—1 猎头招聘人才类别

在猎头招聘服务中，猎头公司提供的业务主要包括两类，具体说明见表 3—1。

表 3—1　　　　　　　　　　　　猎头招聘业务说明

业务类别	业务说明
为企业搜寻高级人才	猎头公司根据客户企业的招聘需求，搜寻人才，并进行筛选
为高级人才寻找工作	猎头公司根据具有求职意向的高级人才的求职需求，寻找合适岗位

3.1.2 猎头招聘业务实施环节梳理

猎头公司在开展招聘业务时,既需同客户单位就招聘需求、招聘实施程序等内容进行沟通,还需要搜寻、筛选高级人才,具体业务实施环节如图3—2所示。

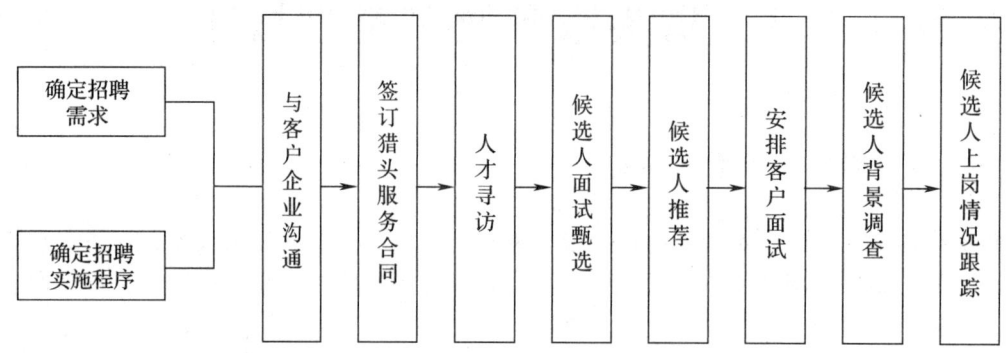

图3—2 猎头招聘业务实施环节

3.1.3 猎头招聘业务类型分析

在猎头招聘实施过程中,根据服务方式的不同,可将猎头招聘业务分为标准招聘业务、长期招聘业务、定向招聘业务三类,具体说明见表3—2。

表3—2　　　　　　　　　猎头招聘业务类型说明

业务类别	服务方式说明	适用企业
标准招聘业务	◎ 猎头公司按照猎头招聘业务实施环节,为用人单位推荐候选人	空缺职位较少的企业
长期招聘业务	◎ 猎头公司成立项目组,专门负责为客户提供长期人才招聘服务 ◎ 长期招聘业务实施程序与标准招聘业务相同,但服务期限长于标准招聘业务	空缺职位较多,用人需求较大的企业
定向招聘业务	◎ 客户指定具体的招聘人选,猎头公司采用专业的技术为客户获取指定的招聘人选	具有明确招聘人选目标的企业

3.2 客户开发业务流程与规范

3.2.1 客户开发业务流程图示范（见图3—3）

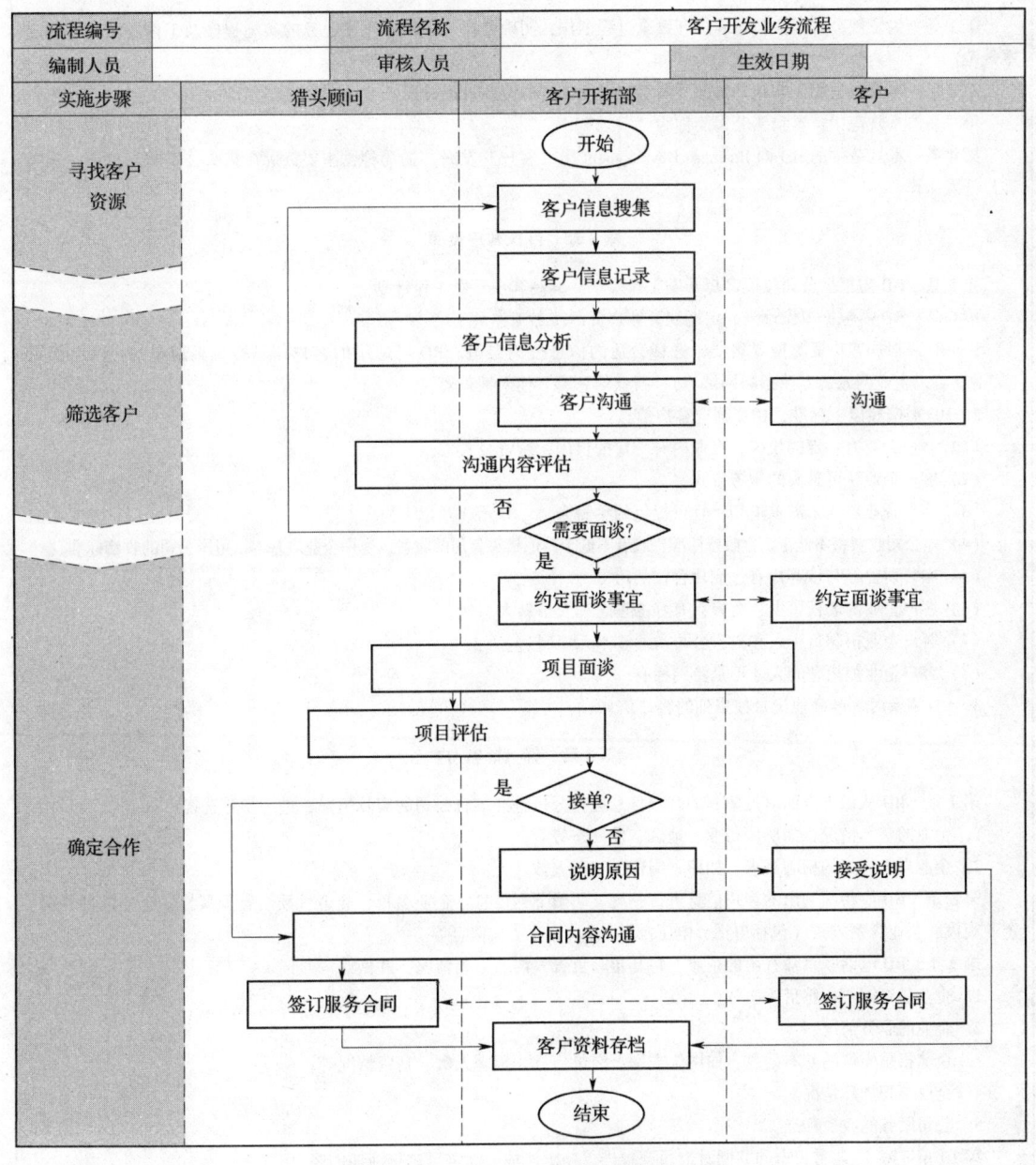

图3—3 客户开发业务流程图示范

3.2.2 客户开发业务规范的编制（见表3—3）

表3—3　　　　　　　　　　　客户开发业务规范

制度名称	客户开发业务规范	编制部门	
		执行部门	

第1章　总　　则

第1条　为了规范本猎头公司客户开发全过程工作，明确公司进行客户开发业务的实施程序及工作要求，特制定本规范。

第2条　本规范适用于客户开拓部开展客户开发工作的全部管理过程。

第3条　本规范中，本猎头公司简称为"公司"。

第4条　本规范中的BD即Business Development岗（客户开发岗）的简称，主要负责在猎头公司的支持下，开展客户开发工作。

第2章　寻找客户资源

第5条　BD需根据公司年度客户开发工作要求，编制客户开发工作计划。

第6条　BD需根据工作计划，定期展开客户资源搜寻工作。

1. BD需根据客户资源搜寻需要，选择合适的信息搜集渠道。BD可选用的客户信息搜集渠道包括：网络渠道（如潜在客户企业网站、专业招聘网站等）、行业信息库、他人推荐等。

2. BD需按照以下标准，初步筛选客户信息：
（1）客户企业有一定的规模，在业内有一定的口碑，有资金实力。
（2）客户企业认可猎头的服务方式。
（3）客户企业对人才需求迫切，且可提供的年薪为____万元（及以上）。
（4）本公司收费将不低于正常收费标准，或者不低于其他猎头公司的收费，客户企业应基本认可本公司的收费标准。
（5）本公司曾经与该客户有过成功合作的历史。
（6）客户企业的老板民主、宽容，有好的理念和人格魅力。
（7）客户企业招聘负责人和猎头公司沟通基本无障碍。
（8）客户企业拟招聘的人才不是特别稀有。

3. BD需及时、准确地记录搜集到的客户信息。

第3章　筛　选　客　户

第7条　BD从以下方面对搜集到的客户信息进行分析，并结合公司的实际情况，进一步筛选客户：

1. 企业的基本情况，如所属行业、地区、发展态势等。
2. 企业高级人才的招聘需求，如招聘岗位、招聘人数。

第8条　BD应将筛选出的客户信息进行整理，明确下列信息：企业名称、企业性质、行业属性、企业发展状况、企业规模、企业联系方式（包括电话、电子邮件等）、企业法人信息等。

第9条　BD电话联系筛查出的企业，与其招聘负责人沟通下列情况，并做好沟通记录：

1. 企业是否需要招聘猎头服务。
2. 企业的业务情况。
3. 企业招聘岗位的基本信息，如岗位类别、岗位信息、招聘人数、薪资情况等。
4. 企业招聘预算情况。
5. 公司服务的收费标准。

第10条　BD需与猎头顾问共同对沟通记录进行分析评估，确定可进行面谈的客户。

续表

制度名称	客户开发业务规范	编制部门	
		执行部门	

第 4 章　确 定 合 作

第 11 条　BD 根据评估结果，与客户企业招聘负责人约定面谈事宜，明确面谈时间和地点。
第 12 条　BD 在出发前，需准备好下列资料：客户基本信息资料、公司宣传资料、我方参与面谈的人员名片等。
第 13 条　在与客户企业招聘负责人面谈时，BD、猎头顾问需就如下内容进行深入沟通，并做好面谈记录：
1. 招聘岗位的基本信息，如岗位职责、岗位任职资格等。
2. 猎头服务项目说明，包括服务程序、收费标准等。
第 14 条　BD、猎头顾问对面谈记录进行分析，评估服务项目可行性，并进行以下处理：
1. 对不可接受的服务项目，猎头顾问助理需将原因明确告知客户，并将客户相关信息存档。
2. 对可接受的服务项目，猎头顾问助理可在猎头顾问的指导下，开展合同约谈的准备工作。
第 15 条　BD、猎头顾问需按如下要求同客户进行合同约谈工作：
1. 猎头服务合同由公司提供合同范本。
2. BD、猎头顾问需同客户就合同范本的各项条款进行沟通，并达成一致。
3. BD 在与客户企业沟通合同范本内容时，可根据实际工作需要，对相关条款进行修改。
4. BD、猎头顾问需根据客户企业的招聘要求，编制"招聘岗位说明书"，并提交客户确认。
5. 在客户确认招聘岗位说明书后，BD 需与客户签订"猎头服务合同"。
第 16 条　BD 在客户企业支付首款后，组织展开猎头服务的相关工作。同时，BD 应将客户企业的资料与本次开发工作相关的材料进行归档。

第 5 章　附　　则

第 17 条　本规范由客户开拓部制定、解释与修订。
第 18 条　本规范经总经理审核批准后，自颁发之日起生效执行。

编制日期		审核日期		批准日期	
修订标记		修订处数量		修订日期	

3.2.3　高风险环节分析

客户开发是确定猎头服务对象的过程，是猎头服务的第一步；成功地开发一家客户企业，也是猎头公司经济收入的主要来源之一。在客户开发业务实施过程中，存在三大高风险环节：客户信息搜集、项目面谈、合同内容沟通，其具体说明见表 3—4。

表 3—4　　　　　　　　　客户开发业务高风险环节说明

风险环节	风险说明	风险应对措施
客户信息搜集	具有相关招聘需求的企业未能及时通过有效途径发布相关招聘信息，导致难以搜集到其相关信息	◎ 定期与既存客户企业及潜在客户企业进行沟通，及时掌握客户企业的招聘需求
项目面谈	客户企业招聘负责人表述不准确，导致猎头公司 BD 人员对客户企业招聘需求理解不准确	◎ 猎头公司需就招聘需求的相关信息同客户企业反复确认 ◎ 猎头公司需对客户企业资料进行深入分析，并就分析结果同客户企业确认

续表

风险环节	风险说明	风险应对措施
合同内容沟通	合同内容沟通事项不全面，导致在猎头服务合同实施过程中各类争议的出现	◎ 猎头公司 BD 人员和猎头顾问在同客户企业沟通、洽谈合同内容时，可依合同范本内条款，结合猎头服务的实际情况，添加相关条款，同时需在合同中对未尽事宜的补充做出明确规定
	猎头公司 BD 人员与客户企业招聘负责人在沟通过程中，未对合同中的相关内容进行明确说明，导致因合同签订双方对合同相关内容的理解存在偏差而引发争议的出现	◎ 猎头公司制定合同管理制度，规范合同的编写，避免相关条款内容出现歧义 ◎ 猎头公司 BD 人员需将合同中的各项条款详细、明确告知客户企业，并要求双方对各条内容达成一致

3.2.4　常见问题的解析

在客户开发业务实施过程中，常见的问题主要有客户信息管理不当、与客户沟通效果不佳、服务合同管理不善，具体说明如图 3—4 所示。

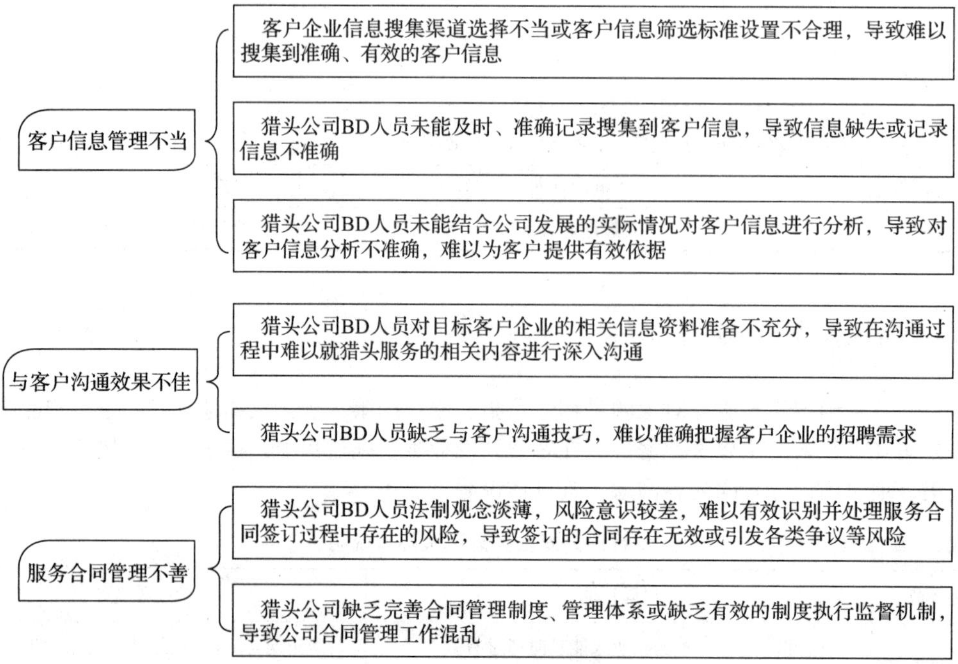

客户信息管理不当
- 客户企业信息搜集渠道选择不当或客户信息筛选标准设置不合理，导致难以搜集到准确、有效的客户信息
- 猎头公司BD人员未能及时、准确记录搜集到客户信息，导致信息缺失或记录信息不准确
- 猎头公司BD人员未能结合公司发展的实际情况对客户信息进行分析，导致对客户信息分析不准确，难以为客户提供有效依据

与客户沟通效果不佳
- 猎头公司BD人员对目标客户企业的相关信息资料准备不充分，导致在沟通过程中难以就猎头服务的相关内容进行深入沟通
- 猎头公司BD人员缺乏与客户沟通技巧，难以准确把握客户企业的招聘需求

服务合同管理不善
- 猎头公司BD人员法制观念淡薄，风险意识较差，难以有效识别并处理服务合同签订过程中存在的风险，导致签订的合同存在无效或引发各类争议等风险
- 猎头公司缺乏完善合同管理制度、管理体系或缺乏有效的制度执行监督机制，导致公司合同管理工作混乱

图 3—4　客户开发业务常见问题

3.3 人才寻访业务流程与规范

3.3.1 人才寻访业务流程图示范 （见图3—5）

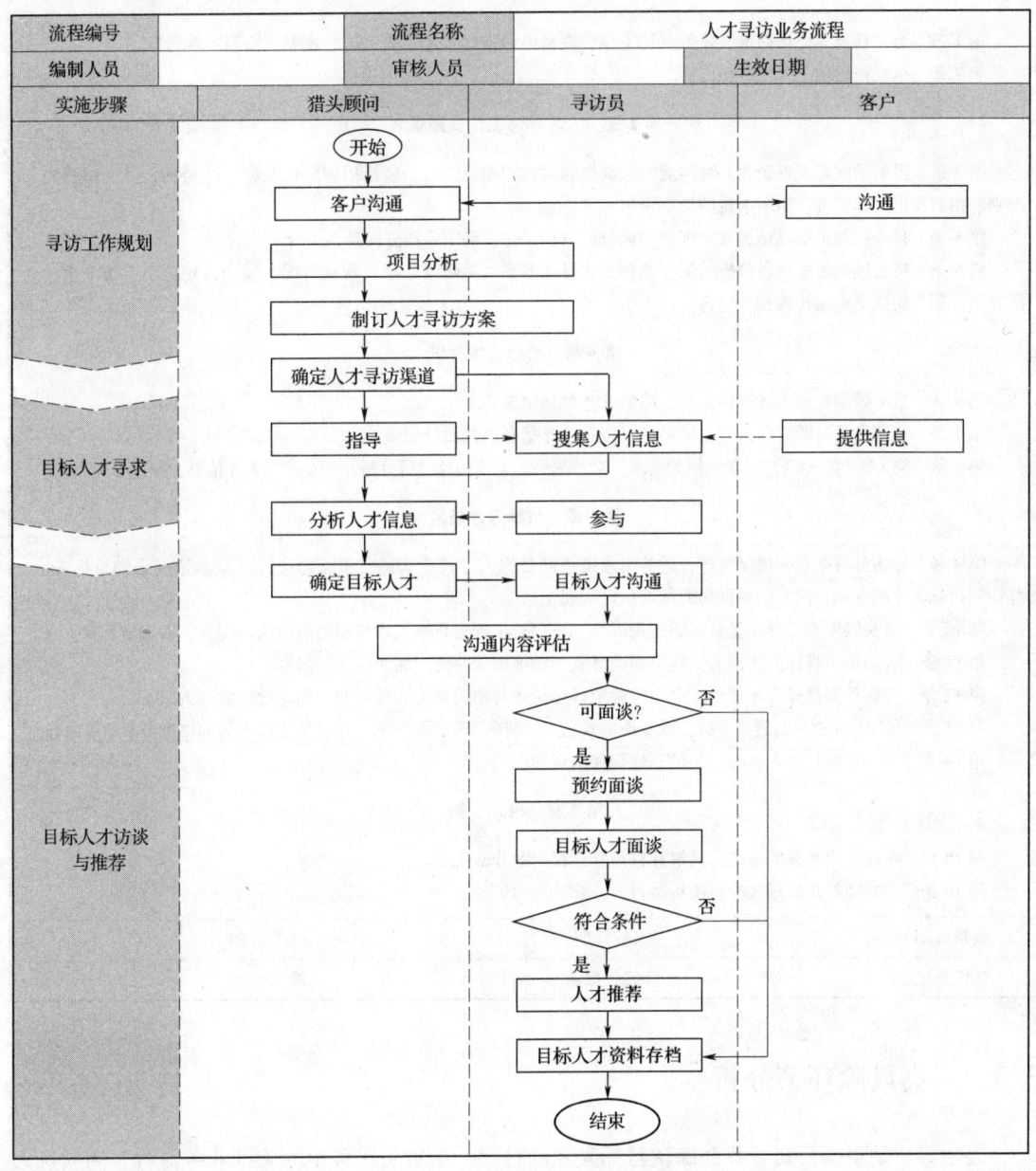

图3—5 人才寻访业务流程图示范

3.3.2 人才寻访业务规范的编制（见表3—5）

表3—5　　　　　　　　　　　　人才寻访业务规范

制度名称	人才寻访业务规范	编制部门	
		执行部门	

第1章　总　则

第1条　为了规范本公司高级人才的寻访工作，提高公司进行人才寻访工作的效率，特制定本规范。
第2条　本规范适用于人才寻访工作。

第2章　人才寻访工作实施规划

第3条　猎头顾问与客户企业及时沟通，明确招聘岗位的相关信息，包括招聘岗位名称、招聘的人数、招聘岗位类别、招聘岗位工作职责、招聘岗位的任职资格。
第4条　猎头顾问组织寻访员展开项目的调查、分析工作，确定寻访方向及人员分工。
第5条　猎头顾问根据项目分析结果，编制人才寻访方案，明确服务项目现状情况、候选人定位、寻访渠道、人员分工、项目实施进度安排等相关内容。

第3章　目标人才寻求

第6条　猎头顾问根据人才寻访方案，确定人才寻访渠道。
第7条　寻访员通过既定的人才寻访渠道，搜集人才信息，并做好记录。
第8条　猎头顾问根据客户企业的招聘需求，对搜集到的人才信息进行分析，初步筛选人才信息，确定目标人才。

第4章　目标人才访谈

第9条　寻访员根据实际情况选择合适的沟通渠道同目标人才进行沟通，将招聘岗位的基本情况告知目标人才，并询问目标人才的意向，同时，根据沟通情况做好沟通记录。
第10条　猎头顾问协调寻访员对沟通记录进行分析，初步判定目标人才与招聘岗位的匹配度，并确定面谈人选。
第11条　寻访员与目标人才沟通，约定面谈事宜，明确面谈时间、面谈地点等内容。
第12条　寻访员同目标人才面谈，进一步确定目标人才与招聘岗位的匹配度，确定面试候选人。
第13条　寻访员根据项目进度安排，通知面试候选人，明确告知面试时间、面试地点及相关面试准备事项等内容。
第14条　寻访员将目标人才的相关信息进行存档管理。

第5章　附　则

第15条　本规范由业务部制定，其解释权与修订权归业务部所有。
第16条　本规范经总经理批准后颁布执行。

编制日期		审核日期		批准日期	
修订标记		修订处数量		修订日期	

3.3.3 高风险环节分析

人才寻访是猎头公司寻找并确认目标人才的过程，是猎头服务中的关键业务流程，为候选人面试、候选人上岗安排等相关工作的顺利展开提供保障。在人才寻访业务实施过程中，猎头公司需注意加强对客户沟通和目标人才沟通两大高风险环节的管理，有效预防相关风险的发生，确保业务顺利展开，其具体说明见表3—6。

表3—6　　　　　　　　　　　　人才寻访高风险环节说明

风险环节	风险说明	风险预防措施
客户沟通	客户未能准确表述招聘需求，导致猎头公司业务人员难以准确把握客户的招聘需求，难以为人才寻访工作展开提供有效依据	◎ 猎头公司顾问在同客户沟通前准备好客户企业的相关资料，并进行分析，以初步了解客户企业的基本情况 ◎ 猎头公司顾问在与客户沟通时，需向客户确认岗位招聘条件的相关内容，并做好相关沟通记录
目标人才沟通	未获得目标人才有效的联系方式，难以与目标人才取得联系、进行沟通	◎ 猎头公司需建立人才信息库，搜集大量人才信息 ◎ 猎头公司需对业务人员进行培训，使其掌握打CC（Cold Call，即给不认识却很有可能成为"猎取"对象的人才打电话）技巧
	目标人才不了解猎头服务，拒绝合作	◎ 猎头公司业务人员需事先准备相关行业猎头服务的成功案例，并在同目标人才沟通时，通过案例引入向目标人才介绍猎头服务相关内容，使其接受

3.3.4　常见问题的解析

在人才寻访业务中，常见的问题主要包括寻访工作规划不合理和目标人才锁定不准两大问题，具体说明如图3—6所示。

寻访工作规划不合理
- ◎ 猎头公司顾问未与客户企业开展有效沟通，难以获得其明确的招聘要求信息，导致寻访工作的展开缺少有效工作依据
- ◎ 猎头公司顾问的信息分析能力较差或工作不认真，难以对客户招聘需求进行合理分析，导致分析结果与客户实际需求存在较大差异
- ◎ 人才寻访方案不合理，难以对人才寻访工作的展开提供有效指导
- ◎ 人才寻访渠道选择不当，难以搜集有效的人才信息

目标人才锁定不准
- ◎ 猎头公司顾问未能切实根据客户企业的招聘需求，设置人才筛选标准，导致筛选出的人员不符合客户企业的招聘需求
- ◎ 猎头公司顾问缺乏人才识别评估能力，难以准确识别出符合客户企业的人才

图3—6　人才寻访业务常见问题

第 4 章 人才测评服务

4.1 人才测评服务及其类型概述

4.1.1 人才测评服务范围

人才测评服务是指市场上的第三方人力资源服务专业机构，通过科学的测评方法和手段对被测评人员的能力素质状况、个性特点、工作动机、职业兴趣和发展潜力等方面进行评估，以便为客户企业和组织选人、用人提供一定的科学依据，也对被测评人员的能力和素质状况及其职业发展提供建议和参考。

人才测评服务范围根据划分标准不同，有不同的服务范围，具体的人才测评服务范围如图 4—1 所示。

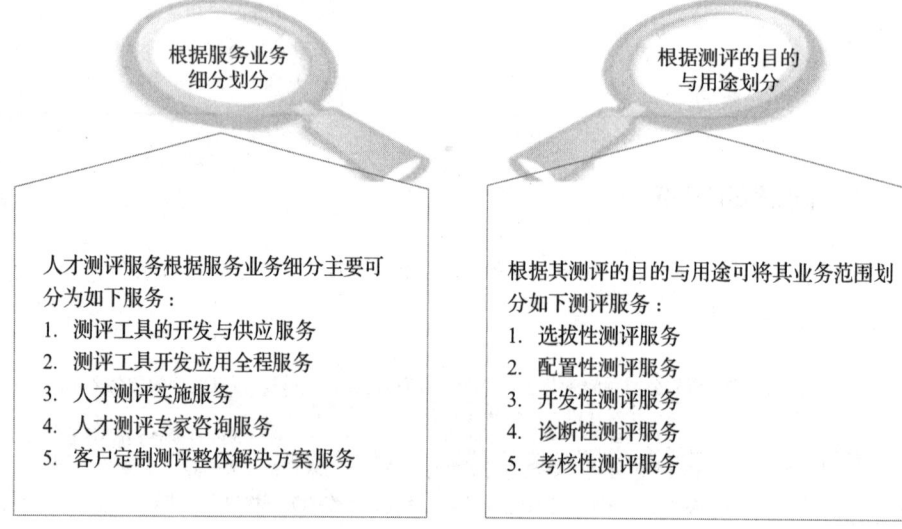

图 4—1 人才测评服务范围

4.1.2 人才测评服务机构

目前我国没有专门从事人才测评服务的机构，大部分从事人才测评服务的都是一些中介机构或者咨询公司，这些组织不仅提供人才测评服务，也可提供其他人事相关业务。

国内从事人才测评服务的机构主要有人才中介服务机构、人力资源咨询服务机构、人才市场。这些机构的相关说明如图 4—2 所示。

人才中介服务机构	◎ 指为用人单位、求职者、职场人士等提供中介服务及其他相关服务的专营或兼营的组织 ◎ 人才中介服务机构可以从事人才推荐、人才招聘、人才培训、人才测评等服务，以及法规、规章规定的其他有关业务
人力资源咨询服务机构	◎ 指专门从事人才测评或者从事人力资源管理相关业务模块的专业管理咨询服务的公司，人才测评是人力资源管理相关业务模块之一
人才市场	◎ 人才市场是指提供劳动供求信息的市场，由于市场竞争的日益加剧，人才市场也在积极地推出人才测评服务这一项重要业务

图 4—2 人才测评服务机构说明

4.1.3 人才测评服务内容

人才测评服务主要是针对被测评人的知识结构、个性特征、能力素质、工作业绩和工作资历等五个方面的内容进行测评。人才测评服务内容的具体说明见表 4—1。

表 4—1　　　　　　　　　　人才测评服务内容说明

内容	具体说明
知识结构测评	◎对客户企业管理人才的测评，需对其知识构成情况进行测评 ◎知识结构包括国家方针、政策、法规的相关知识，以及企业经营管理知识、产品相关知识、业务操作相关知识等
个性特征测评	◎个性特征测评包括个性倾向性和个性心理特征等的测评 ◎个性倾向性测评包括需要、动机、兴趣、理想、信念、价值观等的测评，进一步可引申为人生观、价值观、择业观、社会观以及政治思想品德、伦理道德、职业道德、社会责任感和社会公德等的测评 ◎个性心理特征测评主要指气质、性格等的测评
能力素质测评	◎能力素质测评包括认知能力、职业技能、职业能力倾向性等的测评
工作业绩测评	◎工作业绩测评是对客户企业人员担当工作的结果或履行职务工作结果进行测评 ◎工作业绩测评的结果是对企业员工贡献程度的衡量，直接体现出员工在企业中的价值大小 ◎常见的工作业绩指标包括企业的规模、投资收益率、市场占有率等
工作资历测评	◎工作资历测评是指对被测评人的具体工作经历、工作业绩、工作年限等情况测评

4.1.4 新型人才测评技术

人才测评服务过程中应用到的测评技术主要有面试技术、笔试技术、心理测试技术、情景模拟技术等。随着网络技术的发展，在线测评这一方式也被广泛应用到人才测评工作中。

在线测评是在心理测试、智力测试、能力倾向测试和人格测试等各类测试的基础上，通过互联网将各地远程的被测评者连接到一个测试平台上,被测评者需要登录进入在线测试平台,并进行在线答题,被测评者的测评数据可以通过测试平台后台分析整理,形成分析报告提交给测评实施方。

在线测评系统的设计有多种方式,如图4—3所示提供了一个示例,将在线人才测评系统分为四大模块,一个是防作弊模块,二是测试答题模块,三是测评分析模块,四是后台管理员模块。

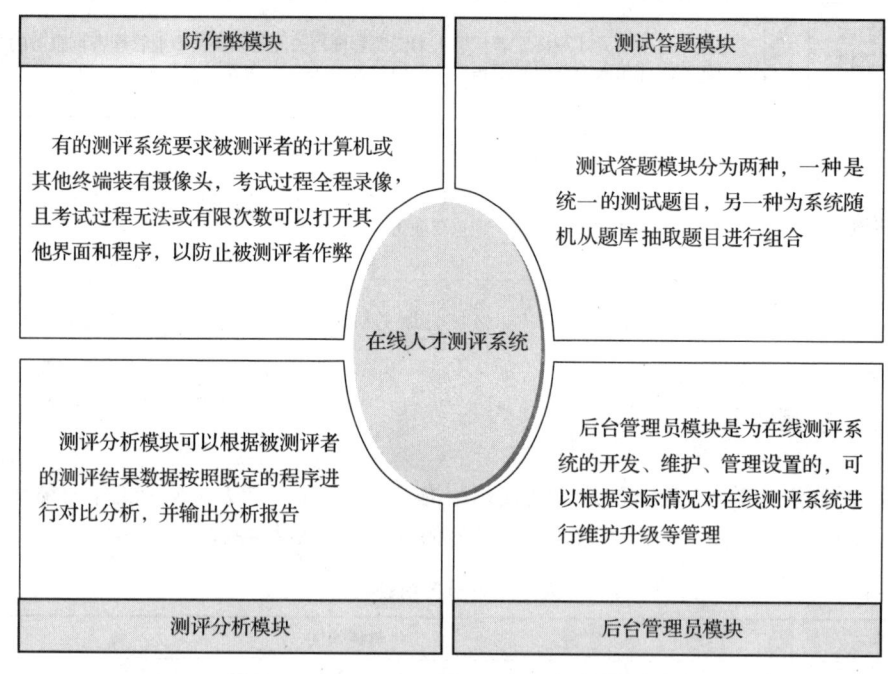

图4—3 在线人才测评系统各模块及其作用

随着智能移动终端的兴起,过去只能在计算机端进行在线测试的方法已经普及到智能移动终端上,只要能连上互联网,被测评者可以随时随地进行在线测评。

4.2 人才测评前期准备业务流程与规范

4.2.1 人才测评前期准备业务流程图示范（见图4—4）

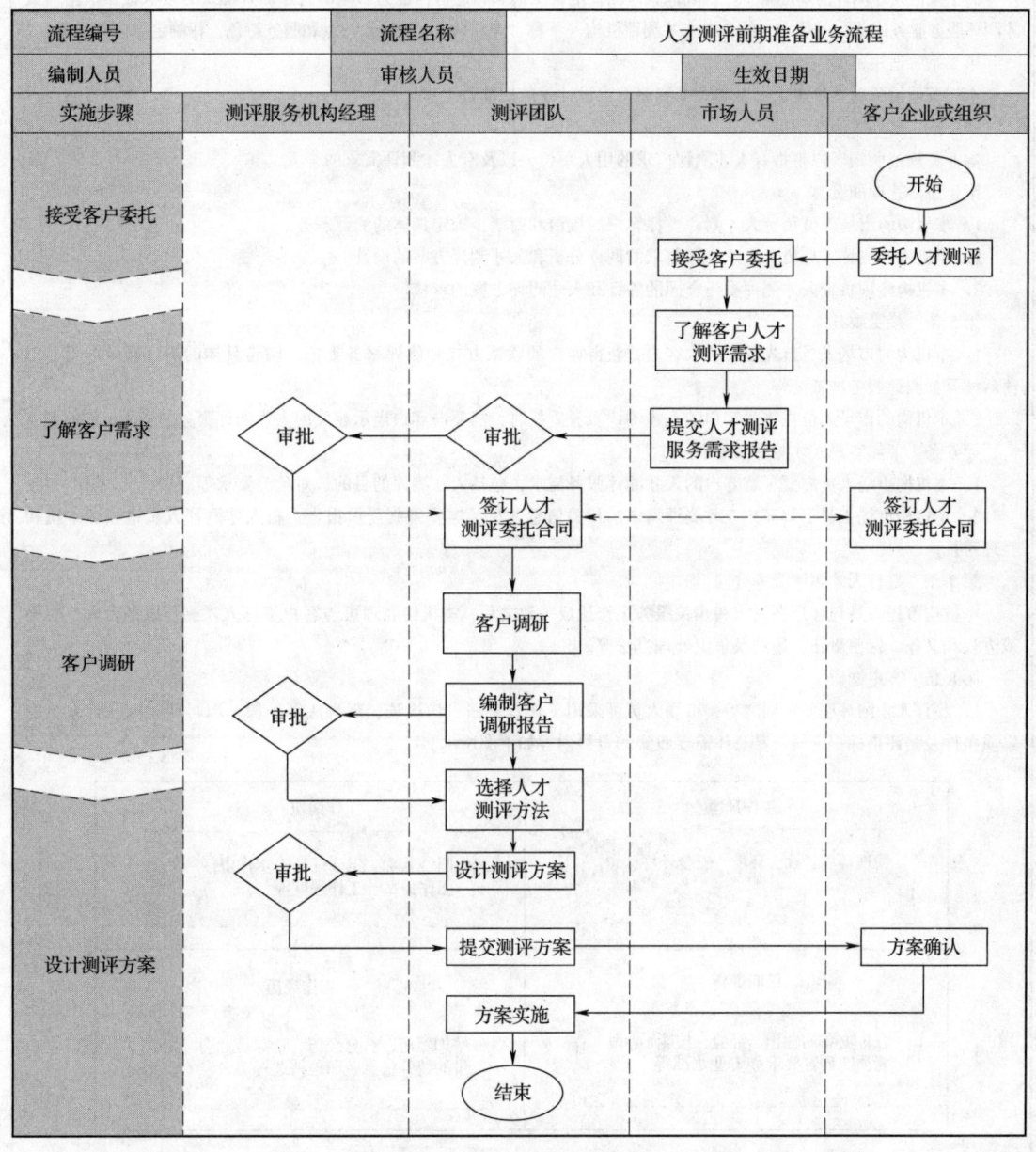

图4—4 人才测评前期准备业务流程图示范

4.2.2 人才测评前期准备业务规范的编制（见表4—2）

表4—2　　　　　　　　　人才测评前期准备业务规范

制度名称	人才测评前期准备业务规范	编制部门	
		执行部门	

第1条　目的

为了规范人才测评前期准备工作，确保人才测评准备工作顺利进行，也为后期的人才测评提供有效保证，根据《人才测评服务业务规范》等规定，结合本人才测评机构（下称"本机构"）的经营特点和服务特色，特制定本业务规范。

第2条　适用范围

本规范适用于对客户需求调查和人才测评方案设计等前期准备工作。

第3条　名词解释

本业务规范所指客户是指有人才测评需求的用人单位，以及有人才测评需求的个人。

第4条　管理职责

1. 本机构的市场人员负责人才测评委托客户的接洽和商谈，确定具体的测评服务。
2. 本机构的测评人员负责人才测评需求的调查分析和人才测评方案的设计。
3. 本机构经理负责人才测评委托合同的签订和人才测评方案的审核。

第5条　接受委托

1. 本机构的市场人员首先需要争取客户，获得客户的联系方式和测评服务委托，确定具体的测评服务内容，以便后续开展测评服务准备工作。
2. 本机构的市场人员在接受客户的人才测评服务委托时，需要向客户出示相关的人才测评服务的资质证明材料。

第6条　了解客户人才测评的需求

1. 本机构市场人员需要了解客户的人才测评服务需求，包括人才测评的目的、对象、要求等。
2. 本机构市场人员了解客户人才测评需求的相关信息之后，需要编制需求报告，报人才测评人员审核和本机构经理审批。

第7条　签订人才测评服务合同

本机构市场人员与客户在需求和相关服务工作达成一致之后，本机构经理可与客户签订人才测评服务合同，明确双方权利义务、保密责任、违约及争议处理办法等。

第8条　客户调研

1. 签订人才测评服务合同之后，市场人员可采用工作日志法、访谈法、观察法等手段，取得相关被测评人员的素质条件及测评指标等资料。其具体需要收集的资料内容如下图所示。

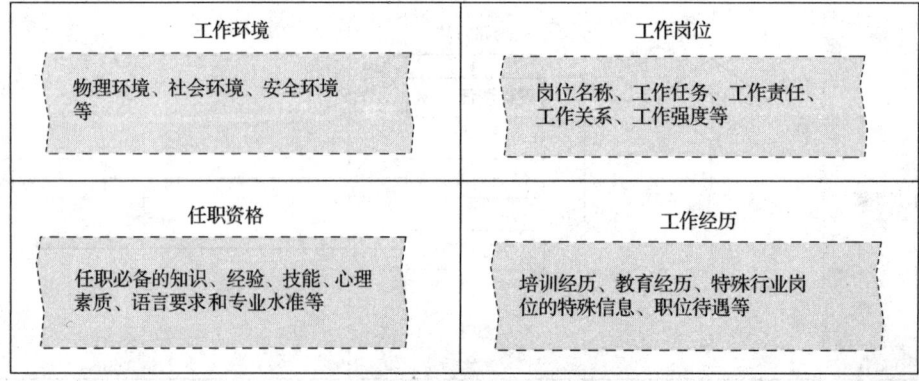

续表

制度名称	人才测评前期准备业务规范	编制部门	
		执行部门	

2. 市场人员可通过定性和定量的方法筛选收集到的信息,并对信息进行整理分析。

3. 信息分析完成后,需将结果按照一定的形式表现出来,具体的表现形式包括工作描述表、工作说明书、任职资格说明书、职务说明书等。

4. 市场人员在对资料进行整理之后,为了完善资料,可在调研结果的基础上要求被测评人员对调查表的内容进行评价、补充。

第9条　确定人才测评方法

本机构测评人员根据客户的人才测评需求和收集到的客户信息确定人才测评的方法,人才测评方法包括笔试、心理测验、结构化面试、半结构化面试、非结构化面试、评价中心技术、资历评价等。

第10条　设计人才测评方案

本机构测评人员根据客户的人才测评需求和收集到的信息设计人才测评方案,具体内容包括但不限于下列项目:测评对象、测评内容、测评方法、测评工具、测评实施时间、测评场地等。

第11条　提交人才测评方案

1. 本机构测评人员在人才测评方案设计完成之后,需要提交给客户征求意见,并根据客户的意见进行修改。

2. 根据客户意见修改之后,需要再次提交给客户进行确认。

第12条　本规范由本机构编制,用于规范本机构内测评人员的操作,客户需尽量配合。

第13条　本规范经本机构负责人审批通过后实施。

附件:人才测评服务合同书示例

人才测评服务合同书

甲方(客户):＿＿＿＿＿＿＿＿　乙方(人才测评服务机构):＿＿＿＿＿＿＿＿

根据中华人民共和国有关法律规定,甲、乙双方经充分协商,就甲方委托乙方为甲方提供人才测评项目达成如下一致意见。

第1条　服务范围

根据甲乙双方沟通结果,结合测评服务项目的相应规范,乙方在项目期限中为甲方提供如下服务内容:

1. 对甲方的＿＿＿＿＿(岗位名称)候选人进行评估,每次测评完成之后,乙方向甲方提供个人测评报告每人一份,测评报告包含个人特征描述、推荐意见及培训发展建议等。

2. 乙方需在甲乙双方约定的时间内根据甲方需求完成对测评结果反馈工作。

乙方将在本合同规定的条件下向甲方提供服务,为了保证被测评者与甲方的利益,乙方保证为甲方提供服务的顾问必须接受过相应的培训,具备相应的能力,并在项目执行过程中严格参照国际心理测验操作使用行为准则执行,甲方参与测评项目的人员也应在项目执行过程中认可并遵循该准则。

第2条　甲方的整体责任

1. 甲方应提供乙方为完成合同工作所需的有关资料以及各种接口文件。

2. 甲方应指定项目组织与商务负责人,分别负责项目执行期间的日常管理、项目联系与协调管理。

3. 甲方应按期支付合同款项,如果由于甲方的原因而引起支付进度延误,甲方应按特殊条款的规定向乙方付延期付款利息。

第3条　乙方的整体责任

1. 乙方应遵从服务范围中的服务内容开展服务工作,并细心、认真、负责地在规定时间内完成合同规定的任务。

2. 乙方保证根据合同提交给甲方满足合同要求的服务。

3. 乙方应指定项目组织负责人,负责项目执行期间的日常管理。

续表

制度名称	人才测评前期准备业务规范	编制部门	
		执行部门	

第4条 保密责任

1. 除为执行本合同的需要以及合同中已有明确规定外，合同双方的任何一方在未得到对方的书面同意前，不得将合同本身和合同中的任何内容以及对方在合同准备以及执行过程中提交的任何文件和资料泄露给第三方，合同双方及各自子公司和关联公司均应对涉及双方业务的任何信息或商业事务、商业秘密、技术、研发、定价、员工信息或本合同的条款予以保密，且不得进行披露或复制为本合同规定或法律要求之外的意图而使用该信息。

2. 若合同一方泄露了本合同的保密信息，该泄露方应承担全部赔偿责任。

第5条 知识产权

1. 除本合同中明确规定外，乙方对所提供的测评工具及咨询服务内容享有所有权。

2. 如果在本合同项目下为履行合同专为甲方独立自主开发的智力成果，有关知识产权应该归甲方所有，乙方不得用于其他商业用途。

3. 如果在本合同项目下为履行合同所开发的智力成果，是利用乙方自有知识产权的智力成果或乙方所代理的第三方具有知识产权的智力成果开发的，且有关知识产权归乙方拥有，则甲方应拥有乙方内部的使用权，但不得用于其他商业用途。

4. 乙方保证有按照合同的规定向甲方提供及时服务的义务，同时保证甲方在按照合同的规定行使使用上述技术和服务的权利时不会侵犯任何第三方的知识产权。

第6条 争议的解决

1. 凡因本合同引起的或与本合同有关的任何争议，双方应通过友好协商解决。

2. 如果在开始谈判30天后协商不成，本合同任何一方均有权将争议提交仲裁委员会按该会届时有效的仲裁规则仲裁解决，该仲裁裁决为终局，对双方均有约束力。

第7条 违约责任

1. 由于乙方单方面未履行本合同所约定的服务内容而造成项目延期，乙方应支付违约金，违约金金额最高不超过本合同中测评咨询服务的费用总和。

2. 由于甲方单方面未履行本合同所约定的服务内容而造成项目延期，甲方应支付乙方违约金。

第8条 不可抗力

1. 如果双方任何一方由于不可抗力原因而延迟或未能履行本合同项下的义务，不可抗力对本合同的履行产生影响，则受不可抗力影响的一方不因此承担责任，在上述事态持续时，未受影响的一方有权暂停履行其义务。

2. 如果不可抗力导致本合同履行成为不可能，则任何一方提前15天书面通知对方，即可解除本合同。

3. 本条所指不可抗力是指不能预见、不能避免、无法克服的客观事件，包括但不限于自然灾害、政府指令等。

第9条 合同生效及其他

1. 本合同经双方各自授权代表签字并加盖双方公章后正式生效，直至双方均已履行完合同规定的全部责任和义务为止。

2. 本合同期满后，双方的未了债权不受合同期满的影响，债务人应对债权人继续完成未了债务。

3. 依据本合同规定提供的所有书面通知，均应以提供回执、预付邮费的挂号信函或公证信函，或以快递的方式，寄至本合同中规定的地址或一方以书面形式确定的其他地址。

甲方联系地址：_____ 联系人：_____ 电话：_____ 电子邮箱：_____

乙方联系地址：_____ 联系人：_____ 电话：_____ 电子邮箱：_____

4. 双方之间的关系应始终为独立签约人关系，任何一方均不得声称其为对方员工、合伙人或合资伙伴，且任何一方均无权代表对方或以对方名义承担或创设任何义务，或以对方名义实施其他行为。

5. 甲、乙双方未经对方事先书面同意，任何一方均不得转让本合同或其任何部分。

续表

制度名称	人才测评前期准备业务规范	编制部门	
		执行部门	

6. 本合同中的条款标题仅为参考之便，不构成本合同的组成部分，且不得影响本合同的解释。

7. 本合同正本一式两份，甲乙双方各执一份，具有同等法律效力。

第 10 条　合同的生效和期限

本合同自甲乙双方授权代表签字并盖单位公章之日起正式生效，有效期自_____年_____月_____日始至_____年_____月_____日止。

第 11 条　补充条款

经甲乙双方协商一致，在不违反有关法律、法规的前提下，订立的补充条款为本合同不可分割的一部分，本合同补充条款与正文条款不一致的，以补充条款为准。

补　充　条　款

根据本合同的第 11 条的规定，经双方平等协商一致，达成如下补充条款。

_____

单位名称：	单位名称：
（盖章）	（盖章）
授权代表签字：_____	授权代表签字：_____
姓名：_____	姓名：_____
日期：_____	日期：_____

编制日期		审核日期		批准日期	
修订标记		修订处数量		修订日期	

4.2.3　高风险环节分析

测评前期准备工作其主要的风险集中在接受客户委托、委托合同签订和测评方案设计三个环节中，其具体的风险如图 4—5 所示。

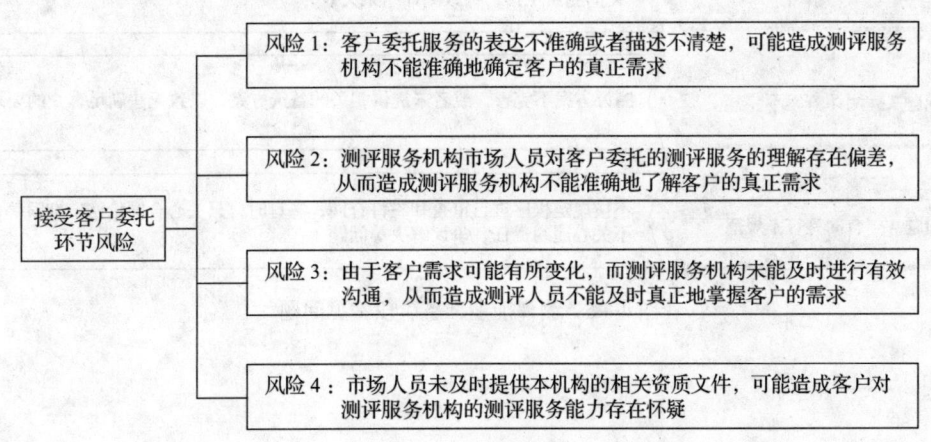

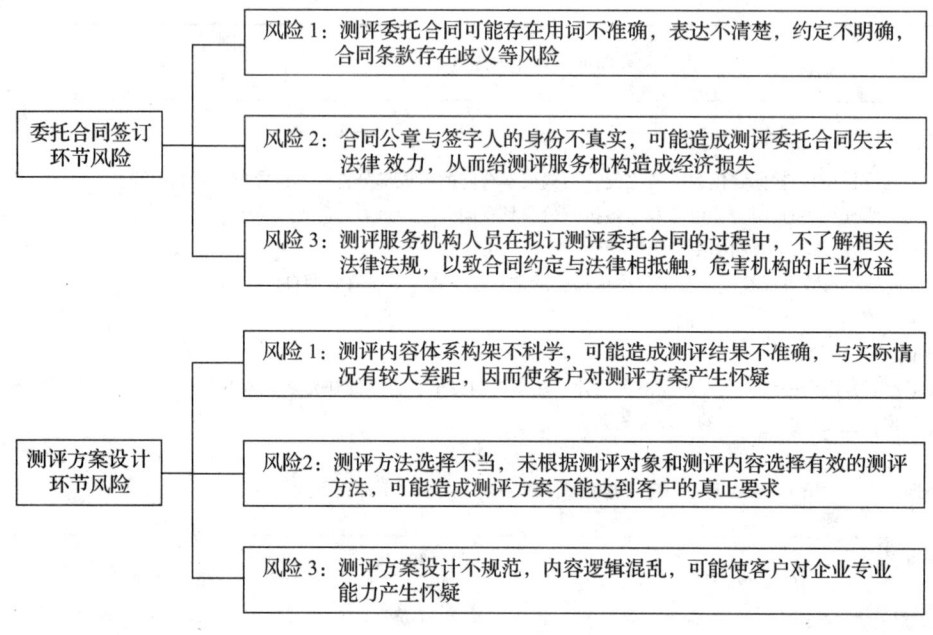

图 4—5 测评前期准备环节风险

4.2.4 常见问题的解析

测评前期准备阶段总会出现这样那样的问题,测评服务机构测评人员需要对这些问题进行了解,以便提前进行防范,测评前期准备阶段常见问题如图 4—6 所示。

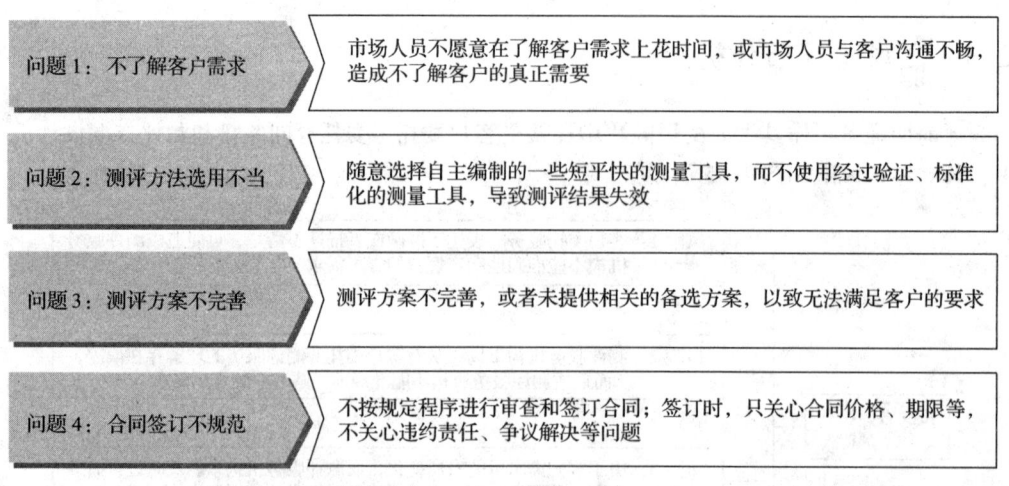

图 4—6 测评前期准备阶段常见问题

4.3 人才测评实施业务流程与规范

4.3.1 人才测评实施业务流程图示范（见图4—7）

流程编号		流程名称		人才测评实施业务流程	
编制人员		审核人员		生效日期	
流程主办者		人才测评服务机构测评小组			
流程事项对应说明			流程示意图		
1. 人才测评服务机构责任经理在实施人才测评服务之前需要提前选择合适的人才测评人员，以便组建人才测评小组			1. 测评人员的选择		
2. 人才测评服务机构责任经理负责成立人才测评小组，测评小组的组成成员需要包括一些测评方面的专家			2. 组建测评小组		
3. 人才测评小组分析被测评人员和相应岗位的相关资料，确定岗位胜任素质模型			3. 确定岗位胜任素质模型		
4. 人才测评小组根据岗位胜任素质模型，制定合适的测评实施方案			4. 制定测评实施方案		
5. 在开展测评活动之前，人才测评小组测试人员需向被测评人员宣传测评目的、测评的基本流程、测评时应注意的事项等，以便被测评人员以更好的状态参与到测评互动中来			5. 测评人员宣读测评注意事项		
6. 人才测评小组需要针对不同类别的测评工具和方法确定测评时间，同时提前安排好测评场地和测评活动流程			6. 测评活动安排		
7. 在实施测评的过程中，人才测评小组做好测评活动管控，确保测评活动的顺利进行			7. 测评活动管控		
8. 在实施测评的过程中，为保证测评结果的精确性，测评人员应遵循务实的原则，运用评价表、录音机、摄像机等收集并记录测评信息，保证测评信息的真实性、准确性和及时性			8. 收集测试信息		
9. 测评人员按照有关要求与规定，分别对被测评人员进行评估打分，然后汇总整理，得出岗位测评的打分结果			9. 确定测评结果		

图4—7 人才测评实施业务流程图示范

4.3.2 人才测评实施业务规范的编制（见表4—3）

表4—3　　　　　　　　　　　人才测评实施业务规范

方案名称	人才测评实施业务规范	适用部门	
		编制人员	

××公司为了解公司各个岗位人员的人、职配备情况，特委托本公司对其全体员工实施人才测评。为了能够获得有效的测评结果，本公司在对客户公司进行充分的前期调查之后，根据委托公司的实际情况，特制定了本方案。

一、成立测评小组

测评小组包括测评专家组、测评项目小组，其中专家组包括此次测评项目的主要负责人，同时配备测评专家三名，主要负责确定测评方案、测评项目实施管控、汇总测评结果。测评项目小组主要负责测评项目的组织实施和评估、打分。

二、确定人才素质测评实施方案

1. 被测评人员分类。测评专家在了解了委托公司的基本组织结构后，将委托公司的人员分为管理人员、技术人员和操作人员三种不同的人才类型。

2. 确定岗位胜任素质模型。测评专家在阅读了各岗位的工作说明书、规范以及其他相关资料后，通过对各方面的信息进行分析和汇总后，得出初步的岗位胜任素质模型。

3. 确定人才素质测评实施方案。测评专家针对管理人员、技术人员和操作人员三种不同的人才类型选择需要测评的素质项目，针对不同的素质项目确定相应的测评方法和工具，最终形成人才素质测评实施方案，具体的测评实施方案见下表。

管理人员人才素质测评实施方案

测评项目	测评内容	测评方法	测评工具
身体素质测评	身体健康	体检、健康档案	医用设备和器材
	体格	面试、仪器测量	耐疲劳性测试仪
知识素质测评	管理知识	笔试、面试	知识测评问卷
	专业知识	笔试、面试	知识测评问卷
能力素质测评	管理能力	评价中心技术或量表测量	相关测量量表
	创造力	量表测量	吉尔德福创造力测验量表
心理素质测评	职业兴趣	问卷调查	霍兰德职业偏爱测验量表
	心理健康	问卷测量	MMPI（明尼苏达多项人格测验）
	人格品质	问卷调查	16PF（卡特尔16因素人格测验）

续表

方案名称		人才测评实施业务规范	适用部门	
			编制人员	

技术人员人才素质测评实施方案			
测评项目	测评内容	测评方法	测评工具
身体素质测评	身体健康	体检、健康档案	医用设备和器材
	体格	面试、仪器测量	耐疲劳性测试仪
知识素质测评	专业知识	笔试、面试	知识测评试卷、案例
	相关知识	笔试、面试	知识测评试卷、案例
能力素质测评	智力	量表测量	WAIS–R（韦克斯勒成人智力量表）等
	创造力	量表测量	吉尔德福创造力测验量表
心理素质测评	心理健康	问卷测量	MMPI（明尼苏达多项人格测验）
	人格品质	问卷调查	16PF（卡特尔16因素人格测验）
	职业兴趣	问卷调查	霍兰德职业偏爱测验量表
	成就动机	面试法、量表法	成就动机调查问卷

操作人员人才素质测评实施方案			
测评项目	测评内容	测评方法	测评工具
身体素质测评	身体健康	体检	医用设备和器材
	体格	面试	体能测验
知识素质测评	基础知识	笔试	知识测评试卷
	专业技能	面试	实际操作
能力素质测评	职业能力	量表测量、仪器测量	机械能力测验、注意分配仪、双手调节仪
心理素质测评	职业兴趣	问卷调查	霍兰德职业偏爱测验量表
	人格品质	问卷调查	16PF（卡特尔16因素人格测验）

三、实施人才素质测评

测评项目小组根据人才素质测评体系中的测评方法和测评工具，对公司内相应的管理人员、技术人员和操作人员分别进行素质测评。

1. 测评宣传。在测评活动实施之前，测评项目小组应向被测评人员宣传测评目的、测评的大致流程、测评时应注意的事项等，以便他们以更好的状态参与到测评互动中来。

2. 安排测评场地和时间。测评项目小组根据测评方法的需要，将成就测试、心理测试、现场操作的场地选在有计算机及相关设备的机房，而面谈选在会议室里进行。同时，测评场地要做好相应的布置，具体布置要求如下所示：

（1）要合理地安放测评设备和被测评人员所需的材料。

（2）测评设备包括测试工具、音像设备等。

（3）被测评人员所需材料包括测试编号、题本、答案纸、草稿纸、铅笔和橡皮等。

续表

方案名称	人才测评实施业务规范	适用部门	
		编制人员	
\multicolumn{4}{l}{3. 测评过程控制。在测试活动实施过程中，测评小组做好测评过程控制工作，具体工作内容如下所示： （1）在实施测评的过程中，如被测评人员产生疑难问题时，测评专家小组应协助他们解决问题。 （2）测评项目小组应随时协调与监控材料、场地、设备等各方面的关系，保证测评活动的顺利开展。 四、测评信息的收集 在实施测评的过程中，为保证测评结果的精确性，测评人员应遵循务实的原则，运用评价表、录音机、摄像机等收集并记录测评信息，保证测评信息的真实性、准确性和及时性。 五、确定测评结果 1. 测评人员按照有关要求与规定，分别对被测评人员进行评估打分，最后由测评专家小组汇总整理，得出素质测评的打分结果。 2. 测评专家小组组织开展讨论，确定各被测评人员的测评等级，并对各被测评人员的等级进行汇总整理。在讨论汇总的工作过程中，要综合各种方法，确定每一类岗位的上限和下限等级，或者确定上、中、下三个岗位标准作为排序的依据等。 3. 经充分讨论后，测评专家小组提出全部被测评人员的测评等级和等级说明书。}
编制日期		批准日期	

4.3.3 高风险环节分析

素质测评实施工作其主要的风险集中在测评人员的选择、制定测评实施方案、测评活动的安排和测评活动管控四个环节中，其具体的风险如图4—8所示。

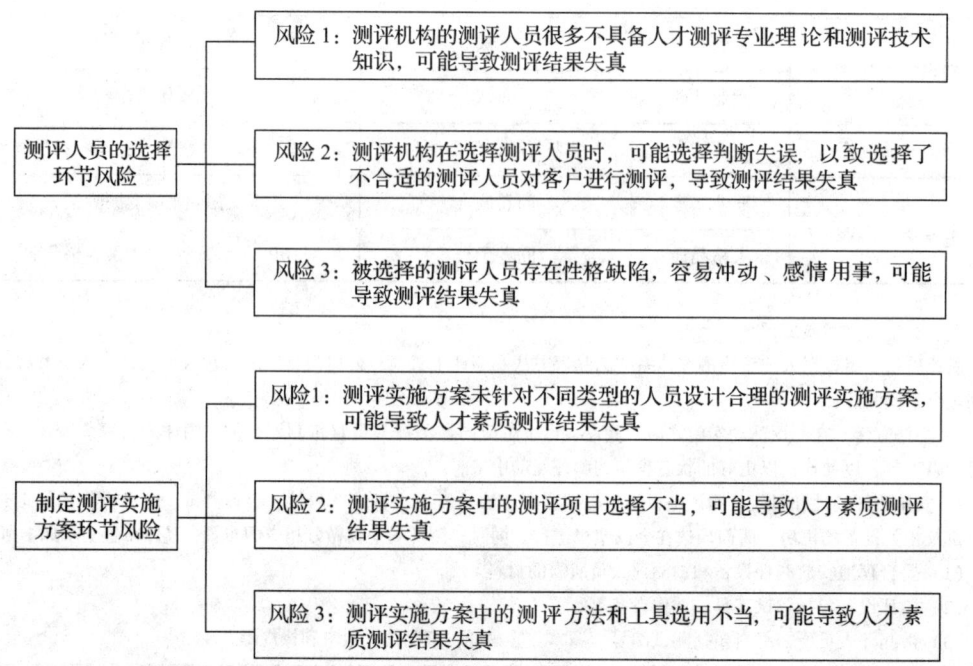

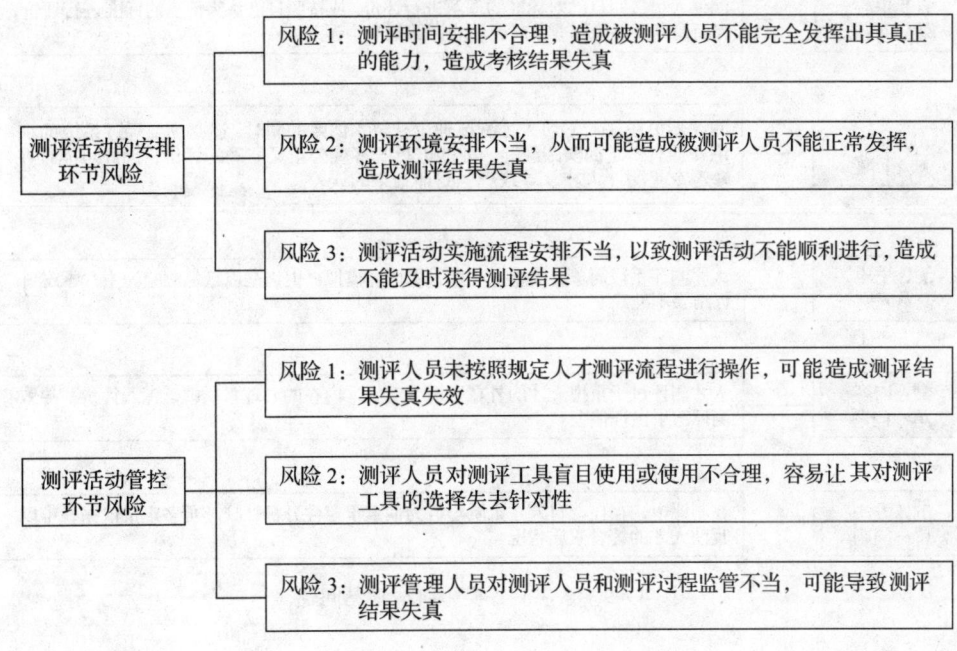

图4—8 素质测评实施环节风险

4.3.4 常见问题的解析

素质测评实施阶段总会出现这样那样的问题，测评服务机构测评人员需要对这些问题进行了解，以便提前拟定防范和应对措施，素质测评实施阶段常见问题如图4—9所示。

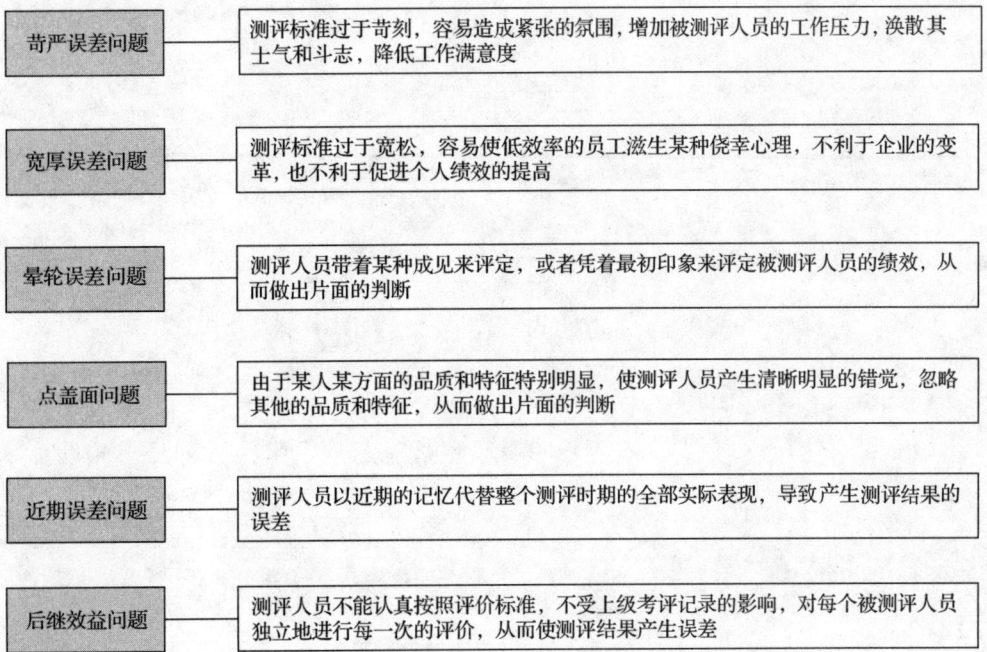

自我中心 效应问题	测评人员按照自己对标准的理解进行评价,或按照自己认为恰当的标准进行评价,因而偏离了评价标准,从而使测评结果产生误差
测评人才 缺乏问题	测评人员在深入学习人才测评理论和技术体系的同时,还必须要经过系统的训练和拥有一定的实践经验,才能进行既客观公正又准确的评价,因此可能存在缺乏专业测评人才,导致产生测评结果的误差
测评手段 简单问题	人才测评手段简单,虽然也注重采用情境模拟,但仍是以纸笔测验为主,导致测评结果不准确
测评内容 单一问题	人才测评过于重视人才的外在表现,对人才内在的心理素质缺乏深入评价,导致测评结果出现偏差
测评方法 单一问题	在测评中,存在着对人才素质与行为偏重于定性分析,缺乏更多定量依据,难以反映人才的综合素质状况

图4—9 素质测评实施阶段常见问题

4.4 测评数据处理与报告业务流程与规范

4.4.1 测评数据处理与报告业务流程图示范（见图4—10）

流程编号		流程名称		测评数据处理与报告业务流程	
编制人员		审核人员		生效日期	
流程主办者		人才测评服务机构测评人员			
流程事项对应说明			流程示意图		
1. 收集、汇总被测评人员的测评信息，并进行分类整理，形成测评文件			1. 整理汇总测评数据		
2. 测评人员需要根据收集到的测评数据及相关信息进行计算和分析			2. 测评数据分析		
3. 在对数据计算结果分析的基础上，形成初步的测评结果			3. 形成初步测评结果		
4. 测评人员在得到初步的测评结果之后，需要对其真实性和准确性进行分析，从而确定其效度			4. 测评结果效度分析		
5. 测评人员在效度分析之后，还需要对测评结果的可靠程度进行分析，确定其是否偏离理想状态			5. 测评结果信度分析		
6. 在测评结果分析之后，需要确定测评报告的具体内容，测评报告主要包括测评基本信息、测评结果和测评建议等内容			6. 确定测评报告内容		
7. 在确定了测评报告的内容之后，需要确定测评报告编制的方法，测评报告编制的常用方法包括文字描述法、数据描述法和表格表现法、图形表现法			7. 确定测评报告编制方法		
8. 在内容确定之后，就需要按照编写规范进行测评报告的编制，从而形成正式的测评报告			8. 形成正式测评报告		

图4—10 测评数据处理与报告业务流程图示范

4.4.2 测评数据处理与报告业务规范的编制（见表4—4）

表4—4　　　　　　　　　测评数据处理与报告业务规范

制度名称	测评数据处理与报告业务规范	适用部门	
		编制人员	

一、目的

为了对测评数据进行信息和效度的分析，从而确保测评的结果，以便编制有效的测评报告，特制定测评数据处理与报告业务规范。

二、测评数据分析方法

为了对测评数据进行有效的分析，测评机构需要掌握测评数据分析方法，测评数据分析方法有加法汇总法、算数平均法、加权综合法和加权平均法、连续综合法等。

1. 加法汇总法，是指将被测评者在各个项目上的得分直接相加。其计算公式如下：

$S = \sum_{i=1}^{n} x_i = x_1 + x_2 + \cdots + x_n$，其中：$S$——总分；$x_n$——第 n 个项目的得分。

2. 算术平均法，是指将各项指标的总得分进行求平均数的运算，其计算公式如下：

$\overline{X} = \frac{1}{2} \sum_{i=1}^{n} X_i$，其中：$\overline{X}$——算术平均值；$X_i$——第 i 个项目的得分；n——评定次数、评定人数或测评指标总数。

3. 加权综合法，是指将各测评项目的原始分乘以相应的权重系数，然后再相加的一种运算方法，其计算公式如下：

$S = \sum_{i=1}^{n} w_i x_i = w_1 x_1 + w_2 x_2 + \cdots + w_n x_n$，其中：$S$——总分；$w_i$——第 i 个项目的权数；x_i——第 i 个项目的得分。

4. 加权平均法，是指将对应的测评项目数据分配一个权数，然后数据与对应的权数相乘后加总，然后再除以权重和，就是加权平均数。具体计算公式如下：

$\overline{X} = \frac{\sum_{i=1}^{n} w_i \overline{x}_i}{\sum_{i=1}^{n} w_i}$，$S = \prod_{i=1}^{n} x_i = x_1 x_2 x_3 \ldots x_n$，其中：$\overline{X}$——加权平均数；$w_i$——第 i 个项目的权数；$\overline{x}_i$——指标平均评定值。

5. 连续综合法，是指将各个项目上的得分直接相乘得到其总分的方法，这种方法的灵敏度高，但容易产生晕轮效应，其计算公式如下：

$S = \prod_{i=1}^{n} x_i = x_1 x_2 x_3 \cdots x_n$，其中：$S$——总分；$x_i$——第 i 个项目的得分。

三、测评结果的效度分析

为了检验测评结果的真实性和准确性，测评人员需要对检测结果进行效度分析，效度分析主要从内容效度、结果效度和关联效度三个方面来进行。

1. 内容效度是指测评结果与想要测到的内容之间的一致性程度。
2. 结构效度是指测评结果与想要测到的素质之间的同构程度。
3. 关联效度是指测评结果与用来评价测评结果有效性的标准之间的一致性程度。

四、测评结果的信度分析

由于素质测评的过程受多种因素影响，所以素质测评的可靠程度会偏离理想的状态，因此测评人员可从多个方面进行测评结果的信度分析，信度分析的具体因素如下图所示。

续表

制度名称	测评数据处理与报告业务规范	适用部门	
		编制人员	

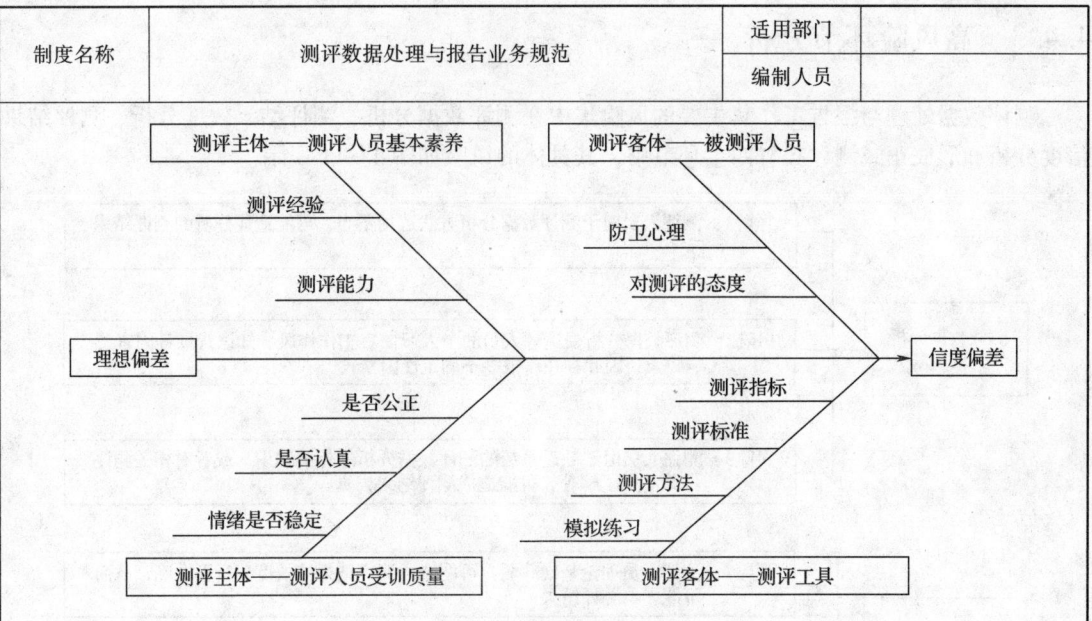

素质测评结果信度分析

五、测评报告内容

在测评数据分析之后,测评人员需要根据测评结果撰写测评报告,首先需要确定测评报告内容。测评报告的内容包括测评基本信息、测评结果、总体评价和测评建议。测评报告内容的具体说明如下:

1. 测评的基本信息包括测评编号、测评场次、测评机构名称、测评日期、被测评对象信息和测评项目的信息等内容。
2. 测评结果可用定量评价和定性评价相结合的方式展开,其中报告中的定量分析和定性分析应相互检验。在面试、评价中心、情景模拟等测验中应充分利用行为证据进行定性评价,保证评语的客观真实性。
3. 总体评价是针对测评信息运用文字描述、数字、表格图形的表现手段对被测评者进行总体评价。
4. 测评建议是针对不足提出素质提升的渠道与方法等。

六、测评报告编制方法

测评报告编制的常用方法包括文字描述法、数据描述法和表格表现法、图形表现法,各种方法的具体说明见下表。

测评报告编制方法

方法	具体说明
文字描述法	采用定性的语言文字来描述或评价被测评者的特点
数据描述法	采用数字来表现被测评者各个指标的强度、频次或等级
表格表现法	采用表格的方式表现被测评者的各项成绩
图形表现法	用柱状图、条形图、饼形图和折线图等方式体现被测评者的成绩水平

七、测评报告编制

在确定了测评报告的内容和编制方法之后,就可进行测评报告的编制,测评报告在编制时,需要遵循下列编制要求:

1. 编制报告时,应注意语言清晰、简洁。
2. 语言凝练,便于读者理解。
3. 报告内容富有逻辑性,结构简单明了。

编制日期		批准日期	

4.4.3　高风险环节分析

测评数据处理与报告工作其主要的风险集中在测评数据分析、测评结果效度分析、测评结果信度分析和形成正式测评报告四个环节中，其具体的风险如图 4—11 所示。

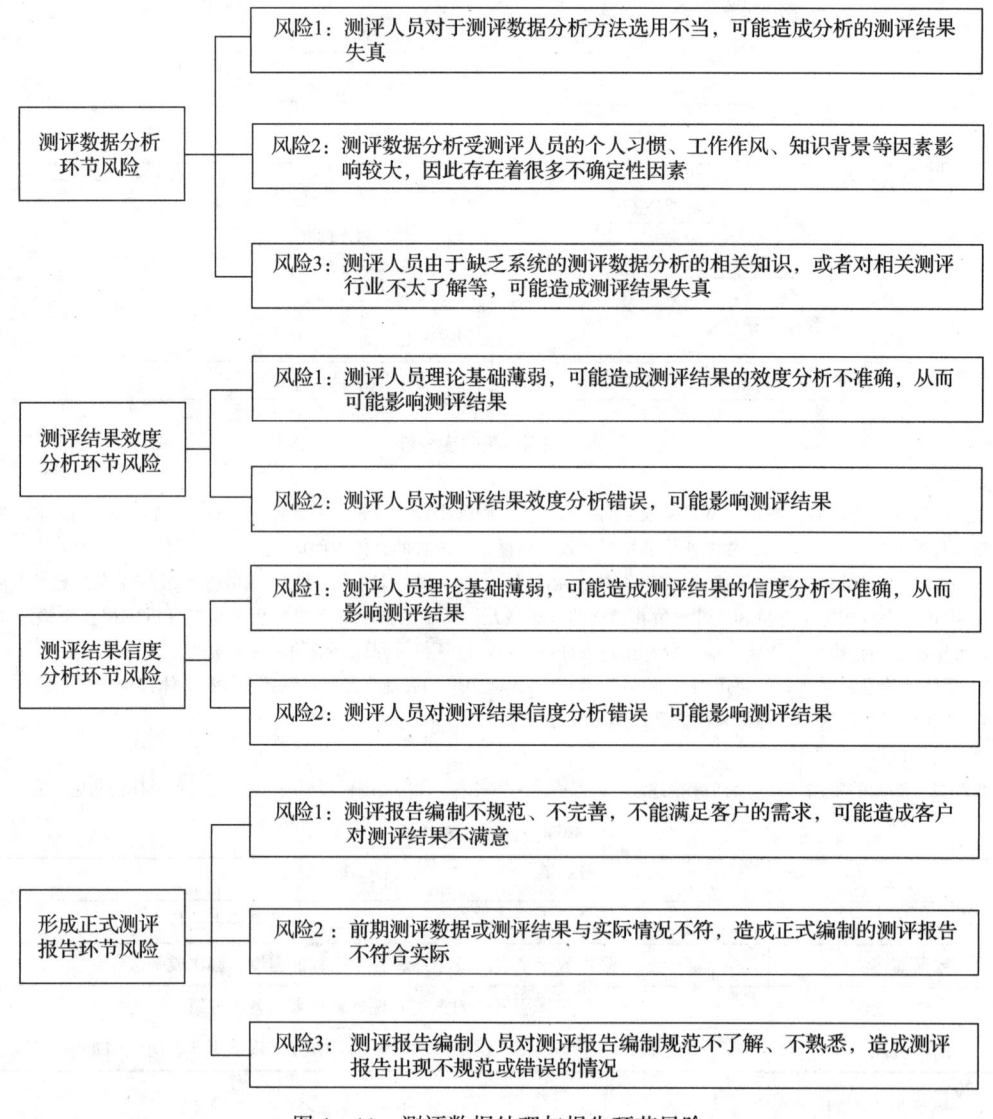

图 4—11　测评数据处理与报告环节风险

4.4.4　常见问题的解析

人才测评数据可能存在信度和效度方面的问题，人才测评数据在信度和效度方面反映出的问题概括起来大致有如图 4—12 所示的几个方面。

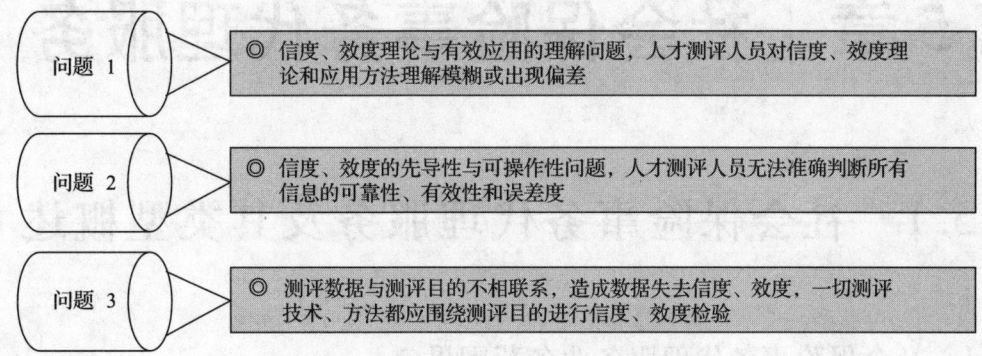

图4—12 人才测评数据信度和效度问题

第 5 章 社会保险事务代理服务

5.1 社会保险事务代理服务及其类型概述

5.1.1 社会保险事务代理服务业务范围界定

社会保险（以下简称社保）事务代理是劳动保障事务代理中的一种代理方式，其主要业务是按照国家有关政策法规要求，接受客户单位或个人委托，在其服务项目范围内，为企业单位或个人代办社会保险及缴纳社会保险费用。

对社会保险事务代理服务机构而言，其具体的业务范围如图 5—1 所示。

1 社会保险开户登记	6 员工工伤认定与费用报销相关手续
2 社会保险基数采集及核定	7 员工生育医疗费报销和生育津贴申领
3 社会保险月报申报、费用代缴	8 参保人员的退休手续协办和养老保险清算
4 参保人员的增加、减少申报	9 企业信息变更、个人信息变更手续办理
5 医院变更、社保卡和医保存折领取与发放	10 社会保险关系转移、社会保险补缴
11 解答国家及地方有关社会保险政策法规的咨询及其他服务项目	

图 5—1　社会保险事务代理服务业务范围

5.1.2 社保代理服务机构分类

社保代理服务机构是专门从事社保代理服务的公司，公司主要为企业和个人提供劳动人事咨询、社保、住房公积金办理、档案托管等代理服务。未经人力资源社会保障部门授权，取得"人力资源服务许可证"的社保代理服务机构不得从事社保代理服务。

5.1.3 社保代理服务主要业务环节

社保代理服务主要业务环节包括社保代理服务业务咨询、签订《社保代理协议》，然后根据协议开展社保代理的相关服务等，其具体说明见表 5—1。

表 5—1 社保代理服务主要业务环节说明

序号	主要的业务环节	业务环节说明
1	社保代理服务业务咨询	社保代理咨询人员和客户可初步了解双方意向，社保代理公司和客户互相交换基本情况并加以说明
2	客户情况的分析考察	社保代理咨询人员依据客户单位、个人提出的要求，对实际工作环境、岗位进行了解，如有必要可进行考察
3	提出社保代理方案	社保代理经办人员根据不同客户单位、个人的要求及现有状况，制定社保代理方案
4	与客户洽谈方案	社保代理经办人员与客户研究、协商社保代理方案内容，并在合法合规的前提下修改、完善社保代理方案
5	签订《社保代理协议》	社保代理经办人员与客户依法签订《社保代理协议》，明确双方权利、义务，分清法律责任
6	开展社保代理服务	社保代理经办人员根据《社保代理协议》签订的服务内容开展社保代理服务，以满足客户的服务需求

5.2 企业社会保险开户登记业务流程与规范

5.2.1 企业社会保险开户登记业务流程图示范

（1）柜台方式办理（见图5—2）

流程编号		流程名称	企业社会保险开户登记业务流程（柜台方式办理）	
编制人员		审核人员		生效日期
流程主办者		社会保险代理经办人		
流程事项对应说明			流程示意图	
1. 社会保险代理经办人员携带登记所需表格和资料到社保中心登记部窗口，提交申请材料进行初审			1. 提交申请材料 ↓ 2. 返还《单位信息登记表》 ↓ 3. 查询社保登记情况 ↓ 是否五证合一？ 是／否 ↓ 4. 领取社会保险登记证 ↓ 5. 办理数字证书 ↓ 6. 与银行签订协议	
2. 初审通过，登记部将留取相关表格和资料进行存档，并返还单位一份由社保经办人员签章的《单位信息登记表》，同时发放告知				
3. 社会保险代理经办人员可于初审通过5日后至15日内，在社会保险网上服务平台查询到核发的社保登记证编码及中心业务预约取号密码				
4. 领取社会保险登记证 ◇ 已使用"五证合一"方式登记的单位，使用工商行政管理部门核发的加载"统一社会信用代码的营业执照"作为社保登记证使用，社保经办机构不再发放社保登记证（2017年10月1日起全部执行"五证合一"方式登记） ◇ 未使用"五证合一"方式登记的单位，社会保险代理经办人员查询到社会保险登记证号后，持初审时返还的由社保经办人员签章的《单位信息登记表》到社保中心登记部柜台领取社会保险登记证				
5. 持社会保险登记证在社保经办大厅一层数字证书服务网点，申请购买数字证书工具并同时办理开通（绑定）手续				
6. "五证合一"参保单位必须使用银行缴费方式，社会保险代理经办人员到开户银行签订《银行缴费协议书》				

图5—2 企业社会保险开户登记业务流程图示范（柜台方式办理）

（2）网络方式办理（见图5—3）

流程编号		流程名称	企业社会保险开户登记业务流程（网络方式办理）	
编制人员		审核人员		生效日期
流程主办者		社会保险代理机构		
流程事项对应说明			流程示意图	
1. 社会保险代理经办人员登录社会保险网上服务平台，点击进入"新参保单位网上登记"，选择"初次登录"，输入开户单位组织机构代码和单位名称等信息，"单位网上登记——录入信息"界面，最上方显示网上登记的流程				

续表

流程事项对应说明	流程示意图
2. 在网上填写《单位信息登记表》，其中星号（*）标明的为必填项，依次将必填信息录入。此外，工商登记执照信息、单位经办人——支付业务、所属行政区县名称等也应录入	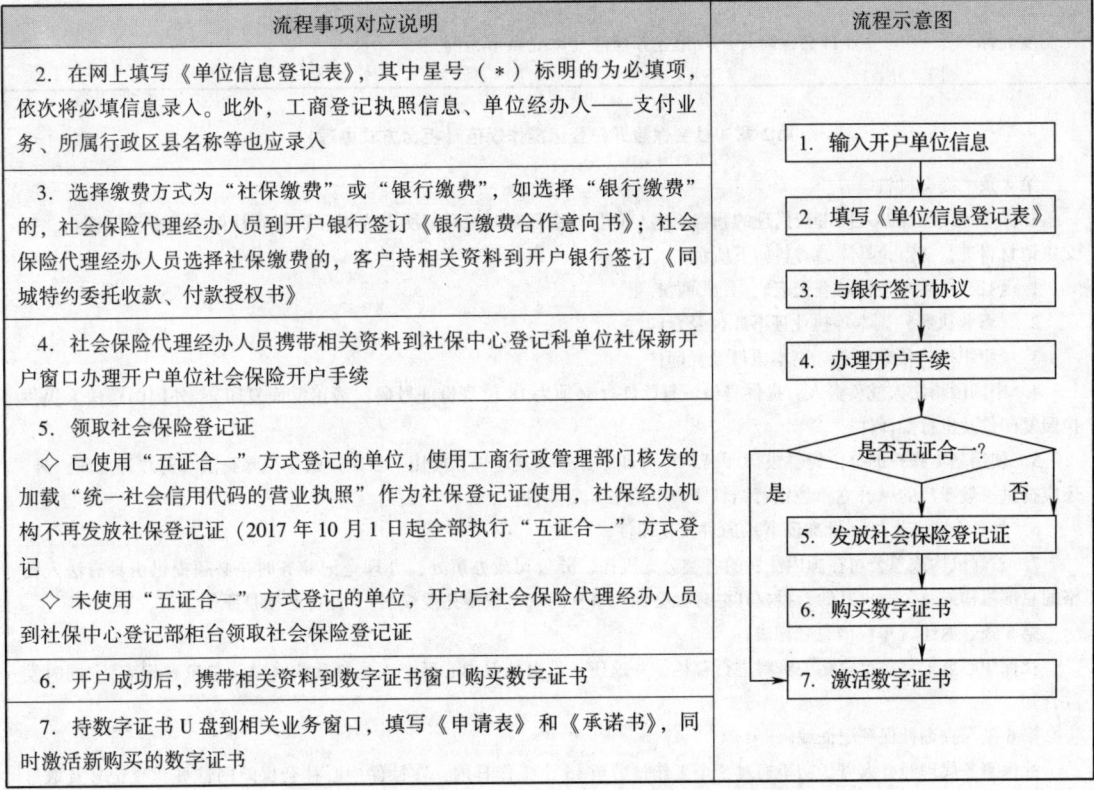
3. 选择缴费方式为"社保缴费"或"银行缴费"，如选择"银行缴费"的，社会保险代理经办人员到开户银行签订《银行缴费合作意向书》；社会保险代理经办人员选择社保缴费的，客户持相关资料到开户银行签订《同城特约委托收款、付款授权书》	
4. 社会保险代理经办人员携带相关资料到社保中心登记科单位社保新开户窗口办理开户单位社会保险开户手续	
5. 领取社会保险登记证 ◇ 已使用"五证合一"方式登记的单位，使用工商行政管理部门核发的加载"统一社会信用代码的营业执照"作为社保登记证使用，社保经办机构不再发放社保登记证（2017年10月1日起全部执行"五证合一"方式登记） ◇ 未使用"五证合一"方式登记的单位，开户后社会保险代理经办人员到社保中心登记部柜台领取社会保险登记证	
6. 开户成功后，携带相关资料到数字证书窗口购买数字证书	
7. 持数字证书U盘到相关业务窗口，填写《申请表》和《承诺书》，同时激活新购买的数字证书	

图5—3 企业社会保险开户登记业务流程图示范（网络方式办理）

5.2.2 企业社会保险开户登记业务规范的编制（见表5—2）

表5—2　　　　　　　　　企业社会保险开户登记业务规范

制度名称	企业社会保险开户登记业务规范（以北京市为例）	编制部门	
		执行部门	

第1章　总　　则

第1条　目的
为了能够顺利、快速地帮助客户单位办理社会保险开户登记，本社保代理公司特根据北京市的相关规定制定了本规范。
第2条　适用范围
本规范适用于新参保客户单位的社会保险开户登记代理业务。
第3条　管理职责
1. 社保事务代理经办人负责代客户单位准备和提交社会保险开户登记的材料，并办理社会保险开户登记的相关事宜。
2. 客户单位要配合社保事务代理经办人办理社会保险开户登记。
3. 社保中心负责对社会保险开户登记的相关材料进行审核，并发放社会保险登记证。

续表

制度名称	企业社会保险开户登记业务规范（以北京市为例）	编制部门	
		执行部门	

第2章 社会保险开户登记操作规范（柜台方式办理）

第4条 提交材料

社保事务代理经办人携带被代理的新参保客户单位社会保险开户登记所需表格和资料到社保中心登记部窗口，提交申请材料进行初审，具体的材料如下所示：

1. 《社会保险单位信息登记表》，一式两份。
2. 《营业执照》副本等执业证书原件及复印件。
3. 《组织机构代码证书》副本原件及复印件。
4. 中国国籍法人或负责人，提供身份证复印件（必须为18位身份证号码，请正反面复印），外国国籍法人提供护照复印件及机打翻译件。
5. 使用基本账户的单位提供银行《开户许可证》原件及复印件；使用一般账户的单位除提供《开户许可证》外，还应提供一般账户的《开立单位银行结算账户申请书》复印件。
6. 外资企业需提供《批准证书》原件及复印件。
7. 总部机构或总公司在国内注册的各类分支机构、分公司或办事处，办理登记业务时，必须提供由具有法人资格的总部机构或总公司出具的，授权其办理社会保险事宜的《全权委托授权书》，此件必须是原件。

第5条 返还《单位信息登记表》

社保中心登记部将留取相关资料进行存档，并返还一份由社保中心经办人员签章的《单位信息登记表》，同时发放告知。

第6条 查询社保登记证编码

社保事务代理经办人可于初审通过5个工作日后至15个工作日内，在社保中心社会保险网首页"登记号及取号密码查询"模块，查询到核发的社保登记证编码及中心业务预约取号密码。

第7条 领取社保登记证

查询社保登记证编码及中心业务预约取号密码后，社保事务代理经办人持社保中心经办人员盖章的《单位信息登记表》原件到登记部窗口领取社会保险登记证。

第8条 办理数字证书

在办理完成单位登记，并领取《社保登记证》后，当日即办理数字证书。

第9条 签订《授权书》

社会保险的收缴和支付目前采用银行委托方式，社保事务代理经办人需代被代理的客户单位及时与填报的开户银行签订《同城特约委托收款、付款授权书》，相关文本可向银行索取，《同城特约委托收款、付款授权书》无须填写合同号，签订后无须向社保中心提交。

第3章 社会保险开户登记操作规范（网络方式办理）

第10条 网上登记

1. 社保事务代理经办人代被代理的客户单位登录"北京市社会保险网上服务平台"，依次选择"新参保单位网上登记→初次登录"后，输入单位组织机构代码和单位名称，点击"确定"。
2. 进入"单位网上登记——录入信息"界面后，准确录入单位信息，录入完毕后点击"保存"并打印《社会保险单位信息登记表》一式两份。选择"银行缴费方式"的还需打印《北京市社会保险银行缴费协议》及《单位银行信息（附表）》一式两份。

第11条 与银行签订协议

1. 选择银行缴费方式的，在到社保中心办理单位社保新开户手续前，社会保险代理经办人员先到客户单位开户银行签订《银行缴费合作意向书》，并在办理开户手续后再次到银行约定缴费方式。

续表

制度名称	企业社会保险开户登记业务规范（以北京市为例）	编制部门	
		执行部门	

  2. 选择社保缴费方式的，在到社保中心办理单位社保新开户手续前，社会保险代理经办人员到客户单位开户行签订《北京市同城特约委托收款、付款授权书》。
  第 12 条 办理社保新开户手续
  社保事务代理经办人代客户单位携带相关材料到社保中心登记科"单位社保新开户"窗口办理单位社会保险开户手续，开户成功后社保中心将发放《社会保险登记证》。办理社保新开户手续携带相关材料如下所示：
  1.《社会保险单位信息登记表》一式两份。
  2.《营业执照》或《法人证书》副本及复印件一份；国家机关单位行政介绍信。
  3.《组织机构代码证书》原件及复印件一份。
  4. 企业（或事业）法人身份证原件及复印件一份。
  5. 银行开户信息（银行全称、开户名称、账号、交换号）、银行《开户许可证》原件及复印件一份。
  6. 选择社保缴费方式需提交《北京市同城特约委托收款、付款授权书》原件及复印件一份；选择银行缴费方式需提交《北京市社会保险银行缴费协议》《单位银行信息（附表）》《银行缴费合作意向书》一式两份。
  7. 客户单位公章。
  第 13 条 购买数字证书
  开户成功后，社保事务代理经办人代客户单位携带以下资料到数字证书窗口购买数字证书。
  1.《组织机构代码证》原件及复印件一份。
  2.《社会保险登记证》原件及复印件一份。
  3.《营业执照（副本）》或其他批准成立证照原件及复印件一份。
  4. 经办人有效身份证件原件及复印件一份。
  5.《北京市单位数字证书申请表》一式两份。
  6. 客户单位公章。
  第 14 条 激活数字证书
  社保事务代理经办人代客户单位持数字证书 U 盘到业务窗口，填写《申请表》和《承诺书》，同时激活新购买的数字证书。提示：如共用地税、公积金的北京 CA 证书，请携带证书 U 盘，并填写《数字证书一证多用授权书》（业务窗口领取、需盖公章）。

第 4 章 附 则

  第 15 条 本规范由本社保代理公司根据北京市的社保相关规定制定，其有不当和不合理之处，遵照相关法律法规执行。
  第 16 条 本规范自发布之日起有效

编制日期		审核日期		批准日期	
修改标记		修改处数量		修改日期	

5.2.3 高风险环节分析

  企业社会保险开户登记主要包括两种办理方式，即柜台方式办理和网络方式办理。在社会保险开户登记各种办理方式下，相关环节都存在很高的风险。
  (1) 柜台方式办理下的风险
  社保代理经办人员在采取柜台方式办理下，办理社会保险开户登记时，可能存在的风险如下所示：

1）在提交社会保险开户申请材料时，社保代理经办人员不知道需要准备哪些材料，或不慎丢失相关材料，或未能齐全地提交相应的材料，影响社会保险开户登记。

2）社保代理经办人员不了解社保登记证的领取流程，在未查询社保登记证编码、未经事先预约的状况下，就去领取社保登记证，浪费时间和精力。

3）社保代理经办人员未核对社保登记与开户银行是否为同一银行，造成登记的社保后期无法正常扣款。

（2）网络方式办理下的风险

在采取网络方式办理社会保险开户登记时，社保代理经办人员可能因操作不当造成很多的风险，可能存在的风险如下所示：

1）在输入开户单位信息前，社保代理经办人员未提前核查客户单位提交的资料，不熟悉网上申办的流程和方法，造成输入的信息错误。

2）社保代理经办人员未提前与银行签订协议，造成社会保险开户登记不成功；社保代理经办人员不了解社保费用缴纳方式，造成与银行签订协议的程序或协议内容出错。

3）社保代理经办人员在办理开户手续前，未提前检查准备的文件资料，以致文件资料与网上申报的信息不符。

5.2.4 常见问题的解析

社保代理经办人员在办理企业社会保险开户登记业务中，常遇见的几大问题如图5—4所示。

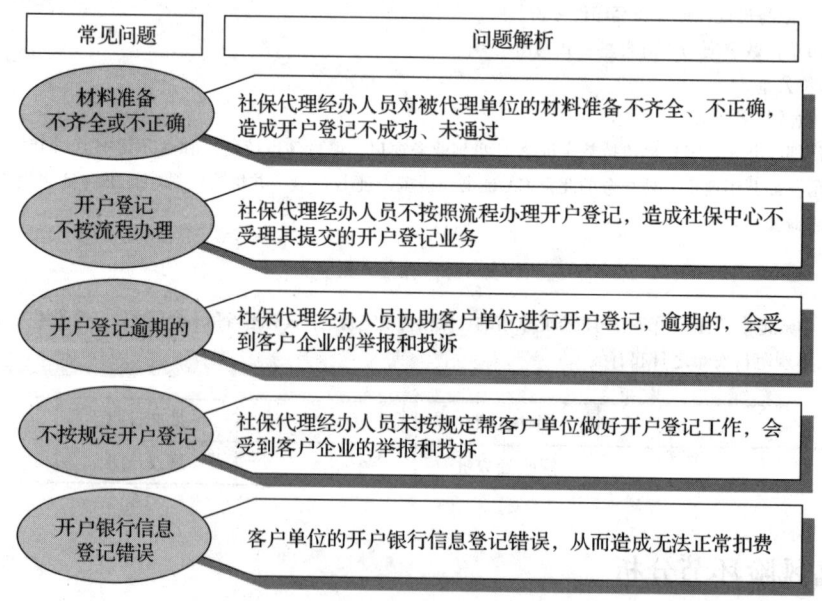

图5—4 企业社会保险开户登记业务常见问题的解析

5.3 参保人员增减申报业务流程与规范

5.3.1 参保人员增减申报业务流程图示范（见图5—5）

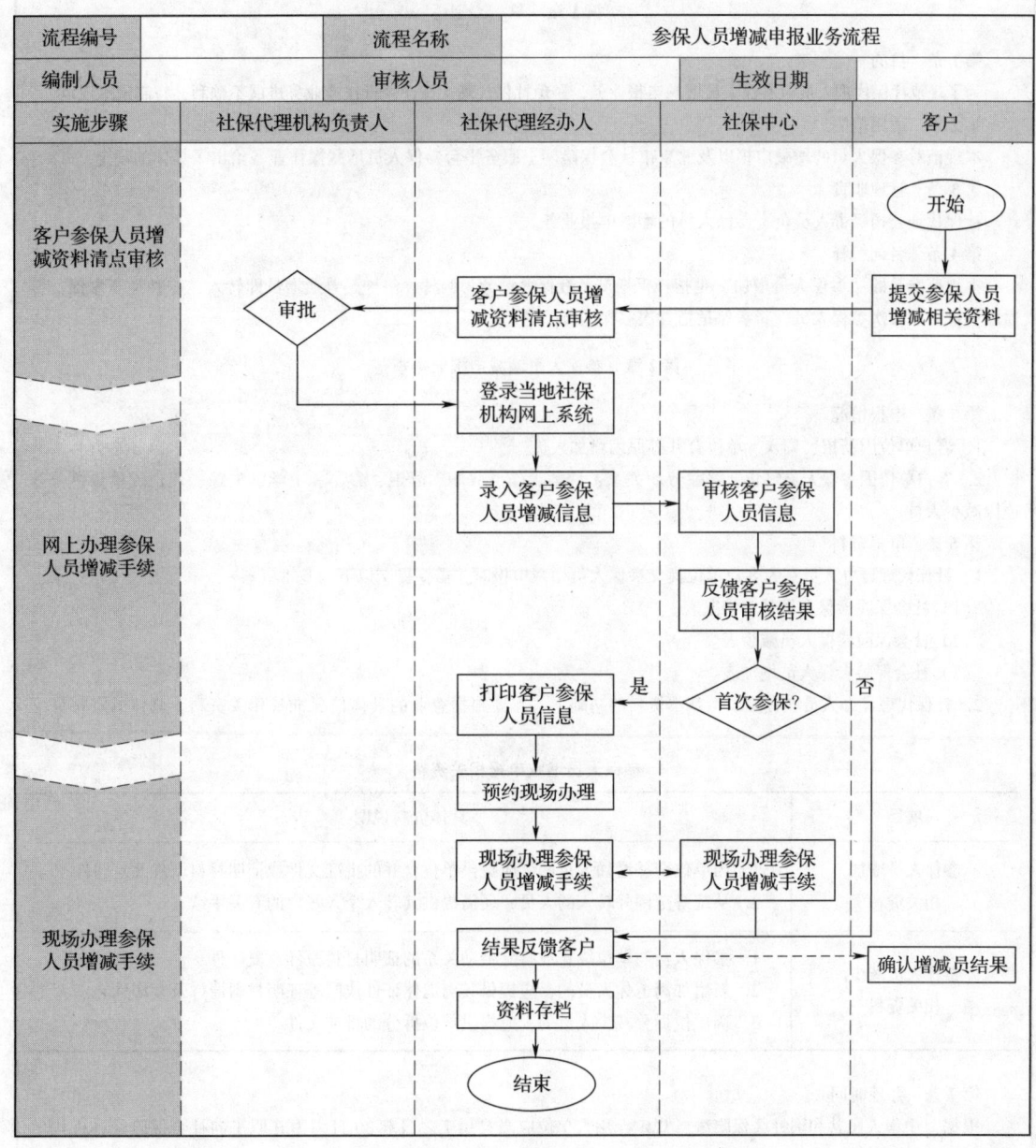

图5—5 参保人员增减申报业务流程图示范

5.3.2 参保人员增减申报业务规范的编制（见表5—3）

表5—3 参保人员增减申报业务规范

制度名称	参保人员增减申报业务规范（以北京市为例）	编制部门	
		执行部门	

第1章 总 则

第1条 目的
为了规范社保代理人员对参保人员增减申报业务，避免社保代理人员违规操作或业务进展不顺利，特制定本规范。

第2条 适用范围
本规范对参保人员的增减申报以及北京市社会保险网上服务平台参保人员增减操作业务给出了具体的规定。

第3条 管理职责
社保代理公司经办人员负责参保人员的增减申报业务。

第4条 名词解释
本规范涉及的"参保人员增加"是指社保增员，社保增员分为两种，一种是普通增员即转入，一种是新参保。普通增员针对非首次参保人员，新参保是指首次参保人员。

第2章 参保人员增减申报业务规范

第5条 申报情况
1. 客户单位因新招、调入、单位合并等原因增加人员。
2. 客户单位因参保人员终止、解除劳动关系、调动工作、辞职、辞退、参军、上学、失踪、死亡或单位拆分等原因减少人员。

第6条 申报资料
1. 社保代理经办人员在为客户单位提交参保人员增减申报时，需要提交以下的基本资料：
（1）社会保险参保人员基本情况表。
（2）社会保险参保人员减少表。
（3）社会保险参保人员增加表。
2. 社保代理经办人员在提交以上基本资料的基础上，需要根据企业的具体情况准备相关资料，具体的资料见下表。

参保人员增减申报相关资料

项目	具体资料说明
参保人员增加相关资料	1. 因单位合并增加人员的，应提供单位合并的批准文件或证明材料原件及复印件 2. 从统筹范围外转入的人员，还需提供其转入个人账户的有关手续
参保人员减少相关资料	1. 参保人员与单位终止或解除劳动关系的证明材料原件及复印件 2. 新增加离退休人员的，应提供其离退休证件或同等证明材料原件及复印件 3. 因单位拆分减少人员的，应提供单位拆分的批准文件

第7条 办理时间
根据《中华人民共和国社会保险法》规定，用人单位应当自用工之日起30日内为其职工向社会保险经办机构申请办理社会保险登记。

续表

制度名称	参保人员增减申报业务规范（以北京市为例）	编制部门	
		执行部门	

第8条 办理程序

1. 社会保险经办机构办理程序

（1）社保代理经办人员携带客户单位的申请材料，到客户单位所在地的社会保险经办机构办理人员增减业务。

（2）社会保险经办机构对社保代理经办人员提交的客户单位资料审核无误后，即时处理人员增减业务。

2. 社会保险网上服务平台办理程序

（1）社保代理经办人员将登录社会保险网上服务平台，录入客户单位人员的增减信息并提交。

（2）社保代理经办人员查询增减业务反馈结果，并留存相关证明材料。

3. 社会保险信息系统企业管理子系统办理程序

（1）录入人员信息并打印《社会保险参保人员增加表》或《社会保险参保人员减少表》，并准备材料。

（2）社保代理经办人员到客户单位所在地的社会保险经办机构，申报《社会保险参保人员增加表》或《社会保险参保人员减少表》，并提供申请材料，办理参保人员增减业务。

第3章 北京市社会保险网上服务平台参保人员增减操作规范

第9条 进入网上申报系统

打开北京市社会保险网上服务平台，点击单位用户登录，进入北京市社会保险网上申报系统。

第10条 填写参保人相关信息

1. 新参保，在"申报业务管理"下，选择"新参保人员登记申报"，填写参保人相关信息，保存提交。

2. 普通增员，在"申报业务管理"下，选择"转入人员增加申报"，填写参保人相关信息，保存提交。

3. 普通减员，在"申报业务管理"下，选择"普通减员"，填写参保人相关信息，保存并提交。

第11条 下载打印"北京市社会保险个人信息登记表"

在"业务报表查询"下，点击"个人信息登记表"，输入当前日期，点击查询，下载"北京市社会保险个人信息登记表"，打印一式两份，需加盖客户单位公章，客户单位负责人、社保代理经办人分别签字。

第12条 下载打印资料

1. 在"业务报表查询"下，点击"人员增加表"，输入相应查询条件，点击查询，下载"北京市社会保险参保人员增加表"，打印一式两份，需加盖客户单位公章，客户单位负责人、社保代理经办人分别签字。

2. 在"业务报表查询"下，点击"人员减少表"，输入相应查询条件，点击查询，下载"北京市社会保险参保人员减少表"，打印一式两份，需加盖客户单位公章，客户单位负责人、社保代理经办人分别签字。

第13条 办理新参保手续

1. 登录社保业务取号系统，预约收缴普通号，下载打印预约单。携带"北京市社会保险个人信息登记表""北京市社会保险参保人员增加表"、参保人身份证复印件（加盖公章）及预约单至社保经办机构办理新参保手续。

2. 普通增员和普通减员不需要到社保经办机构办理手续，网上办理完即可。

第4章 附 则

第14条 本业务规范由社保代理公司业务部门制定，其解释权归业务部门所有。

第15条 本业务规范经社保代理公司负责人审批后实施。

附表1：《北京市社会保险参保人员增加表》（略）

附表2：《北京市社会保险参保人员减少表》（略）

编制日期		审核日期		批准日期	
修改标记		修改处数量		修改日期	

5.3.3 高风险环节分析

参保人员增减业务存在高风险的环节主要集中在客户参保人员增减资料清点审核、录入客户参保人员增减信息、现场办理参保人员增减手续三个环节上。

（1）参保人员增减资料清点审核环节风险

如果社保代理经办人员的能力和素质存在问题，或对其应当履行的责任与义务认识不到位，以致对参保人员的增减资料清点审核不到位，导致提交了不准确、不齐全的资料。更有甚者，社保代理经办人员对客户单位提交的虚假资料也不闻不问，给所在的机构或单位和客户单位都带来了违法违规风险。

（2）录入参保人员增减信息环节风险

如果客户单位的参保人流动性大，参保人员增减申报事务比较集中，增减申报信息录入量大，再加上社保代理经办人员业务不熟练或不熟悉社会保险信息系统，在手工输入过程中不能正确地录入客户参保人员增减信息，就会不可避免地出现错录、漏录现象。

（3）现场办理参保人员增减手续环节风险

社保代理经办人员带到办理现场的纸质材料不是原件或者类别不齐全，或提交的报盘（报盘就是通过社会保险系统企业管理子系统 U 盘，向社保中心报送电子的社保人员参保的相关信息）内容不对、与纸质材料的内容不一致等，均会导致无法成功地办理增减手续。

5.3.4 常见问题的解析

参保人员增减申报业务是社保代理经办人员常常遇到的一项业务，此项业务虽然比较简单，但在操作的过程中还是会遇到一些问题，其中最常见的问题包括未按规定时间办理增减申报、未按规定流程进行增减申报、增减申报信息填写错误、增减申报不成功等，具体说明如图 5—6 所示。

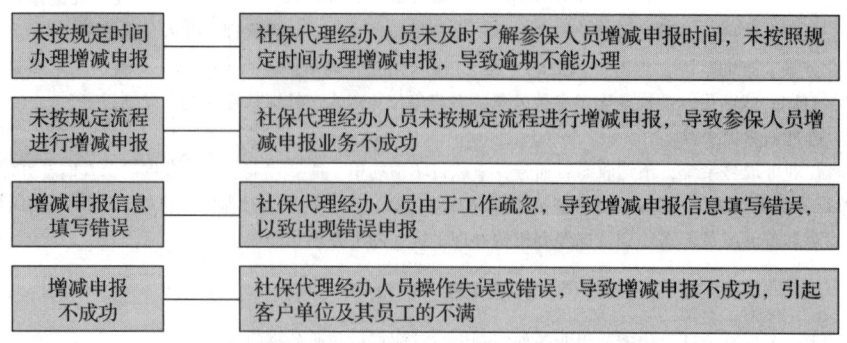

图 5—6　参保人员增减申报业务常见问题说明

5.4 员工医疗费用报销业务流程与规范

5.4.1 员工医疗费用报销业务流程图示范（见图5—7）

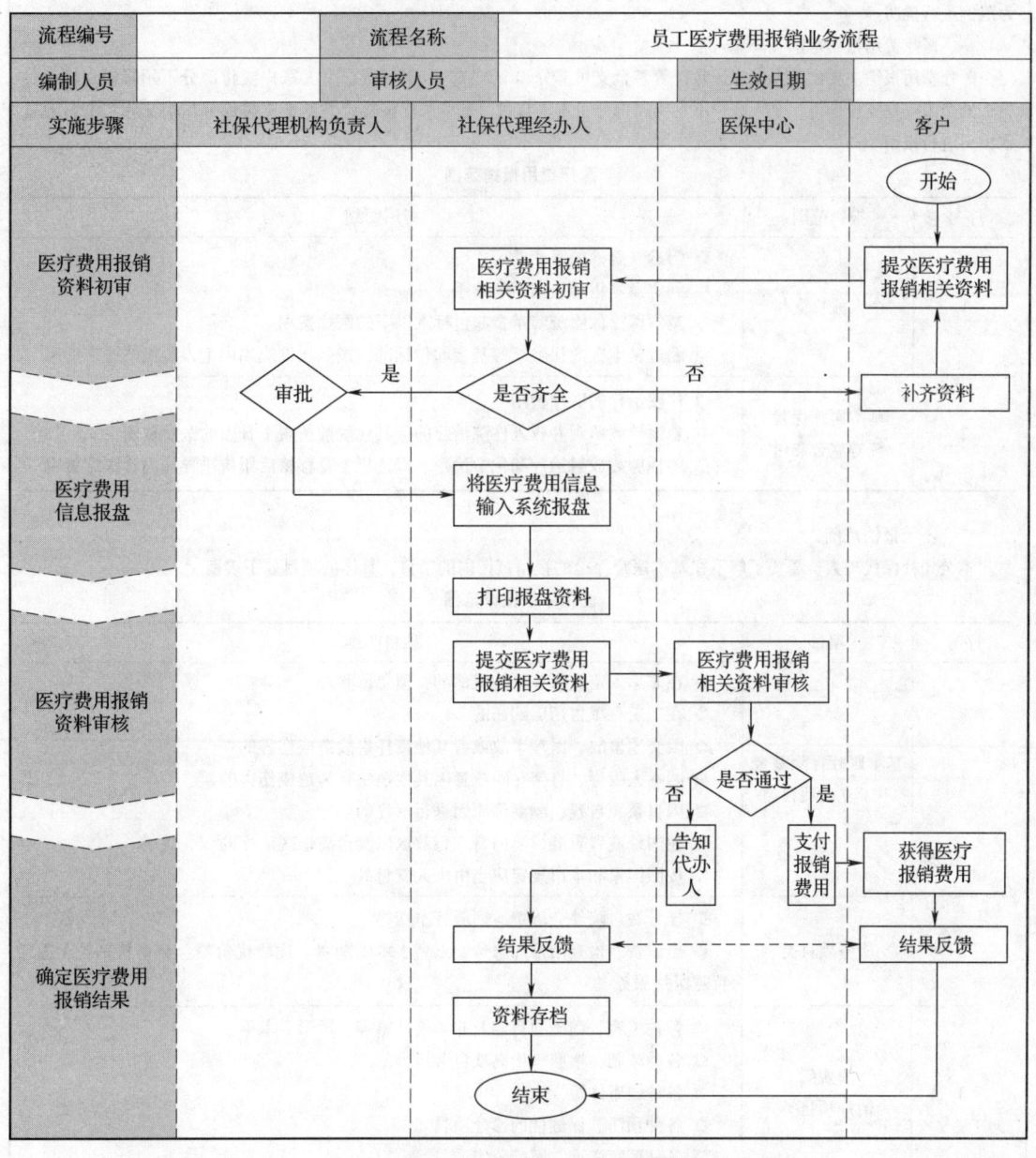

图5—7 员工医疗费用报销业务流程图示范

5.4.2 员工医疗费用报销业务规范的编制（见表5—4）

表5—4　　　　　　　　　员工医疗费用报销业务规范

制度名称	员工医疗费用报销业务规范	适用部门	
		编制人员	

由于各个地区的医院报销标准和流程都不尽相同，为了提供一个业务规范的示范，下面以北京市的医疗费用报销为范例进行说明。

一、医疗费用报销范围

医疗费用报销主要由基本医疗保险统筹基金支付部分和个人账户支付部分，个人账户支付部分不用报销直接通过员工的个人账户支付即可，个人账户不足支付部分由本人自付。基本医疗保险统筹基金支付部分需提交相关资料通过审核后进行报销。

医疗费用报销范围

序号	报销范围	费用明细
1	个人账户支付	◎ 门诊、急诊的医疗费用 ◎ 到定点零售药店购药的费用 ◎ 基本医疗保险统筹基金起付标准以下的医疗费用 ◎ 超过基本医疗保险统筹基金起付标准，按照比例应当由个人负担的医疗费用
2	基本医疗保险统筹基金支付	◎ 住院治疗的医疗费用 ◎ 急诊抢救留观并收入住院治疗的，其住院前留观7日内的医疗费用 ◎ 恶性肿瘤放射治疗和化学治疗、肾透析、肾移植后服抗排异药门诊医疗费用

二、不予报销范围

本公司社保代理人员需要了解不在基本医疗保险的报销范围内的项目，具体的项目如下表所示。

医保不予报销范围

序号	项目	项目明细
1	基本医疗保险基金不予支付项目类	◎ 在非本人定点医疗机构就诊的，但急诊除外 ◎ 在非定点零售药店购药的 ◎ 因交通事故、医疗事故或者其他责任事故造成伤害的 ◎ 因本人吸毒、打架斗殴或者因其他违法行为为造成伤害的 ◎ 因自杀、自残、酗酒等原因进行治疗的 ◎ 在国外或者香港、澳门特别行政区以及台湾地区治疗的 ◎ 按照国家和本市规定应当由个人支付的
2	服务项目类	◎ 挂号费、院外会诊费、病历工本费等 ◎ 出诊费、检查治疗加急费、点名手术附加费、优质优价费、自请特别护士等特需医疗服务
3	非疾病治疗项目类	◎ 各种美容、健美项目以及非功能性整容、矫形手术等 ◎ 各种减肥、增胖、增高项目 ◎ 各种健康体检 ◎ 各种预防、保健性的诊疗项目 ◎ 各种医疗咨询、医疗鉴定

续表

方案名称	员工医疗费用报销业务规范	适用部门	
		编制人员	

序号	项目	项目明细
4	诊疗设备及医用材料类	◎ 应用正电子发射断层扫描装置（PET）、电子束CT、眼科准分子激光治疗仪等大型医疗设备进行的检查、治疗项目 ◎ 眼镜、义齿、义眼、义肢、助听器等康复性器具 ◎ 各种自用的保健、按摩、检查和治疗器械 ◎ 各省物价部门规定不可单独收费的一次性医用材料
5	治疗项目类	◎ 各类器官或组织移植的器官源或组织源 ◎ 除肾脏、心脏瓣膜、角膜、皮肤、血管、骨、骨髓移植外的器官或组织移植 ◎ 近视眼矫正术 ◎ 气功疗法、音乐疗法、保健性的营养疗法、磁疗等辅助性治疗项目
6	其他项目类	◎ 不育（孕）症、性功能障碍的诊疗项目 ◎ 各种科研性、临床验证性的诊疗项目

三、门诊、急诊就医报销标准

在职职工到医院门诊、急诊就医的，在基本医疗保险统筹基金起付标准以下的，由员工个人账户支付不予报销，超过基本医疗保险统筹基金起付标准的，按照比例由个人账户负担的医疗费用，剩余部分通过医保报销。

医院门诊、急诊就医报销标准

人员类别	起付线	报销比例		最高限额
		社区（本市）	其他定点	
在职人员	1 800元	90%	70%	20 000元

四、住院费医保报销标准

在一个年度内职工发生的住院医疗费用，按医院等级和费用数额采取分段计算、累加报销的办法进行报销，基本医疗保险统筹基金的报销比例如表所示。

住院费医保报销标准

类别	报销级别	起付线	报销比例			最高限额
			一级医院	二级医院	三级医院	
在职人员	起付标准~3万元	1 300元	90%	87%	85%	10万元
	3~4万元		95%	92%	90%	
	4~10万元		97%	97%	95%	
	10~30万元		大额医疗费用互助资金支付85%			20万元

一个医疗保险年度内，第一次住院的起付标准为1 300元，第二次及以后的起付标准均为650元。

五、医保报销程序

（一）住院患者在区内定点医疗机构住院

首先出示医疗保险卡，然后按医院的等级交纳一定的门槛费，出院后到医院的医保结算处即可适时享受医疗保险待遇。

续表

方案名称	员工医疗费用报销业务规范	适用部门	
		编制人员	

（二）异地住院患者报销程序

1. 申报结算资料。异地住院报销请携带下列 6 类资料：住院结账发票（盖章）、住院费用明细清单（盖章）、出院记录（盖章）、使用目录以外药品及特殊诊疗项目的志愿书复印件（盖章）、医疗保险卡、城镇职工医疗保险转诊单。

2. 结算。异地住院手续齐全，5 个工作日后凭收费单凭据、本人身份证、代领人身份证结算报销。每月 28 日至月底暂停报销，次月 1 日起恢复报销。

（三）门诊重症疾病报销程序

1. 报销时间。高血压和糖尿病门诊重症病人的报销时间：第 1 季度为 3 月份、第 2 季度为 6 月份、第 3 季度为 9 月份、第 4 季度为 12 月份；其他病种的门诊重症疾病患者每月报销一次。

2. 申报结算资料。门诊医疗收据、中文处方划单价并盖章、检查附检查报告单原件。

3. 结算。手续齐全 5 个工作日后结算报销金额直接划入本人银行存折。

编制日期		批准日期	

5.4.3 高风险环节分析

医疗费用报销涉及客户企业员工的权益，因此社保代理经办人员在进行医疗费用报销时需特别注意，避免出现因己方的操作不当影响医疗费用报销的情况。在员工医疗费用报销这项工作中，可能出现的风险如下。

（1）医疗费用报销资料初审环节的风险

各地的医保政策不尽相同，社保代理经办人员如果不了解、不熟悉当地医保政策，或因工作疏忽大意等，未能仔细进行初步审查，及时发现医疗费用报销材料中存在的问题，以致造成相关材料初审不合格，最终导致不能通过医疗费用报销审核。

（2）医疗费用信息报盘环节的风险

在医疗费用信息报盘过程中，若医疗费用报销资料不完善、不清楚，可能会造成报盘文件填写信息与医疗费用报销资料实际的内容不一致，造成医疗费用信息报盘输入可能有误。例如，医疗费用在医院结算时，其账单明细未打印完全，以致资料缺失，从而造成医疗费用信息报盘输入错误。

（3）医疗费用报销资料提交环节的风险

社保代理经办人员不了解医保政策，提交的医疗费用报销资料不符合针对的医保报销范围，或提交的医疗费用报销资料不完整、不齐全，导致医保中心拒收其资料，最终导致不能成功办完报销手续。

例如，社保代理经办人员提交的医疗费用报销资料属于工伤医疗费用报销范围，即符合工伤保险诊疗项目目录、工伤保险药品目录、工伤保险住院服务标准的医疗开支，但是不属于基本医疗费用报销范围，造成报销费用不在针对的医保报销范围内，最终导致不能成功报销。

5.4.4 常见问题的解析

在医疗费用报销环节，社保代理经办人员经常遇见很多的问题，如未及时掌握新的医保政策、异地就医不能报销、未按时缴纳医保不能报销问题、医疗收费票据丢失毁损、工伤医疗费用和基本医疗费用混淆等。

(1) 未及时掌握新的医保政策问题

国家更新和修改医保政策，社保代理经办人员未及时跟进，造成不能及时掌握新的医保政策。因此，各地区的社保代理经办人员需要定期登录社保相关网站，及时掌握最新的医保政策，为顺利地开展社保代理工作奠定基础。

(2) 异地就医不能报销问题

客户单位的员工异地就医手续或行为不符合报销范围的规定，导致异地就医费用不能成功报销。对于此类问题，社保代理经办人员应该在第一时间予以发现，并将"其异地就医相关费用不在报销范围内"这一事实，与客户单位的员工提前说明，以免产生纠纷。

(3) 未按时缴纳医保不能报销问题

社保代理经办人员在代客户单位员工办理医疗保险报销手续时，发现该单位未能为员工按时缴纳医保而不能报销时，需要依断缴时长来分情况进行处理。

因该单位自身原因断缴员工的医疗保险在3个月之内的，客户单位可为员工及时补缴，补缴后社保代理经办人员即可按照规定进行报销。

因该单位自身原因断缴员工的医疗保险超过3个月的，客户单位即使及时为员工补缴，社保代理经办人员也不能为该员工办理医疗保险报销，社保代理经办人员需提前通知客户单位，避免产生不必要的纠纷。

(4) 医疗费用票据丢失毁损问题

医疗费用票据是参保患者按照有关规定申请医疗费用报销的有效凭证。社保代理经办人员在医疗费用报销过程中，未能妥善保存医疗费用票据，致其丢失毁损，从而造成医疗费用不能顺利进行报销也是常见的问题之一。

对于出现医疗费用票据丢失、毁损等问题后，社保代理经办人员须向客户承认自己的失误、向客户致歉，安抚客户的情绪，并表态会承担补办票据材料的损失。同时，为了妥善解决报销业务，社保代理经办人员应协助客户开展票据材料的补办工作，具体的补办程序如下：

1) 客户需填报《医疗收费票据丢失毁损补支申请表》，社保代理经办人员代客户向定点医疗机构或定点零售药店提交申请。

2) 定点医疗机构或定点零售药店依据提供的《补支申请表》，核实确认无发生退票情况后，为客户提供票据存根联复印件或套打电子票据，标注"补办票据"字样，并加盖定点医疗机构或定点零售药店财务主管部门公章或财务专用章，作为报销凭证。

3) 客户就医的医疗费用明细清单、病历资料等一并丢失的，定点医疗机构也可同时予以补办，并加盖"医保专用章"。

(5) 工伤医疗费用和基本医疗费用混淆的问题

社保代理经办人员容易将工伤医疗费用与基本医疗费用混淆，以致报销手续不符合规定，造成医疗费用的报销手续无法被通过。

基本医疗费用是指客户因疾病就诊、住院所发生的医疗费用。社会医疗保险机构为避免或减轻参保人员因患病、治疗等造成的经济损失，所给予的经济补偿。这种经济补偿的领取过程，实际上就是社保代理经办人员替参保人员办理医疗费用报销的过程。

工伤医疗费用是指客户因工作遭受事故伤害或者患职业病进行治疗所发生的医疗费用。社保代理经办人员可代客户持人力资源和社会保障部门确认的工伤认定书，办理工伤医疗费用报销手续。

5.5 员工工伤认定与费用报销业务流程与规范

5.5.1 员工工伤认定与费用报销业务流程图示范（见图5—8）

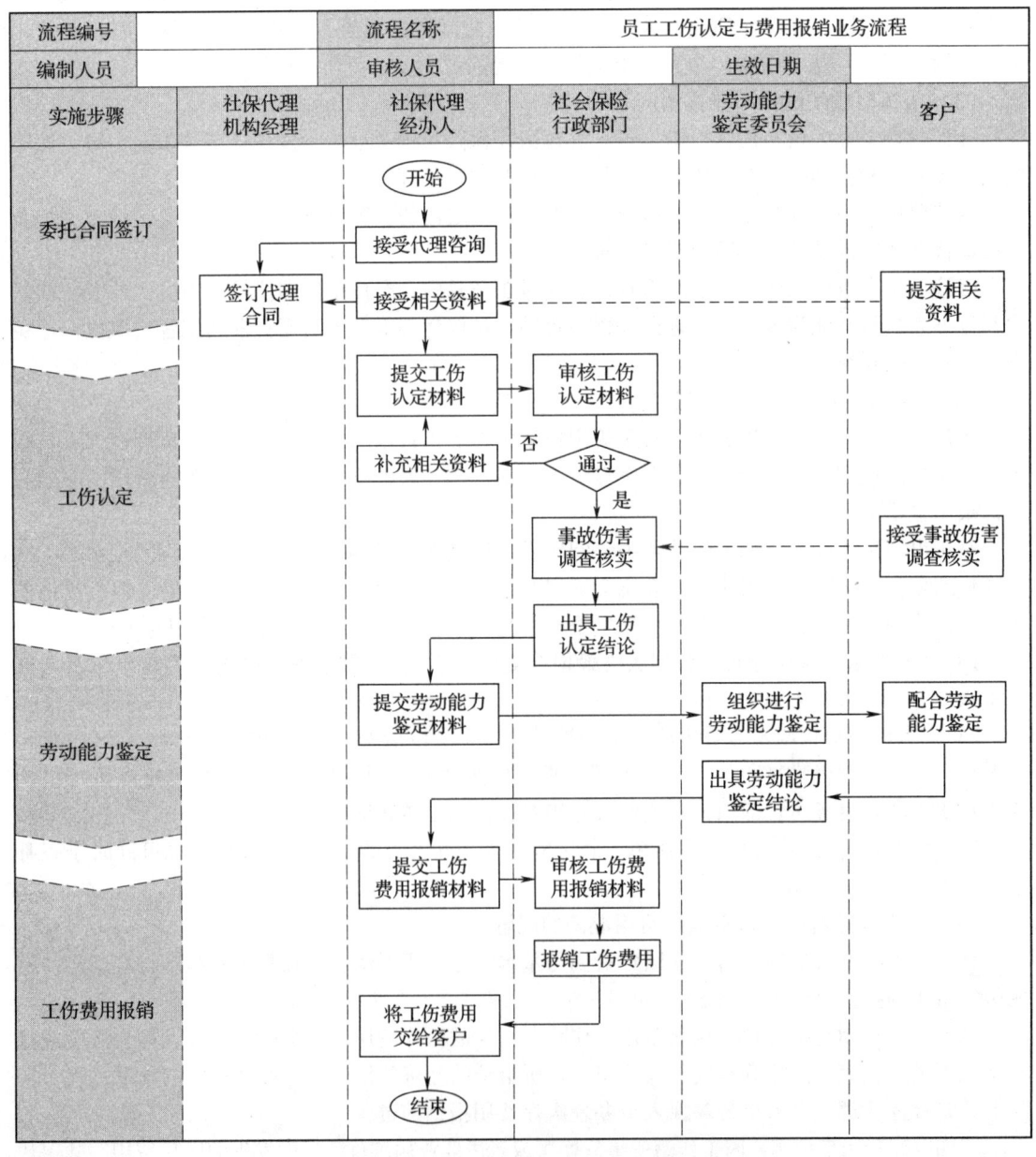

图5—8 员工工伤认定与费用报销业务流程图示范

5.5.2 员工工伤认定与费用报销业务规范的编制（见表5—5）

表5—5　　　　　　　　　　员工工伤认定与费用报销业务规范

制度名称	员工工伤认定与费用报销业务规范	适用部门	
		编制人员	

为了规范本公司工伤保险代理服务工作，本社会保险代理公司根据《工伤保险条例》及《北京市实施〈工伤保险条例〉若干规定》，特制定本业务方案。

一、代理前咨询

1. 代理合同签订前，本公司业务咨询人员需要详细听取受伤职工事发经过陈述，并作相应谈话记录，要求客户单位签字，具体记录内容如下图所示。

```
1. 受伤职工身份情况              6. 劳动保护及相关防护措施
2. 职工单位的大致情况            7. 发生工伤事故的时间、地点、原
3. 劳动关系情况                     因、受伤部位
4. 工作岗位及相关职责            8. 治疗过程，住院时间、医疗费支
5. 工资报酬及培训情况               付情况
                                 9. 受伤职工家庭成员及大致情况
                                 10. 受伤职工本人的要求及期望
```

咨询记录内容

2. 本公司业务代理人员核对客户单位职工的相关病历、医院证明，是否存在过医疗情形。

3. 本公司业务代理人员到客户单位职工事故现场进行调查与核对，并查明以下内容（路程较远的，应在办理委托手续后进行）。

（1）客户单位的名称或工程项目负责人的姓名及联系电话。

（2）客户单位开办时间和工程的开工时间、竣工时间，应与受伤职工的第一次上班及受伤时间相吻合。

4. 如核对受伤事故发生之日起是否超过一年，如超出一年，则超过工伤认定时效，人力资源和社会保障部门不会受理该起工伤事故的认定工作。

二、委托代理合同签订

社保代理经办人员需要与客户单位签订代理合同，同时社保代理经办人员还需要对客户单位详细说明如下事项：

1. 应详细告知工伤认定与费用报销程序中本公司能够做的具体事项。

2. 应明确客户单位在签订代理合同后应配合社保代理经办人员做的具体事项。

3. 应告知客户单位在工伤认定与费用报销程序中有哪些风险及相关防范措施。

4. 对不熟悉工伤认定与费用报销业务的客户单位经办人，还应详述代理合同的内容及收费办法等相关情况，以免以后发生争议。

5. 对于风险代理或予多交代理费的情形，应在代理合同中着重予以书面确认，避免发生分歧或争执。

三、工伤认定

（一）工伤情况

客户单位职工发生事故后，首先需要进行工伤认定，社保代理经办人员可对照以下的情况初步确定是否工伤。

1. 职工有下列情形之一的，应当认定为工伤：

（1）在工作时间和工作场所内，因工作原因受到事故伤害的。

（2）工作时间前后在工作场所内，从事与工作有关的预备性或者收尾性工作受到事故伤害的。

（3）在工作时间和工作场所内，因履行工作职责受到暴力等意外伤害的。

（4）患职业病的。

（5）因工外出期间，由于工作原因受到伤害或者发生事故下落不明的。

（6）在上下班途中，受到非本人主要责任的交通事故或者城市轨道交通、客运轮渡、火车事故伤害的。

续表

制度名称	员工工伤认定与费用报销业务规范	适用部门	
		编制人员	

(7) 法律、行政法规规定应当认定为工伤的其他情形。

2. 职工有下列情形之一的，视同工伤：

(1) 在工作时间和工作岗位，突发疾病死亡或者在48小时之内经抢救无效死亡的。

(2) 在抢险救灾等维护国家利益、公共利益活动中受到伤害的。

(3) 职工原在军队服役，因战、因公负伤致残，已取得革命伤残军人证，到用人单位后旧伤复发的。

职工有前款第（1）项、第（2）项情形的，按照本条例的有关规定享受工伤保险待遇；职工有前款第（3）项情形的，按照《工伤保险条例》的有关规定享受除一次性伤残补助金以外的工伤保险待遇。

3. 职工符合本条例以上的规定，但是有下列情形之一的，不得认定为工伤或者视同工伤：

(1) 故意犯罪的。

(2) 醉酒或者吸毒的。

(3) 自残或者自杀的。

(二) 工伤认定申请时间

客户单位职工发生事故伤害或者按照职业病防治法规定被诊断、鉴定为职业病，社保代理经办人员可代其自事故伤害发生之日或者被诊断、鉴定为职业病之日起30日内，向客户单位所在地的社会保险行政部门提出工伤认定申请。遇有特殊情况，经报社会保险行政部门同意，申请时限可以适当延长。

(三) 工伤认定申请材料

1. 社保代理经办人员向社会保险行政部门提出工伤认定申请时，需要提交下列材料：

(1) 工伤认定申请表（工伤认定申请表应当包括事故发生的时间、地点、原因以及职工伤害程度等基本情况）。

(2) 与用人单位存在劳动关系（包括事实劳动关系）的证明材料。

(3) 医疗诊断证明或者职业病诊断证明书（或者职业病诊断鉴定书）。

2. 社保代理经办人员向社会保险行政部门提供的材料不完整的，社会保险行政部门会一次性书面告知社保代理经办人员需要补正的全部材料。社保代理经办人员按照书面告知要求补正材料后，社会保险行政部门即会受理。

四、劳动能力鉴定

(一) 劳动能力鉴定情况

职工发生工伤，经治疗伤情相对稳定后存在残疾、影响劳动能力的，应当进行劳动能力鉴定。劳动能力鉴定是指劳动功能障碍程度和生活自理障碍程度的等级鉴定。具体的等级划分如下所示：

1. 劳动功能障碍分为十个伤残等级，最重的为一级，最轻的为十级。

2. 生活自理障碍分为三个等级：生活完全不能自理、生活大部分不能自理和生活部分不能自理。

(二) 劳动能力鉴定应提供的材料

1. 社保代理经办人员以书面形式向劳动能力鉴定委员会提出劳动能力鉴定申请，同时提供劳动能力鉴定材料，并填写《劳动能力鉴定申请表》。劳动能力鉴定应提供的材料如下所示：

(1) 工伤认定决定书或《工伤证》的复印件1份。

(2) 被鉴定人的身份证复印件1份、一寸照片两张。

(3) 被鉴定人的病历、诊断证明、理化检验报告、CT、X光片等诊疗资料的复印件。

(4) 工伤职工供养亲属进行劳动能力鉴定（确认），还需提供被鉴定人与工伤职工之间亲属关系的有效证明。

(5) 法规、政策规定或劳动能力鉴定经办机构要求提供的其他资料。

2. 提供上述资料的复印件时，应将原件一并送劳动能力鉴定委员会核对。

五、工伤费用报销

(一) 工伤医疗费用报销

客户单位职工因工作遭受事故伤害或者患职业病进行治疗，可进行工伤医疗费用报销。工伤医疗费用报销的基本要求如下所示：

1. 就医地点。职工治疗工伤在签订服务协议的医疗机构就医，除情况紧急可先到就近的医疗机构急救。

续表

制度名称	员工工伤认定与费用报销业务规范	适用部门	
		编制人员	

2. 工伤治疗费用。治疗工伤所花费用符合工伤保险诊疗项目目录、工伤保险药品目录、工伤保险住院服务标准的，从工伤保险基金支付。工伤保险诊疗项目目录、工伤保险药品目录、工伤保险住院服务标准，由国务院社会保险行政部门会同国务院卫生行政部门、食品药品监督管理部门等部门规定。

3. 交通、食宿等费用。职工住院治疗工伤的伙食补助费，以及经医疗机构出具证明，报经办机构同意，工伤职工到统筹地区以外就医所需的交通、食宿费用从工伤保险基金支付，基金支付的具体标准由统筹地区人民政府规定。

4. 工伤康复费用。职工到签订服务协议的医疗机构进行工伤康复的费用，符合规定的，从工伤保险基金支付。

5. 非工伤引发的疾病治疗费用。工伤职工治疗非工伤引发的疾病，不能进行工伤费用报销，按照基本医疗保险办法处理。

6. 辅助器具费用。工伤职工因日常生活或者就业需要，经劳动能力鉴定委员会确认，可以安装假肢、矫形器、假眼、假牙和配置轮椅等辅助器具，所需费用按照国家规定的标准从工伤保险基金支付。

（二）停工留薪期费用

1. 职工因工作遭受事故伤害或者患职业病需要暂停工作接受工伤医疗的，在停工留薪期内，原工资福利待遇不变，由职工所在单位按月支付。

2. 停工留薪期一般不超过12个月。伤情严重或者情况特殊，经当地的市级劳动能力鉴定委员会确认，可以适当延长，但延长不得超过12个月。工伤职工评定伤残等级后，停发原待遇，按照有关规定享受伤残待遇。工伤职工在停工留薪期满后仍需治疗的，继续享受工伤医疗待遇。

3. 生活不能自理的工伤职工在停工留薪期需要护理的，由所在单位负责。

（三）生活护理费

1. 工伤职工已经评定伤残等级并经劳动能力鉴定委员会确认需要生活护理的，从工伤保险基金按月支付生活护理费。

2. 生活护理费按照生活完全不能自理、生活大部分不能自理或者生活部分不能自理3个不同等级支付，其标准分别为统筹地区上年度职工月平均工资的50%、40%或者30%。

（四）职工因工致残补偿

工伤职工已经评定伤残等级为一级至十级的，其工伤补偿标准见下表。

一级至四级工伤补偿标准

伤残级别	一次性伤残补助金	伤残津贴（按月享受）	基数	支付单位
一级	27个月	90%	本人月工资	工伤保险基金
二级	25个月	85%		
三级	23个月	80%		
四级	21个月	75%		
备注	\multicolumn{4}{l}{1. 保留劳动关系，退出工作岗位 2. 伤残津贴实际金额低于当地最低工资标准的，由工伤保险基金补足差额 3. 工伤职工达到退休年龄并办理退休手续后，停发伤残津贴，享受基本养老保险待遇}			

五级至十级工伤补偿标准

伤残级别	劳动关系	一次性伤残补助金	伤残津贴（按月享受）	一次性工伤医疗补助金	一次性伤残就业补助金	基数
五级	保持	18个月	单位安排工作或月津贴70%	/	/	本人月工资
	解除或终止	18个月	/	18个月	18个月	上年度职工平均工资

续表

制度名称		员工工伤认定与费用报销业务规范			适用部门	
					编制人员	

伤残级别	劳动关系	一次性伤残补助金	伤残津贴（按月享受）	一次性工伤医疗补助金	一次性伤残就业补助金	基数
六级	保持	16个月	单位安排工作或月津贴60%	/	/	本人月工资
六级	解除或终止	16个月	/	15个月	15个月	上年度职工平均工资
七级	保持	13个月	/	劳动合同期满或终止终止支付		本人月工资
七级	解除或终止	13个月	/	12个月	12个月	上年度职工平均工资
八级	保持	11个月	/	劳动合同期满或终止终止支付		本人月工资
八级	解除或终止	11个月	/	9个月	9个月	上年度职工平均工资
九级	保持	9个月	/	劳动合同期满或终止终止支付		本人月工资
九级	解除或终止	9个月	/	6个月	6个月	上年度职工平均工资
十级	保持	7个月	/	劳动合同期满或终止终止支付		本人月工资
十级	解除或终止	7个月	/	3个月	3个月	上年度职工平均工资

（五）职工死亡待遇

职工因工死亡，其近亲属按照下列标准申请领取丧葬补助金、供养亲属抚恤金和一次性工亡补助金等死亡补偿标准，具体的标准见下表。

死亡赔偿标准

类型	标准	
丧葬补助金	6个月的统筹地区上年度职工月平均工资	
供养亲属抚恤金	配偶	职工月工资×40%
供养亲属抚恤金	其他亲属	职工月工资×30%
供养亲属抚恤金	孤寡老人/孤儿	在以上标准的基础上增加10%
一次性工亡补助金	上年度全国城镇居民人均可支配收入的20倍	
因工外出时发生事故或在抢险救灾中下落不明的	1. 从事故发生当月起3个月内照发工资	
因工外出时发生事故或在抢险救灾中下落不明的	2. 从第4个月起停发工资，由工伤保险基金向其供养亲属按月支付供养亲属抚恤金	
因工外出时发生事故或在抢险救灾中下落不明的	3. 生活有困难的，可以预支一次性工亡补助金的50%	

领取说明：伤残职工停工留薪期内因工伤致死亡的其近亲属领取丧葬补助金、供养亲属抚恤金、一次性工亡补助金；一级至四级伤残职工在停工留薪期满后死亡的其近亲属可以领取丧葬补助金、供养亲属抚恤金。

编制日期		批准日期	

5.5.3 高风险环节分析

员工工伤认定与费用报销业务主要包括工伤认定资料提交、劳动能力鉴定资料提交和工伤费用报销资料提交三个方面的工作，因此其主要风险也集中在这三项工作中，具体风险说明如图5—9所示。

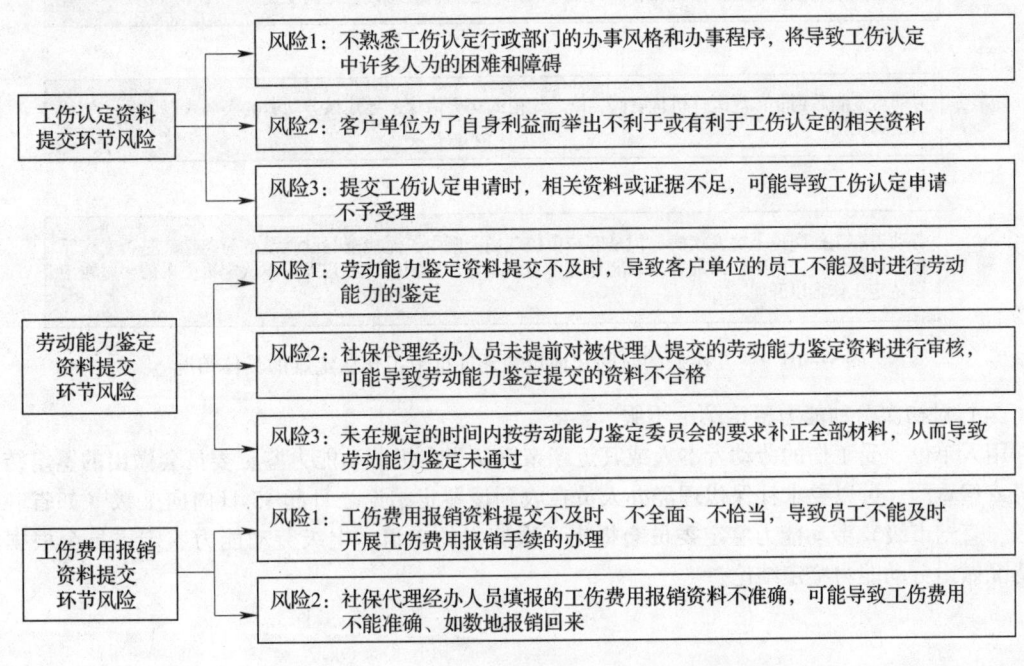

图5—9 员工工伤认定与费用报销业务风险说明

5.5.4 常见问题的解析

社保代理经办人员在代理员工工伤认定与费用报销业务时，经常遇到的问题包括工伤认定过程复杂、劳动关系不明确致工伤认定难、突发疾病的时间和地点缺乏证据致工伤认定难、对初次劳动能力鉴定结论不服等。

（1）工伤认定过程复杂

工伤认定程序过于复杂，耗费的时间过长，占用的精力过多，以致客户会放弃工伤认定。

（2）劳动关系不明确致工伤认定难

工伤保险所覆盖的对象是与用人单位建立劳动关系的劳动者，因此受伤员工在申请工伤认定时，必须提供与用人单位存在劳动关系的劳动合同或相关证明材料。但是，在实际工伤认定过程中，如果用人单位因各种原因无法提供这些证明材料时，会造成代理机构难以提供有关劳动关系的证明材料，以致工伤难以认定。

（3）突发疾病的时间和地点缺乏证据致工伤认定难

劳动者在工作时间和工作岗位，突发疾病死亡或者在48小时之内经抢救无效死亡的情形，符合视同工伤的条件。而在实际工作中，社保代理经办人员发现，突发疾病的时间、地点难以准确界定，具体难以确定的情况如图5—10所示。

1. 劳动者发病时未能立即送往医院，又未有病历资料，导致工伤认定难以办理

2. 劳动者发病仍坚持在客户单位工作，等到下班后再去就医，难以认定为工伤

3. 劳动者发病后到非正规医疗机构就医，缺乏规范的病史治疗，导致该劳动者的疾病难以认定为工伤

4. 劳动者在工作岗位上突发疾病，但是客户单位现场无医生、无检查的设施设备等条件，是否发病无权威证据资料，同事们的证言也只能作为参考而不宜作为依据，导致难以被认定机关采信，以致工伤认定工作难以开展

图5—10 突发疾病的时间和地点缺乏证据致工伤认定难的具体情况

（4）对初次劳动能力鉴定结论不服

用人单位、受工伤的劳动者本人或其近亲亲属认为本级劳动能力鉴定委员会做出的鉴定结论偏轻或偏重的，可以要求社保代理经办人员在收到该鉴定结论之日起15日内向上级（如省、自治区、直辖市级）劳动能力鉴定委员会提出再次鉴定的申请，上级劳动能力鉴定委员会根据实际情况做出劳动能力鉴定结论。

5.6 员工生育医疗费报销和生育津贴申领业务流程与规范

5.6.1 员工生育医疗费报销和生育津贴申领业务流程图示范（见图5—11）

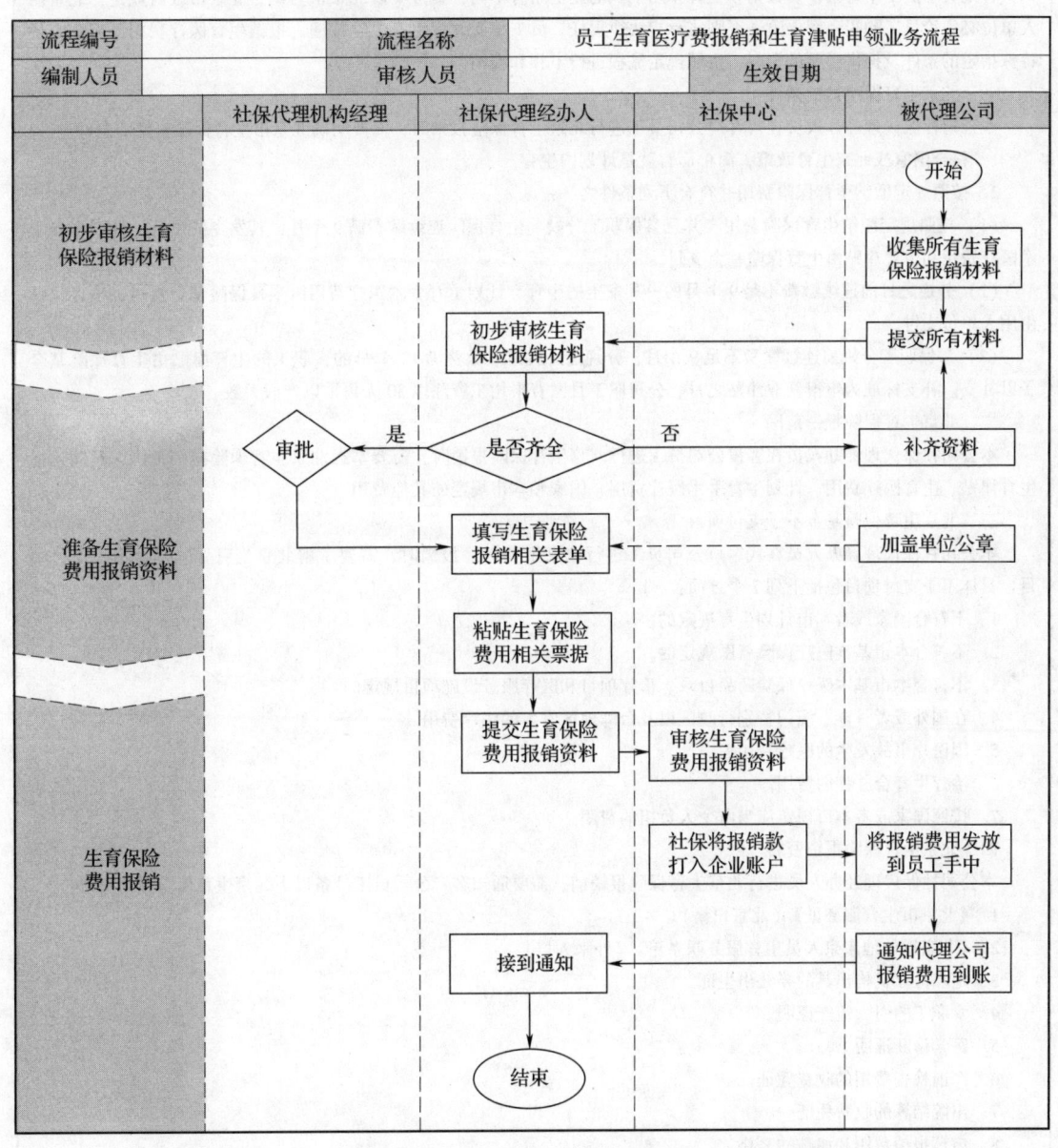

图5—11 员工生育医疗费报销和生育津贴申领业务流程图示范

5.6.2 员工生育医疗费报销和生育津贴申领业务规范的编制（见表5—6）

表5—6　　　　　　　员工生育医疗费报销和生育津贴申领业务规范

制度名称	员工生育医疗费报销和生育津贴申领业务规范	适用部门	
		编制人员	

各地关于员工生育医疗费报销和生育津贴申领的规定略有不同，本方案以北京市为例。北京市政府规定，北京用人单位必须给员工购买生育保险，否则将承担法律责任。员工享受北京生育保险待遇，报销生育医疗费用，需要满足特殊指定的条件及提供必要的资料，按照规定流程进行申领和报销。

一、北京生育保险报销条件

本公司社保代理经办人员在代客户公司员工进行北京生育保险报销时，需要明确北京市生育保险报销的条件。

1. 符合国家或北京生育政策，简单而言就是计划内生育。
2. 按照规定缴纳生育保险费用并符合下列条件之一：

（1）按照规定缴纳生育保险费用，并且参保职工分娩前生育保险连续缴费满9个月，其发生的生育、计划生育手术医疗费用和生育津贴由生育保险基金支付。

（2）分娩之日前连续缴费不足9个月的，其发生的生育、计划生育手术医疗费用由生育保险基金支付，生育津贴由用人单位支付。

（3）参保职工分娩前连续缴费不足9个月，分娩之月后连续缴费满12个月的，职工的生育津贴由生育保险基金予以补支。补支标准为申报领取津贴之月，公司职工月缴费平均工资除以30天再乘以产假天数。

二、北京生育保险报销范围

本公司社保代理经办人员在客户公司员工进行北京生育保险报销时，需要掌握北京生育保险报销范围，具体包括生育津贴、生育医疗费用、计划生育手术医疗费用、国家和本市规定的其他费用。

三、北京生育保险基金不予支付项目

本公司社保代理经办人员在代客户公司员工进行北京生育保险报销时，需要了解北京生育保险基金不予支付项目，具体不予支付项目包括下列7个方面：

1. 不符合国家或者本市计划生育规定的。
2. 不符合本市基本医疗保险就医规定的。
3. 不符合本市基本医疗保险药品目录、诊疗项目和医疗服务设施项目规定的。
4. 在国外或者香港、澳门特别行政区以及台湾地区发生的医疗费用。
5. 因医疗事故发生的医疗费用。
6. 治疗生育合并症的费用。
7. 按照国家或者本市规定应当由个人负担的费用。

四、北京生育保险报销资料

本公司社保代理经办人员进行北京生育保险报销前，需要通知客户公司员工准备以下北京生育保险报销资料：

1. 《北京市生育服务证》（北京户籍）。
2. 《北京市外地来京人员生育服务联系单》（外来人口）。
3. 定点医疗机构出具的婴儿出生证。
4. 女职工的引、流产证明。
5. 医学诊断证明书。
6. 产前检查费用的收费凭证。
7. 出院结算的收费凭证。
8. 申请报销费用和津贴的表格。

续表

制度名称	员工生育医疗费报销和生育津贴申领业务规范	适用部门	
		编制人员	

五、北京生育医疗费用报销标准

本公司社保代理经办人员进行北京生育保险报销前,需要了解北京生育医疗费用报销标准。

1. 产前检查费报销标准

妊娠至分娩前的产前检查费按限额报销,具体的限额报销标准为1 400元,其中各妊娠期的检查费报销标准见下表。

妊娠至分娩前的产前检查费报销标准

妊娠期	第1~12周末	第13~27周末	第1~27周末	第13周~分娩前	第28周~分娩前
报销标准	520元	330元	850元	880元	550元

2. 分娩的医疗费用报销标准

分娩的医疗费用报销标准按照定额进行报销,具体的报销标准见下表。

分娩的医疗费用报销标准

类别	三级医院	二级医院	一级医院
自然分娩	3 000元	2 900元	2 700元
人工干预分娩	3 300元	3 200元	3 000元
中期引产术	2 800元	2 700元	2 500元
剖宫产术合并	4 400元	4 200元	3 800元

六、北京生育津贴申领标准

本公司社保代理经办人员进行北京生育保险报销前,需要了解北京生育津贴申领标准,具体标准见下表。

北京生育津贴申领标准

名称	享受方	条件	产假天数	公式
生育津贴	女职工	正常生育	98天	单位上年度职工月平均工资/30×产假天数
		难产生育(产钳助产、胎吸、剖宫)	98+15=113天	
		多胞胎生育	98+15×(胎数−1)天	
晚育津贴	男/女	年满二十四周岁初育的	30天	单位上年度职工月平均工资
		如果男女方都参加生育保险,可按基数高的一方计算晚育津贴		

1. 参加北京市生育保险的职工,因生育或计划生育享受产假的,产假期间可享受生育津贴。生育津贴按照职工所在公司月缴费平均工资除以30天再乘以产假天数计发。生育津贴高于本人产假工资标准的,公司不得克扣;生育津贴低于本人产假工资标准的,差额部分由用人单位补足。

2. 北京市已婚妇女年满24周岁初育的为晚育。晚育的女职工,除享受国家规定的产假外,增加奖励假30天,奖励假也可以由男方享受。

七、北京生育保险报销流程

1. 客户单位职工发生生育医疗费由个人垫付,然后由社保代理公司代其申报给社保经办机构,社保经办机构将审核后的医疗费用支付社保代理公司,社保代理公司再将医疗费用支付给客户单位,客户单位收到医疗费后应及时支付给参保职工。

续表

制度名称	员工生育医疗费报销和生育津贴申领业务规范	适用部门	
		编制人员	
2. 申领生育津贴及报销产前检查费用，由社保代理公司代单位到职工参加生育保险的社会保险经办机构办理手续。办理手续时，社保代理公司应当提交客户单位职工的《北京市医疗保险手册》《北京市生育服务证》以及定点医疗机构出具的婴儿出生、死亡或者流产证明、计划生育手术证明和收费凭证等资料。			
编制日期		批准日期	

5.6.3 高风险环节分析

社保代理经办人员在开展员工生育医疗费报销和生育津贴申领业务中，如果在相关环节操作不当，可能会造成生育医疗费报销和生育津贴申领不下来的风险。

为了避免这种风险的发生，社保代理经办人员需要对主要环节的风险进行分析，以便有效管控，确保顺利完成工作。

（1）生育保险报销材料初步审核环节的风险

因劳动者生育情况的不同，生育保险费用报销所需资料也有所不同。如果社保代理经办人员不了解生育保险和计划生育等相关政策，就会无法提供正确的、齐全的材料，导致生育医疗费报销和生育津贴申领不下来。例如，客户企业的员工为北京市务工的外地户籍，没有及时提供《北京市外地来京人员生育服务联系单》，造成该员工无法顺利地办理报销手续。

此外，社保代理经办人员由于生育保险报销材料初步审核后，未将材料不合要求或准备的报销材料缺失等情况通知客户，让其修改和补充，也会造成费用报销超过报销期限的情况。

（2）生育保险报销相关表单填写环节的风险

社保中心生育保险报销相关表单已更新，而社保代理经办人员并未及时了解，导致填写的生育保险报销相关表单不合格。或者，社保代理经办人员粗心大意，将相关数据填写错误，造成保险报销费用与预期不符，甚至可能出现不能报销等情况。

（3）生育保险费用报销资料提交

社保代理经办人员未按照规定将生育医疗费用和生育津贴分项提交资料，或生育医疗费用报销相关资料提交超过报销期限，导致生育医疗费用不能报销。

5.6.4 常见问题的解析

社保代理经办人员在生育保险报销的过程中，未按照生育保险报销的标准、时间、流程等进行报销，造成客户单位员工生育保险不能成功报销。

（1）不符合生育保险报销标准

社保代理经办人员所代理的客户不符合生育保险报销标准，如客户企业员工生育保险报销前，缴费未满9个月，以致暂时无法报销。

（2）超过员工生育保险报销时间

由于生育保险属于典型的地方性政策，各地规定各不一，各地生育保险报销时间限制也不同,有孩子出生18个月内报销的,也有6个月甚至3个月内报销的。而社保代理经办人员因不了解当地生育保险报销时间限制,而错过了报销期限,以致生育保险无法报销。例如,根据《杭州市生育保险办法》第十九条规定:"生育保险待遇由用人单位在职工产后或手术后18个月内,向社会保险经办机构申请办理。"可知,杭州市生育保险报销时间为18个月,如果社保代理经办人员超过期限办理业务,就无法报销。

(3) 不按照报销流程进行报销

生育保险报销可分为门诊费、住院生产费和生育津贴三部分报销,各部分费用的报销流程不同。住院生产费在医院结账时,医院会走报销程序适时结算;门诊部分和生育津贴必须由社保代理经办人员代客户单位员工手工报销,否则不能报销。

5.7 员工失业保险金领取业务流程与规范

5.7.1 员工失业保险金领取业务流程图示范（见图5—12）

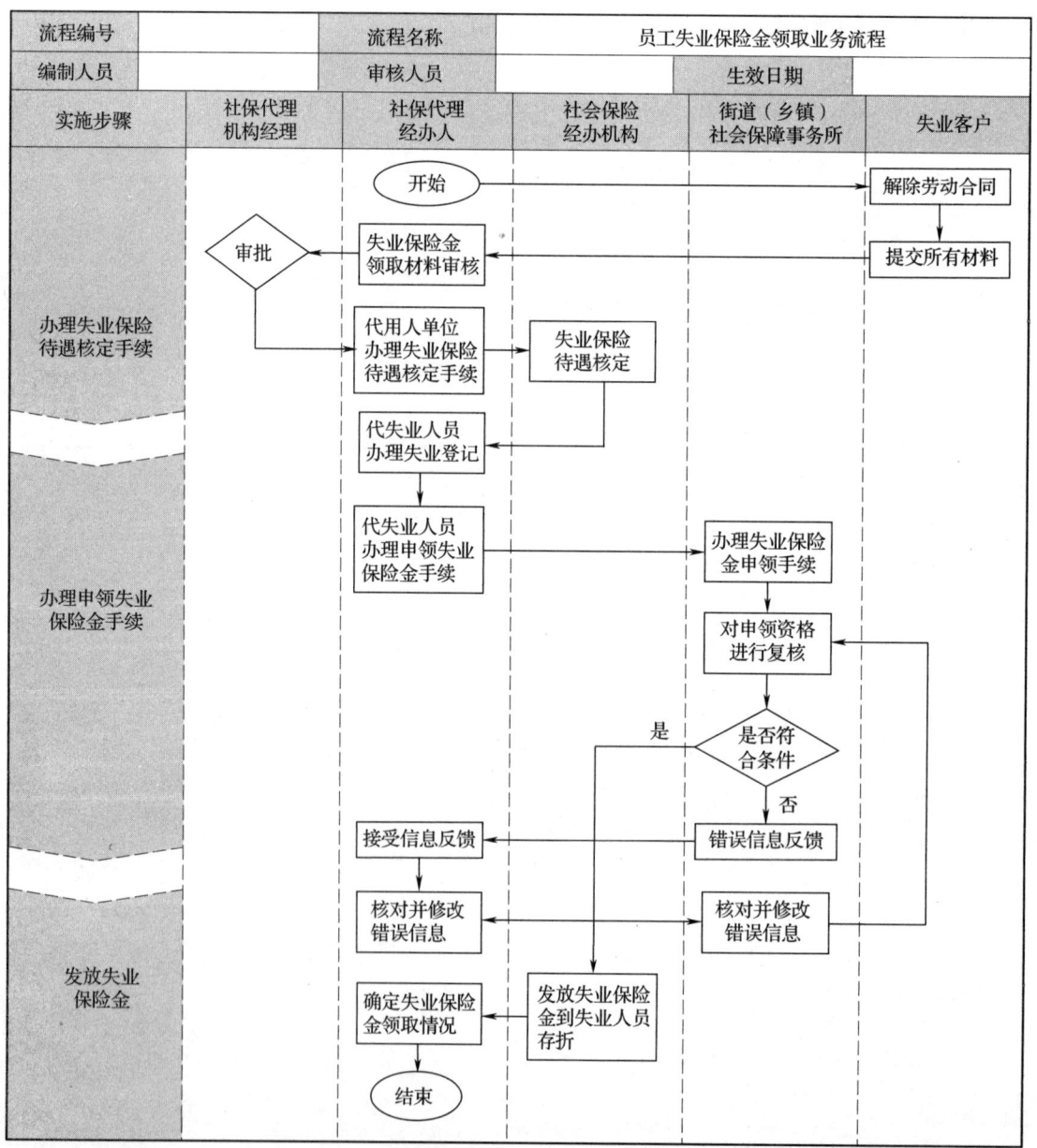

图5—12 员工失业保险金领取业务流程图示范

5.7.2 员工失业保险金领取业务规范的编制（见表5—7）

表5—7　　　　　　　　　　员工失业保险金领取业务规范

制度名称	员工失业保险金领取业务规范	适用部门	
		编制人员	

由于各个地区的失业保险金领取标准和流程都不尽相同，为了提供一个业务规范的示范，下面以北京市失业保险金领取为范例进行说明。

一、北京失业保险金领取办理条件

具备下列条件的失业人员，可以领取失业保险金：

1. 按照规定参加失业保险，被代理人所在单位和本人已按规定履行缴费义务满1年的。
2. 非因被代理人本人意愿中断就业的。
3. 已办理失业登记，并有求职要求的。

二、北京失业保险金领取资料

社保代理经办人员需要通知失业的客户提前准备失业保险金领取所需的资料：

1. 居民身份证或户口簿。
2. 终止解除劳动关系、聘用关系证明或终止存档关系证明（辞职需有辞职证明材料）。
3. 核定失业保险待遇的其他材料。

三、北京失业保险金领取流程

社保代理经办人员可代失业的客户在其终止、解除劳动（聘用）或者工作关系之日起60日内，持其单位开具的终止、解除劳动（聘用）或者工作关系证明及有关证明材料到户口所在地的社会保险经办机构办理失业登记，符合领取失业保险金条件的同时办理领取失业保险金手续。

四、北京失业保险金领取标准

在相关失业保险金领取手续办理成功之后，失业的客户就可按照以下的标准领取失业保险金。失业保险金领取标准如下：

1. 累计缴费时间1年以上不满2年的，可以领取3个月失业保险金。
2. 累计缴费时间2年以上不满3年的，可以领取6个月失业保险金。
3. 累计缴费时间3年以上不满4年的，可以领取9个月失业保险金。
4. 累计缴费时间4年以上不满5年的，可以领取12个月失业保险金。
5. 累计缴费时间5年以上的，按每满一年增发一个月失业保险金的办法计算，确定增发的月数。领取失业保险金的期限最长不得超过24个月。

五、其他失业保险待遇

失业的客户在领取失业保险金期间，社保代理经办人员按照规定申报其他失业保险待遇。具体的待遇为：失业的客户在领取失业保险金期间，患病（不含因打架斗殴或交通事故等行为致伤、致残的）到社会保险经办机构指定的医院就诊的，可代客户申领失业保险金总额60%~80%的医疗补助金，具体标准如下：

1. 累计缴费时间不满5年的，其医疗费补助比例为60%；累计医疗补助金不超过本人应领取失业保险金总额的60%。
2. 累计缴费时间满5年不满10年的，其医疗费补助比例为65%；累计医疗补助金不超过本人应领取失业保险金总额的65%。
3. 累计缴费时间满10年不满15年的，其医疗费补助比例为70%；累计医疗补助金不超过本人应领取失业保险金总额的70%。
4. 累计缴费时间满15年不满20年的，其医疗费补助比例为75%；累计医疗补助金不超过本人应领取失业保险金总额的75%。
5. 累计缴费时间满20年以上的，其医疗费补助比例为80%；累计医疗补助金不超过本人应领取失业保险金总额的80%。

续表

制度名称	员工失业保险金领取业务规范	适用部门	
		编制人员	
六、停止领取失业保险金情形 失业的客户在领取失业保险金期间有下列情形之一的，停止领取失业保险金，并同时停止享受其他失业保险待遇： 1. 重新就业的。 2. 应征服兵役的。 3. 移居境外的。 4. 享受基本养老保险待遇的。 5. 被判刑收监执行或者被劳动教养的。 6. 无正当理由，拒不接受人力资源和社会保障行政部门指定的职业介绍服务机构介绍的工作的。 7. 有法律、行政法规规定的其他情形的。			
编制日期		批准日期	

5.7.3 高风险环节分析

员工失业保险金领取的风险事项主要集中于失业保险金领取材料审核、失业保险待遇核定手续的代办、失业保险金申领手续的代办三大环节，具体风险说明如下。

（1）失业保险金领取材料审核的风险

客户提供虚假的终止或解除劳动合同证明材料，而社保代理经办人员又不了解失业保险金领取的相关规定，对其提供的材料审核不到位，以致不能及时发现失业保险金领取材料不符合要求，最终导致不能领取失业保险金而失信于客户，容易造成纠纷。

（2）失业保险待遇核定手续的代办风险

社保代理经办人员在代理失业保险待遇核定手续时，不了解客户失业的具体情况，提供的有关终止或解除劳动合同等证明材料不真实、不合理或不充分；未代客户提前进行失业登记，也不知道办理失业保险待遇核定手续的地点，导致无法成功办理失业保险金的申领手续。

（3）失业保险金申领手续的代办风险

在失业保险金申领手续代办理的过程中，如果未按失业保险相关规定办理，或填写的信息错误，或提交的资料不完整，也会出现无法成功申领失业保险金的风险。

例如，根据北京市《北京市失业保险规定（2007）》第十六条："失业人员应当在终止、解除劳动（聘用）或者工作关系之日起60日内，持用人单位开具的终止、解除劳动（聘用）或者工作关系证明及有关证明材料到户口所在地的社会保险经办机构办理失业登记，符合领取失业保险金条件的同时办理领取失业保险金手续。"如果社保代理经办人员在规定期限内，未代失业客户去其户籍或常住所在地区县的失业保险经办机构办理失业保险金登记和申领手续，就会无法代其申领失业保险金。

5.7.4 常见问题的解析

在代理员工失业保险金领取业务的过程中，社保代理经办人员经常遇见形形色色的问题。这些问题均需要经办人员事先了解，以便规避或遇到时及时解决。

（1）不了解失业保险金申领标准

根据社保相关规定，只有符合以下条件方可领取失业保险金。

1）参加失业保险，且缴费满一年。

2）非本人意愿中断就业。

3）已经进行失业登记，并有求职要求的。

社保代理经办人员如果不了解失业保险金的申领标准，要为自愿辞职的失业人员代理领取失业保险金，是不会申领成功的。

（2）未在15日内报送材料

《关于调整失业保险待遇发放流程的通知》（京人社就发〔2013〕49号）第一条规定："用人单位与职工终止解除劳动关系（聘用关系）、存档机构与个人终止（中止）存档关系之日起15日内，须持下列材料到职工、存档人员户籍或常住所在地区县失业保险经办机构办理失业保险待遇核定手续。"此规定中"客户单位与职工终止解除劳动关系"是指在非职工意愿情况下，客户单位与职工终止或解除劳动关系。

根据上述规定，社保代理经办人员如果未能及时、准确、完整地向失业保险经办机构提供失业保险待遇核定所需材料，不能及时办理失业登记，会使失业客户不能享受失业保险待遇。

（3）失业保险待遇被停发

每月，社保代理经办人员未能如期代失业客户向社保机构如实报告其求职经历、就业状态和培训等情况，履行申领失业保险金签字手续，导致失业客户的失业保险金及其他失业保险待遇被停发。

5.8 员工退休手续协办和养老保险清算业务流程与规范

5.8.1 员工退休手续协办和养老保险清算业务流程图示范（见图5—13）

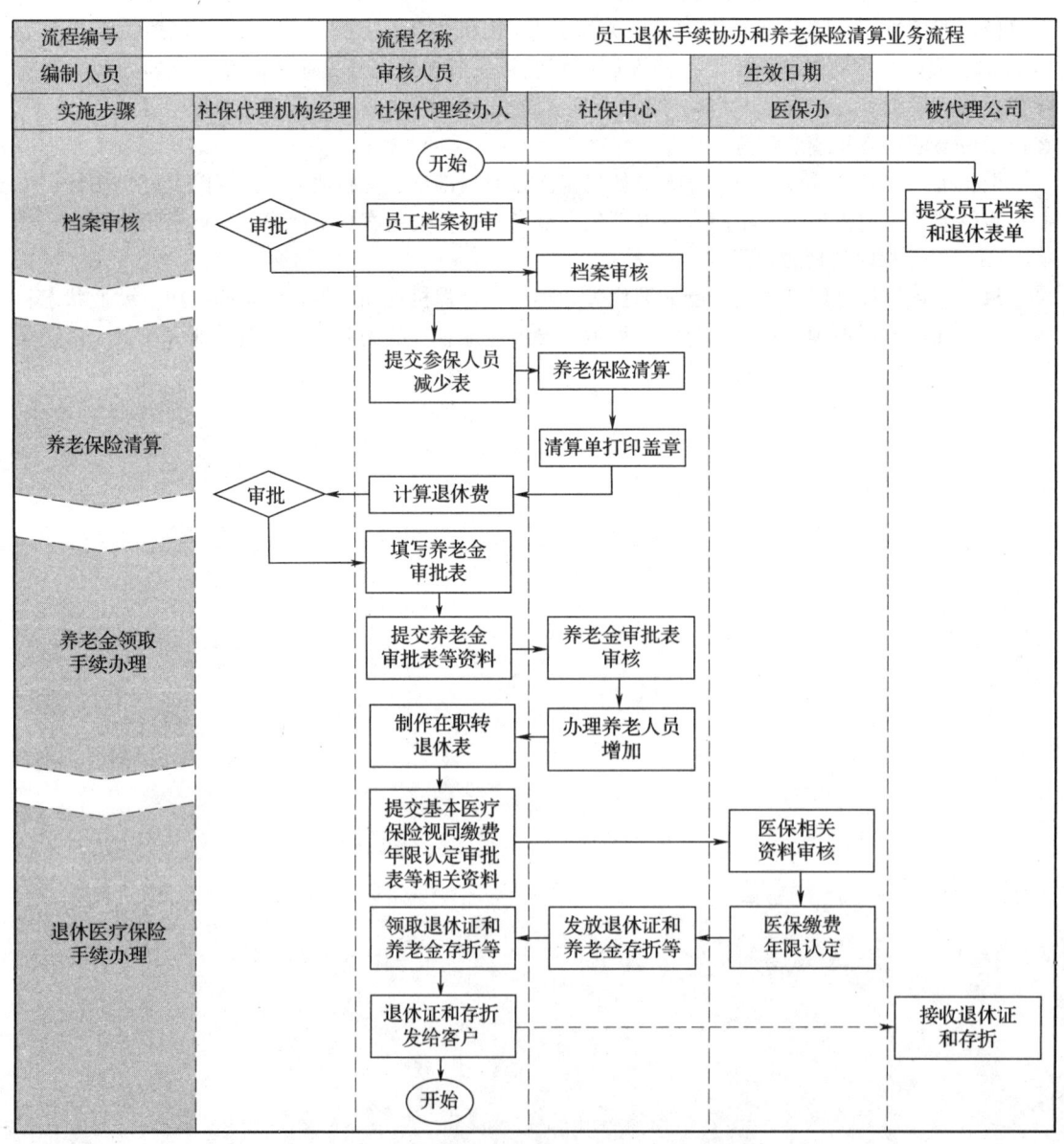

图5—13 员工退休手续协办和养老保险清算业务流程图示范

5.8.2 员工退休手续协办和养老保险清算业务规范的编制（见表5—8）

表5—8　　　　　员工退休手续协办和养老保险清算业务规范

制度名称	员工退休手续协办和养老保险清算业务规范	编制部门	
		执行部门	
一、办理退休的范围 本业务规范办理退休的范围是在北京市缴纳社会保险的职工，并且达到退休条件的人员。 二、办理退休的条件 社保代理经办人员在协助客户单位员工办理退休手续时，需要了解办理退休手续的条件，具体条件如下： 1. 按规定参加了社会养老统筹，符合国家法定的退休年龄，并且连续缴纳期限符合国家有关规定的。 2. 存档人员以存档前身份确定其退休年龄：干部身份的退休年龄为男年满60周岁，女年满55周岁；工人身份的退休年龄为男年满60周岁，女年满50周岁。 3. 存档人员申请因病或非因公致残提前退休，须经市劳动鉴定委员会鉴定达到完全丧失劳动能力，退休年龄为男年满50周岁，女年满45周岁。 4. 申请特殊工种提前退休，必须达到从事高空和特别繁重体力劳动工作累计满10年、从事井下和高温工作累计满9年或从事其他有害身体健康工作累计满8年，退休年龄为男年满55周岁，女年满45周岁。 三、办理退休手续的材料 （一）特殊工种提前退休 客户单位的职工因为特殊工种提前退休的，社保代理经办人员要协助客户单位员工准备以下的退休手续： 1. 申请。《提前退休申请》，需客户单位员工本人手写申请，本申请需要登记其邮政联系地址、邮编及电话。 2. 客户单位员工档案。档案需记载员工的出生年月、参加工作时间以及从事特殊工种的名称和时间。 3. 照片。提前退休需准备6张照片（提前退休申请表4张、医保手册内页1张、退休证1张），要求同底1寸彩色照片。 4. 身份证复印件两张，盖公章。 5. 退休员工的社保卡。 （二）正式退休 客户单位的职工正常退休的，社保代理经办人员协助客户单位员工准备以下的退休手续： 1. 正常退休准备两张彩色照片（同底1寸）。 2. 身份证复印件两张，盖公章。 3. 退休员工的社保卡。 四、办理退休手续的表格 1. 填写提前退休表。社保经办人员协助客户单位特殊工种退休员工准备以下表单： （1）提前退休审批表4张（贴4张照片，有电子版）。 （2）连续工龄审定表1张（有电子版）。 （3）提前退休公示表1张（有电子版）。 （4）提前退休工种岗位登记表1张（有电子版）。 2. 填写正式退休表：退休表审核记录单两张。 3. 除上述表格，社保经办人员还需要协助客户单位退休员工准备以下的资料： （1）准备《参保人员减少表》4张，并盖章备用。 （2）准备《基本医疗保险视同缴费年限认定审批表》3张，并加盖公章和人事章。			
编制日期		审核日期		批准日期	
修改标记		修改处数量		修改日期	

5.8.3 高风险环节分析

协助客户单位员工办理退休手续金和养老保险清算工作，因操作不当或不熟悉相关法律法规政策，也会存在着相应风险。

（1）员工档案初审方面的风险

如果办理退休手续的经办人员工作经验不足，不了解退休员工档案审核的标准，遇到有问题的档案不能妥善处理，外加退休人员档案资料本身的复杂性，经办人员难以保证退休员工档案资料的准确性、完整性，会导致档案提交时的审核不被通过。

（2）计算基本养老金方面的风险

社保代理经办人员由于不了解基本养老金的计算方法，导致无法准确计算基本养老金。社保代理经办人员为了确保能够准确地计算基本养老金，需要提前参加培训和学习，了解基本养老金的计算方法，并做到认真仔细。基本养老金计算公式如下：

计算公式：基本养老金 = 个人账户养老金 + 基础养老金

其中：A. 个人账户养老金 = 个人账户储存额 ÷ 个人账户养老金计发月数。

B. 基础养老金 = 全省上年度在岗职工月平均工资（1 + 本人指数化月平均缴费工资）÷ 2 × 缴费年限 × 1%。

（3）提交材料方面的风险

社保代理经办人员提交的材料不齐全、不规范、不准确，导致不能进行或不能准确进行基本医疗保险视同缴费年限认定。例如，特殊工种提前退休人员需提交《职工提前退休审批表》，而社保代理经办人员未提交，造成社保中心不能对其进行年限认定。

5.8.4 常见问题的解析

全国各地社保政策差别较大，员工退休手续、养老保险清算的实际办理手续也是千差万别。社保代理经办人员在办理员工退休手续过程中，如果不了解这些差别，可能会在实际工作中遭遇形形色色的问题。

（1）退休政策宣传不到位

社保代理经办人员在办理员工退休手续的过程中，须将退休政策告知被代理的退休人员，确保他们知晓办理退休手续的时间、携带的材料等。若因宣传不到位，被代理的退休人员未能提交全面、准确的资料，会影响退休手续办理。

（2）退休情况了解不到位

社保代理经办人员未结合当地的社保政策，及时了解客户养老、医疗保险的缴费情况，未能及时发现客户未按时缴费和转移社会保险等情况，未能将客户不能及时享受退休待遇这一情况如实反馈给客户。

（3）档案审核结果反馈不到位

社保代理经办人员在档案审核结果反馈过程中，对档案存在异议的地方，如档案年龄与身份证年龄不一致、档案材料缺失等情况，未及时告知客户本人进行解决，以致退休手续办理不能顺利完成。

(4) 沟通协调不到位

在代客户办理员工退休手续的过程中,社保代理经办人员未能与社保部门经办人员和客户双方进行良好的沟通、协调,以致不能顺利地完成退休手续的办理。

因此,社保代理经办人员须牢记"客户动嘴,代理跑腿"的服务理念,积极做好退休人员和社保部门经办人员之间的"中间人",及时将退休人员反映的关于工龄认定、养老金计算等问题反馈到社保相关部门经办人处,并向被代理的退休人员耐心地解释社保相关部门的审核意见,力争让客户得到满意的答复。

(5) 档案异常问题

员工退休手续办理过程中,如果存在档案异常的问题,就容易导致社保代理经办人员不能按规定程序办理。常见的档案异常及处理办法如图5—14所示。

- ✪ 客户单位或员工丢失档案或相关资料的,社保代理经办人员可协助员工工作单位按员工档案目录的要求补充原始资料
- ✪ 补充原始资料后,可能仍无法确认员工参加工作时间和工作简历,则社保部门将按实际缴费年限享受养老保险待遇

- ✪ 客户单位因填写不规范、涂改或添加档案资料上记载特殊工种名称及相关工作经历的,社保代理经办人员可协助客户单位补充原始资料
- ✪ 对于补充原始资料后可能仍无法确认员工从事特殊工种经历,则社保部门按正常退休手续办理

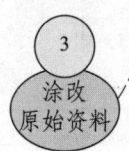

- ✪ 记载员工出生时间的档案资料多处被涂改且无法辨认原始记载情况的,社保代理经办人员应协助客户单位员工补充相关证明资料
- ✪ 不能补充或经补充原始资料后,可能仍无法确认员工出生时间,则退休手续将不能被社保部门受理和办理,这种情况经办人员需有效识别

图5—14 常见的档案异常及处理办法解析

5.9 异地社保关系转移业务流程与规范

5.9.1 异地社保关系转移业务流程图示范（见图5—15）

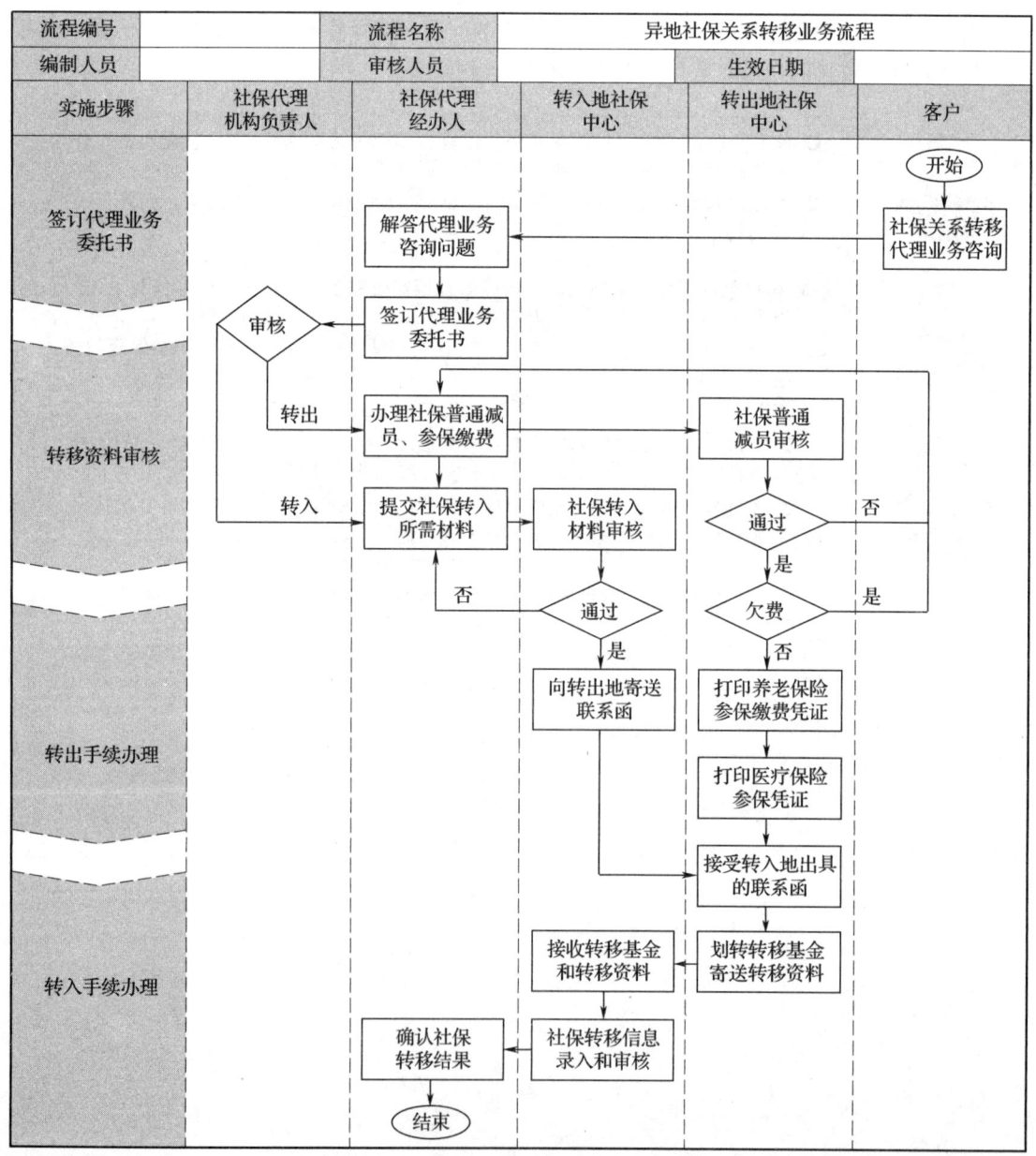

图5—15 异地社保关系转移业务流程图示范

5.9.2 异地社保关系转移业务规范的编制（见表5—9）

表5—9　　　　　　　　　　　异地社保关系转移业务规范

制度名称	异地社保关系转移业务规范（以北京市为例）	编制部门	
		执行部门	

第1条　目的

为了规范本部门对社保关系转移的代理，确保客户单位社保关系的顺畅转移接续，特制定本规范。

第2条　适用范围

本规范所指的社保转移主要适用于客户单位参保人员跨省流动就业的社保转移。

第3条　客户范围

代理社保关系转移业务的客户为：参加企业职工社保的所有人员。已经按国家规定领取基本养老保险待遇的人员，不再转移基本养老保险关系，因此不能为其代理社保关系转移业务。

第4条　社保关系转移办理时间和岗位

每月5日至25日（工作日），社保中心转移接续业务岗。

第5条　社保关系转移所需材料明细

社保代理经办人员在代理社保关系转移业务前，需要了解和准备社保关系转移所需材料，以便顺利进行办理，社保关系转移所需材料明细见下表。

社保关系转移所需材料明细表

所需材料 \ 转移类型	北京转外地		外地转北京
	养老保险	医疗保险	
原参保地社保中心出具《基本养老保险参保缴费凭证》原件	√		
职工的身份证原件及复印件1份	√	√	
职工的户口本原件及首页、本人页复印件1份	√	√	
《基本养老保险关系转移接续申请表》1份	√		
《基本医疗保险关系转移接续申请表》1份		√	
《北京市社会保险参保人员减少表》1份			√
单位公章	√	√	

1. 请根据转移类型，提交打"√"的材料

2. 北京转外地：转移职工在京首次参保时，男>50周岁、女>40周岁的，另需填写并提交《临时基本养老保险缴费账户转移申请表》

3. 《基本养老保险关系转移接续申请表》《基本医疗保险关系转移接续申请表》《北京市社会保险参保人员减少表》（需加盖在京最后一家参保单位公章）《临时基本养老保险缴费账户转移申请表》，请登录北京社保官网下载打印或到窗口领取

第6条　外地转北京社保关系转移流程

1. 提交转移材料。客户单位的职工在京参保缴费一个月后，社保代理经办人员根据上表所列的转移类型将表格所列材料，提交到客户单位职工所在的参保区县的社保中心转移接续业务岗。

2. 审核材料、发联系函。社保中心转移接续业务岗接收材料，经审核满足转移条件的，于15个工作日内生成、上传审核材料，并向原参保地寄送联系函。

续表

制度名称	异地社保关系转移业务规范（以北京市为例）	编制部门	
		执行部门	

3. 接收信息、录入与审核。转移接续业务岗接收到原参保地出具的《基本养老保险关系转移接续信息表》及基金、基本医疗保险《参保凭证》《参保人员医疗保险类型变更信息表》后，分别于15个工作日内完成信息录入与审核。

第7条　北京转外地社保关系转移流程

1. 社保代理经办人员代客户单位的职工办理普通减员，办理普通减员的次月，社保代理经办人员到客户单位职工办参保区县社保中心转移接续业务岗提交《北京市社会保险参保人员减少表》。

2. 社保中心转移接续业务岗接收材料，经审核无误后，生成并打印养老保险《参保缴费凭证》、医疗保险《参保凭证》。

3. 转移接续业务岗收到外省参保地出具的养老、医疗联系函后，于15个工作日内完成生成、上传、向外省参保地寄送《基本养老保险关系转移接续信息表》和《参保人员医疗保险类型变更信息表》，以及划转转移基金工作。

第8条　外地转北京业务办理须知

社保代理经办人员在代办外地转北京业务办理时，需要遵循以下的业务办理须知：

1. 办理转移手续时，被代理的职工应在申请区县正常参保，且至少已在京缴费一个月。

2. 北京户籍人员：申请办理转移时应未达到法定退休年龄。

3. 非北京户籍人员：申请办理转移时未达到法定退休年龄，2009年12月31日前已经在北京参保的人员可转移；2010年1月1日后开始在北京参保的，首次参保时男<50周岁、女<40周岁的人员可转移。

4. 提交材料约5个月后可登录网站查询办理结果，如查询不到结果也可到业务办理窗口咨询。

第9条　北京转外地业务办理须知

社保代理经办人员在代办北京转外地业务办理时，需要遵循以下的业务办理须知：

1. 办理转外地手续前，社保代理经办人员需先为客户单位职工办理社保普通减员，减员原因为"转往他区"，办理普通减员的次月可办理转外地手续。如果代理企业欠费，应通知代理企业先还欠费再转移。

2. 关于外省参保地如何接收社保关系，请咨询转入地的社保部门。

3. 提交材料请用A4纸打印或复印，填表请用黑色签字笔，并按要求盖章。

第10条　本规范由本中心业务部门制定，其解释权归本中心所有。

第11条　本规范由本中心最高负责人审批后实施。

编制日期		审核日期		批准日期	
修改标记		修改处数目		修改日期	

5.9.3　高风险环节分析

社保关系转移手续的办理过程，存在服务不专业流失客户、违规操作导致转移手续失败等风险。社保代理经办人员需要事先了解并尽可能采取措施规避这些风险。

（1）社保普通减员、参保缴费等手续办理环节的风险

客户单位的员工如果存在欠缴社会保险费的情况，就不能顺利地办理社保普通减员，社保中心也不能提供相关社保转出相关资料。因为参保员工一旦欠缴社保，就得先还清欠款后，社保机构才予以办理减员手续，然后才能办理社保转出手续。

这对社保代理机构来说也是一种风险，所以，在接手异地社保关系转移业务之前，事先要掌握客户单位员工社保欠缴、中断等情况，这样有利于规避这一风险事件的发生。

(2) 社保转入所需材料提交环节的风险

社保代理经办人员未提前代客户单位的员工办理社保转出，就向社保机构提交其转入所需的材料，或提交的社保转入材料不符合规定，或社保转入材料填写错误等，这些情况均会导致该员工的社保转入手续不能顺利完成。

5.9.4 常见问题的解析

由于异地社保关系转移涉及不同省份的社保政策，其操作相对复杂，尽管社保代理经办人员事先准备充分，但在办理具体手续的过程中，可能还是会遇见这样或那样的问题。

(1) 养老保险关系账户不规范导致难以转移接续

基本养老保险个人账户的多少，历年的缴费基数、缴费比例、上年度职工平均工资的多少，直接影响参保人员的切身利益，因此其翔实、准确的个人账户缴费明细对基本养老保险关系转移接续非常重要。但是，社保代理经办人员在办理社保关系转移过程中，如果未及时检查转出省市打印出来的个人账户是否规范并发现问题，容易导致转入社保机构不接收。

(2) 社保代理经办人员不了解社保转移的时间限制，导致社保转移不成功

根据《城镇企业职工基本养老保险关系转移接续暂行办法》规定："参保人员在新就业地按规定建立基本养老保险关系和缴费后，由用人单位或参保人员向新参保地社保经办机构提出基本养老保险关系转移接续的书面申请。"而实际操作过程中，存在被代理的参保人员刚刚离职并未参加工作，就要求社保代理经办人员为其办理社保转移，导致社保转移不成功。

5.10 社会保险补缴业务流程与规范

5.10.1 社会保险补缴业务流程图示范（见图5—16）

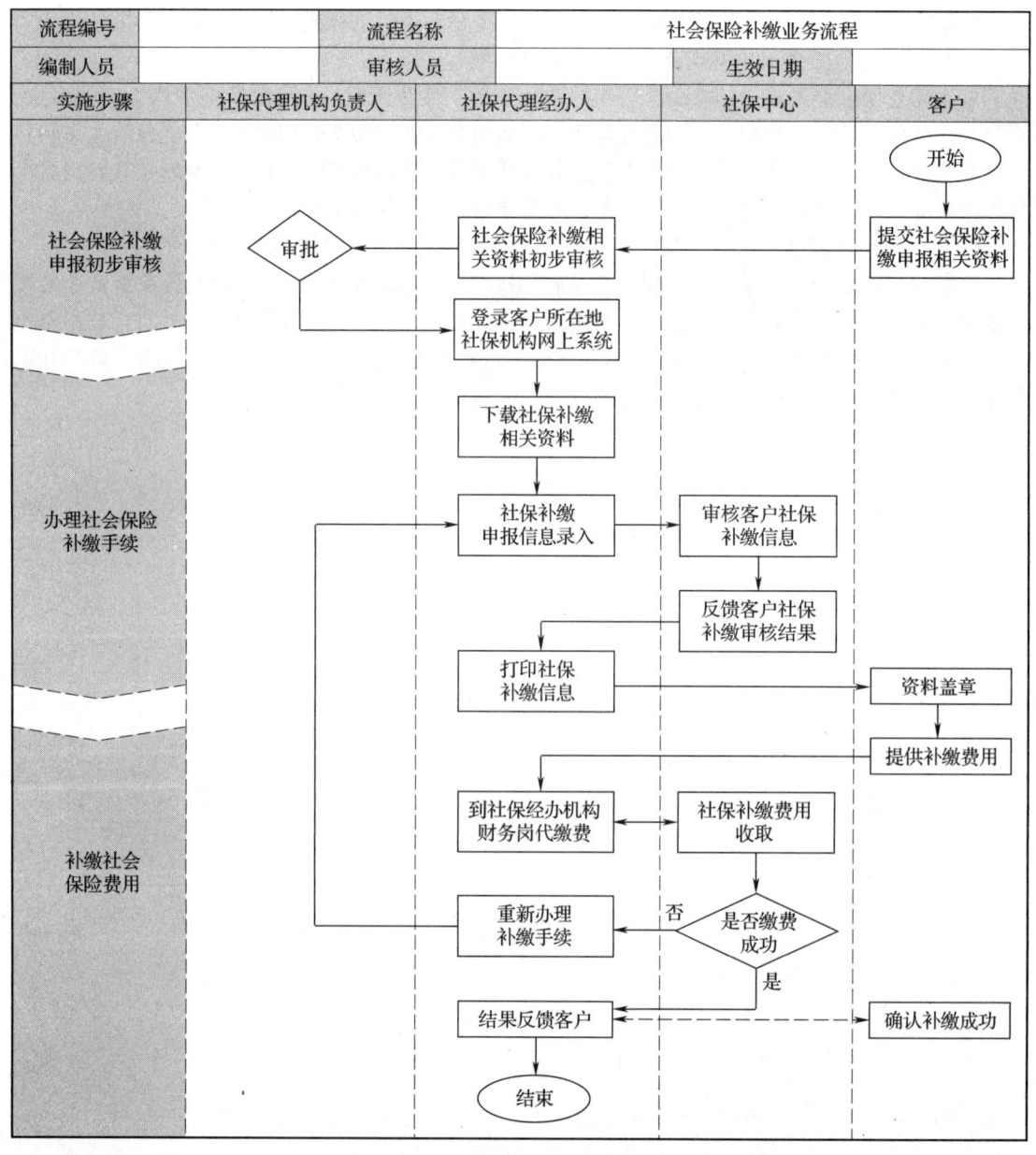

图5—16 社会保险补缴业务流程图示范

5.10.2 社会保险补缴业务规范的编制（见表5—10）

表 5—10　　　　　　　　　　　社会保险补缴业务规范

制度名称	社会保险补缴业务规范	编制部门	
		执行部门	

第1章　总　　则

第1条　背景说明

关于社会保险的补缴流程、补缴条件和相关手续，全国没有统一的标准，各地不尽相同，所以，本规范依托北京市的社保补缴相关规定而制定。

第2条　目的

为了规范社会保险补缴业务，确保本人才交流中心（以下简称本中心）的社会保险补缴工作顺利完成，本中心根据《社会保险费征缴暂行条例》（国务院令第259号）《关于规范基本医疗保险缴费年限认定及医疗保险费补缴等相关问题的通知》（京人社办发〔2009〕55号）《关于印发〈城镇职工基本养老保险费补缴实施细则〉的通知》（京社保发〔2017〕47号）和《关于对用人单位欠缴社会保险费加收滞纳金有关问题的通知》（京社保发〔2011〕39号），结合本中心的实际情况和经营需要，特制定本业务规范。

第3条　适用范围

本规范主要适用于北京市的社会保险补缴相关工作。

第4条　术语解释

本规范所指的社会保险补缴是指由于某种原因导致社会保险中断缴费，而现在由于某些原因，需要补之前没有缴的部分，从而获得完整的社会保险时间段。

社会保险补缴主要分为两种方式：一种是客户单位补缴，一种是个人补缴。客户单位补缴，则需帮个人缴纳养老金、医疗保险、住房公积金、工伤保险、失业保险以及生育保险等六项费用；个人补缴，则只能缴纳养老金和医疗保险这两部分。

第5条　社会保险补缴代理机构

本中心隶属北京市人力资源和社会保障局，主要负责申报办理社会保险补缴手续。

第6条　客户单位社会保险补缴情况说明

通常情况下，客户单位补缴主要是因单位方面的原因造成职工未缴纳社会保险费，因此，客户单位应为职工办理补缴业务。

第7条　个人名义补缴情况说明

1. 在本中心以个人名义委托存档的本市户籍人员，因各种原因未缴纳基本养老保险费或有缴费中断情况的（国家及本市规定的不缴费情况除外），其在国家规定的劳动年龄内可以向本中心提出书面申请补缴社会保险，申请还需附员工个人签字确认的补缴工资基数以及本人的身份证明等材料。

2. 个人基本养老保险累计未满15年，年龄未达退休要求，个人可以进行补缴。

3. 参保人员符合按月领取基本养老金或退休费条件，但基本医疗保险累计缴费年限男不满25年、女不满20年的，在办理退休手续时，可以以个人退休时缴费工资为基数一次性补缴差额年限的基本医疗保险费。

4. 在劳动年龄内取得本市城镇户籍的原外埠在职职工，基本养老保险在本市接续后，应参加本市基本医疗保险并缴纳医疗保险费，当达到退休年龄时，如医疗保险在本市累计缴费不足5年需补齐5年。

第2章　代客户单位补缴职工社会保险

第8条　代办资料收集

1. 客户单位需提前准备《单位营业执照复印件》交本中心经办人员。

续表

制度名称	社会保险补缴业务规范	编制部门	
		执行部门	

2. 本中心经办人员需代客户单位准备下列申报资料：《北京市补缴基本养老保险费申办单》《北京市社会保险补缴明细表》（报表一式三份并加盖公章）《基本医疗保险基金补缴情况表》（报表一式三份并加盖公章）"北京市社会保险信息系统企业管理子系统"报盘生成数据文件的U盘。

3. 本中心经办人员携带上述资料，到社会保险中心代客户单位办理社会保险补缴申报业务。

第9条　社会保险补缴的代办流程

1. 本中心经办人员代客户单位通过社会保险经办机构或北京市社会保险网上服务平台下载客户单位及职工相关参保信息导入本地"北京市社会保险信息系统企业管理子系统"。

2. 本中心经办人员代客户单位通过"北京市社会保险信息系统企业管理子系统"录入补缴明细。

3. 本中心经办人员补缴录入完成，导出补缴报盘文件并打印出《北京市社会保险补缴明细表》《基本医疗保险补缴情况表》各一式三份，并要求客户单位加盖单位公章。

4. 由于本中心经办人员代客户单位到社会保险经办机构申报补缴成功后，需当日到财务岗缴费，如当日未到财务岗缴费的，需重新进行申报补缴、重新计算滞纳金，因此，客户单位需提前将补缴费用交付给本中心，以便为其及时补缴相关费用。

5. 客户单位职工在参保期间，因工作单位变动等原因中断社会保险关系需补缴近三个月社会保险费时，本中心经办人员可代客户单位直接通过"北京市社会保险信息系统企业管理子系统"报盘，并打印相关补缴明细表进行申报。补缴超过三个月以上社会保险费的，需要客户单位提供补缴期间与参保人存在劳动（聘用）关系的证明、工资收入凭证，其中人力资源和社会保障行政部门审批的养老保险补缴还需携带相关审批材料。

第10条　滞纳金的收取

自2011年7月1日起，客户单位新发生欠缴的社会保险费，自欠费之日起至本中心经办人员代客户单位申报补缴成功的前一日止，根据其欠缴金额的万分之五按日缴纳滞纳金到社会保险中心。

第3章　代个人补缴养老保险

第11条　办理手续

申请补缴人员应按以下规定办理相关手续：

1. 在本中心个人委托存档的本市城镇人员，由个人到本中心填写《北京市个人委托存档人员补缴基本养老保险费承诺书》及《北京市个人委托存档人员基本养老保险费补缴申办单》申报办理补缴手续，并需提供：本人身份证原件及复印件、本人户口簿原件及复印件。

2. 档案关系在用人单位的本市城镇人员，由个人到本中心填写《北京市个人委托存档人员补缴基本养老保险费承诺书》及《北京市个人委托存档人员基本养老保险费补缴申办单》申报办理补缴手续，个人客户需提供：身份证原件及复印件、户口簿原件及复印件、正在履行的劳动合同（聘用合同书）原件及复印件、用人单位提供的申请人档案原件（申请人档案原件经本中心审después返还用人单位）。

3. 个人客户档案关系不在本中心或用人单位的本市城镇人员，应按照有关规定在其户口所在地存档机构办理个人委托存档等相关手续。

第12条　缴费基数可按以下档次确定

客户个人申请补缴基本养老保险时，相应年度缴费工资基数档次分为以下三档：

1. 第一档为补缴年度上一年本市职工月平均工资。
2. 第二档为补缴年度上一年本市职工月平均工资的60%。
3. 第三档为补缴年度缴费工资基数下限。

第13条　不得申报办理补缴

以下时间段内未缴纳基本养老保险费的，本中心不得替个人客户申报办理补缴：

1. 在享受失业保险待遇期间。

续表

制度名称	社会保险补缴业务规范	编制部门	
		执行部门	

2. 在被判刑劳教收监执行期间。
3. 在办理外埠户籍进京之前。
4. 在办理本市户籍农转非之前。

第4章 附 则

第14条 本规范由本中心业务部门制定,其解释权归业务部门所有。

第15条 本规范由本中心负责人审批后实施。

编制日期		审核日期		批准日期	
修改标记		修改处数量		修改日期	

5.10.3 高风险环节分析

社会保险补缴业务的办理过程中的三大环节隐藏有高风险,为了规避这些风险,社保代理经办人员需了解以下这些环节中的风险表现。

(1) 社会保险补缴资料初审未过的风险

社保代理经办人员由于社会保险补缴工作经验不足,不了解社会保险补缴的相关政策,对客户提供的相关材料审核不到位,以致审核过的客户资料不符合要求,从而导致社会保险补缴手续办理不成功。

(2) 社保补缴申报信息录入错误的风险

社保代理经办人员对社保补缴申报系统操作不熟练,或根据未经审核的社会保险补缴资料录入社保补缴申报信息,导致录入的社保补缴相关信息错误。

(3) 到社保经办机构财务岗代缴费的风险

如果社保代理经办人员填写的社保补缴明细表等相关资料有错误,或客户提交的社保补缴证明材料不符合规定,均有可能导致客户单位员工的社保补缴不成功。此外,如果社保代理经办人员未能及时到社保经办机构财务岗代缴费,也可能会导致客户单位及其员工需要缴纳滞纳金。

5.10.4 常见问题的解析

社保代理经办人员在办理社会保险补缴业务的过程中,常会遇到意想不到的问题,具体的问题如下所示。

(1) 补缴依据不明晰的问题

当前适用的社会保险政策法规比较繁杂,很多规定是以"会议纪要"形式颁布实施,而关于社会保险补缴业务的政策也经过多次调整,对最新的政策依据缺乏了解,这就造成社保代理经办人员在处理社会保险补缴业务时容易出现无法可依的问题。

（2）客户劳动关系不明的问题

补缴社保的前提是客户单位与补缴的员工之间必须建立了真实的劳动关系。如果二者之间不存在真实的劳动关系，或挂靠空壳单位缴纳社保时，将会无法通过社保补缴审核。

（3）社保中断不能补缴的问题

社保相关法律规定，只有因单位原因造成的漏缴才能补缴，因个人原因断缴的不能补缴社保。所以，在国家规定劳动年龄内的客户，如因工作单位原因应缴却未缴相关社保费的，社保代理经办人员方可代其向人力资源和社会保障部门提出书面补缴申请，经批准确认后，再补缴相关社保费。相反，如果是因个人原因中断社保要求补缴的客户，社保代理经办人员应该向其解释不可补缴的原因。

第 6 章 第三方培训服务

6.1 第三方培训服务类型与实施主体概述

6.1.1 第三方培训服务范围界定

第三方培训服务是指受客户（单位或个人）委托，独立提供培训服务的专业机构，以第三方的角色为客户（单位或个人）提供专业性培训服务过程。当下比较流行的第三方专业培训服务主要包括职业技能鉴定系列培训、企业领导力系列培训、销售系列培训、营销系列培训、行政系列培训等，培训方式有大型公开课、在线商学院、高端沙龙、企业内训、精品班、保过班等。

培训工作是指有计划、有组织地向受训者传授其完成本职工作及提高工作能力所必须掌握的各种知识和技能、应具备的职业观念和态度、应牢记并遵守的行为规范等内容的过程。从广义上来说，第三方举办的各类考试性的培训、认证性的培训也属于第三方培训的范畴。

第三方培训服务单位在面向客户单位及其员工、个人等提供培训服务时，大体过程包括培训前的调研、培训中的实施授课、培训后的跟进落实三个阶段，具体如图6—1所示。

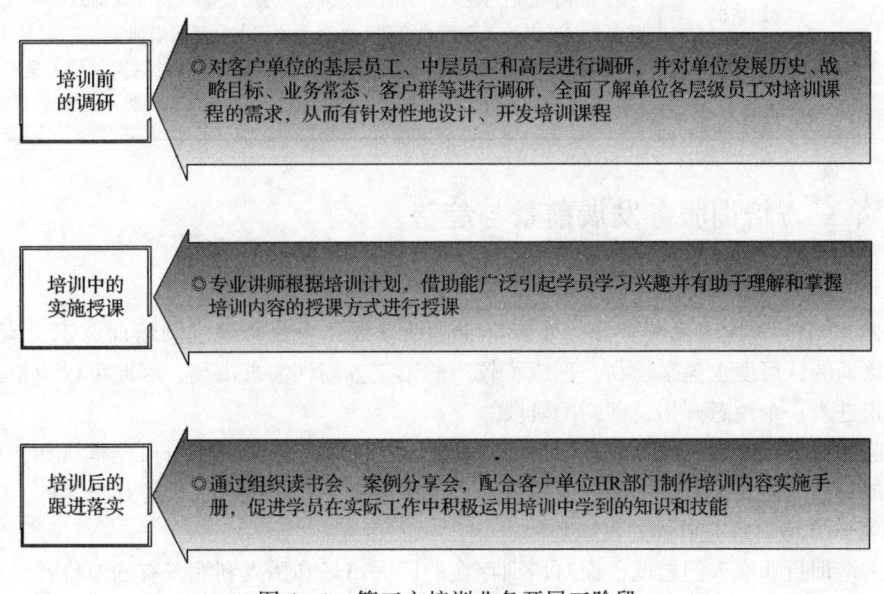

图6—1 第三方培训业务开展三阶段

6.1.2 第三方培训服务类型分析

根据不同的分类依据，第三方培训服务可以划分为不同的类型，具体说明见表6—1。

表 6—1　　　　　　　　　　第三方培训服务类型分析

分类依据	类型	类型说明
服务对象	个人技能培训	如英语培训、小语种培训、职业技能鉴定培训、学历培训等
	企事业单位的员工培训	如企业内训、公开课培训、认证培训、咨询式培训、企业网络培训等
培训内容	管理培训	如企业仓储管理培训、企业财务管理培训、企业生产管理培训、企业 5S 管理培训等
	IT 培训	如 Office 办公软件培训、CAD 培训、Photoshop 培训、Flash 培训、Java 培训等
	外语培训	如英语培训、法语培训、俄语培训、德语培训、韩语培训等
有无认证	一般培训	在培训结束后,无须进行专业性认证
	认证培训	在培训结束后进行专业考试及认证,如 CPA 培训、出版专业技术人员职业资格培训等
受训者状态	在校学生培训	一般多为针对在校大学生开展的培训
	失业人员培训	针对失业人员再就业所需掌握的知识、技能开展的培训
	在职培训	1. 岗前培训：接受客户单位委托,向受训者提供团队拓展训练、职业态度训练、职业化塑造与修炼、自我管理能力提升等 2. 在岗培训：接受客户单位的委托,利用业余时间（如周六日）或部分工作时间,对在岗员工开展的培训,如企业内训、公开课培训等 3. 脱岗培训：接受客户单位的委托,对组织安排的脱岗培训人员进行脱岗培训,主要培训内容集中在知识、技能、业务、状态等方面

6.1.3　第三方培训服务发展前景与趋势

（1）第三方培训服务单位的前景

进入 21 世纪后,国内民营企业、外资企业迅速发展,企业管理层的培训意识也有所增加,对第三方培训的认可度也越来越高,形成了较广的第三方培训需求市场,因此可以说第三方培训服务单位正进入一个锐意开拓、创新的阶段。

从目前的发展状况看,第三方培训行业尚处于成长阶段,面临的竞争虽非常激烈,但并没有出现垄断的局面。因此,对于一些行业新进入者或中小微企业来说,机会还是很大的。

（2）第三方培训服务单位的发展趋势

第三方培训行业准入门槛低,面对培训存在的巨大市场和诱人利润,有的单位并没有做好充分的准备,不管自己是否具备相应资格,有没有对应的师资、标准化教材及硬件设施,也一哄而上,导致最终铩羽而归。

对于第三方培训行业的新入者或从业者来说,必须掌握第三方培训服务单位的发展趋势,注重内外提升,方可立足于此行业,并取得丰厚的回报。第三方培训服务单位的发展趋势主要如图 6—2 所示。

1. 专业化

未来越来越多的企业会倾向于将内部的培训工作外包给专业化的第三方培训服务单位。这就要求第三方培训服务单位在专业上必须有所长,方可在激烈的市场竞争中赢得地位

2. 个性化

随着培训市场竞争的日趋激烈,第三方培训服务单位要想争取新的商机,就需要另辟新径,走差异化培训课程道路,向个性化发展,逐渐打破培训服务单位之间的同质化竞争格局

3. 实战化

从课程的设计到培训过程必须具有实战性,具有良好实用价值和针对性。一个不具有实际指导意义的课程,即使课堂上气氛活跃,那么其培训效果也是不佳的,这种不佳的培训效果往往会影响客户企业的二次消费

4. 多元化

第三方培训模式从以课程培训为核心向咨询、培训服务一体化转变。所谓咨询式培训,就是第三方培训服务单位协助客户培训主管,理清客户未来的重点业务方向,在企业诊断基础上有效地建立起完整的培训规划体系,形成中长期培训工作计划,并有始有终地执行与实施

5. 创新化

培训方式由过去的面对面授课发展为多种选择并存,如网络培训、离线培训等

6. 品牌化

第三方培训服务单位需注重品牌建设,塑造良好口碑,成为行业内的佼佼者

图6—2 第三方培训服务单位的发展趋势

6.1.4 第三方培训实施新方式

随着移动互联网的发展与成熟,移动学习的浪潮汹涌而来,其中微信学习和应用 APP 软件学习是两种很受欢迎的移动学习方式。

移动互联网时代的培训,方便学员利用碎片化的时间,根据个人需求选择学习内容,并通过向老师提问、与其他学员交流等互动行为来实现快速成长。

1. 微信学习

很多企业开通了在微信上的公众号,以公众号作为企业学习的空间,员工可以在微信这个平台上学习。

微信培训适合于新员工的企业文化、公司规章制度、产品知识等层面的培训,同时也适合于业务人员的产品知识、业务知识、项目管理等层面的培训,还适合于公司全员的大事件、每月动态、新产品等层面的培训。

一般来说，微信公众号的移动学习，内容的呈现形式可以是多样化的，如文字、图片、图文结合等，企业还可将各种学习内容编辑成适合员工学习的微课程，放置在微信公众号这个平台上，供员工方便学习。

2. 基于 APP 平台的培训

近来，无论是应用学习的企业方，还是开发和推广移动学习服务的供应商，都比较热衷于创建专门用于移动学习的应用 APP，供员工学习。

一些优秀的移动学习 APP 会增加便于学员后续学习的模块，如：学习群组，供学员之间、学员与讲师之间进行交流；在线测评和考试，供学员进行自我测评；问答专区，供学员快速得到解答。

移动互联网给企业培训的实施创造了便利条件，使培训实施起来更快捷、有效。同时，APP、微信等手机应用软件使培训实施的方式多种多样、内容丰富多彩，能够使员工按照个人喜好选择学习方式和培训内容，提高了培训的效率和效果。

6.1.5　第三方培训主要业务环节梳理

第三方培训服务单位开展的主要业务环节如图 6—3 所示。

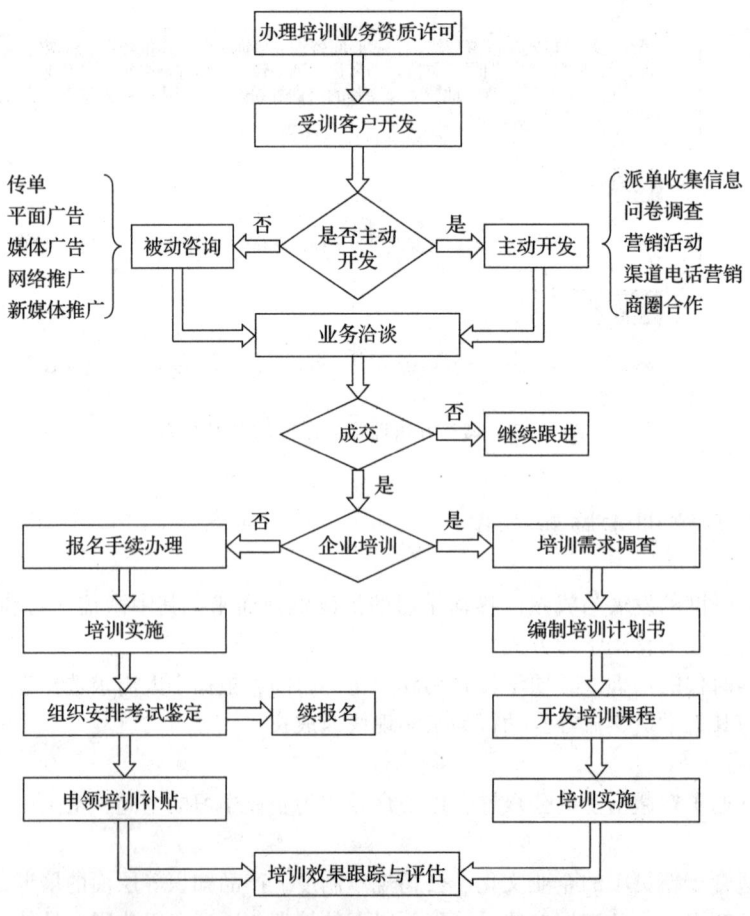

图 6—3　第三方培训服务单位开展的主要业务环节

6.2 国家职业资格培训机构办学许可证办理业务流程与规范

6.2.1 国家职业资格培训机构办学许可证办理业务流程图示范（见图6—4）

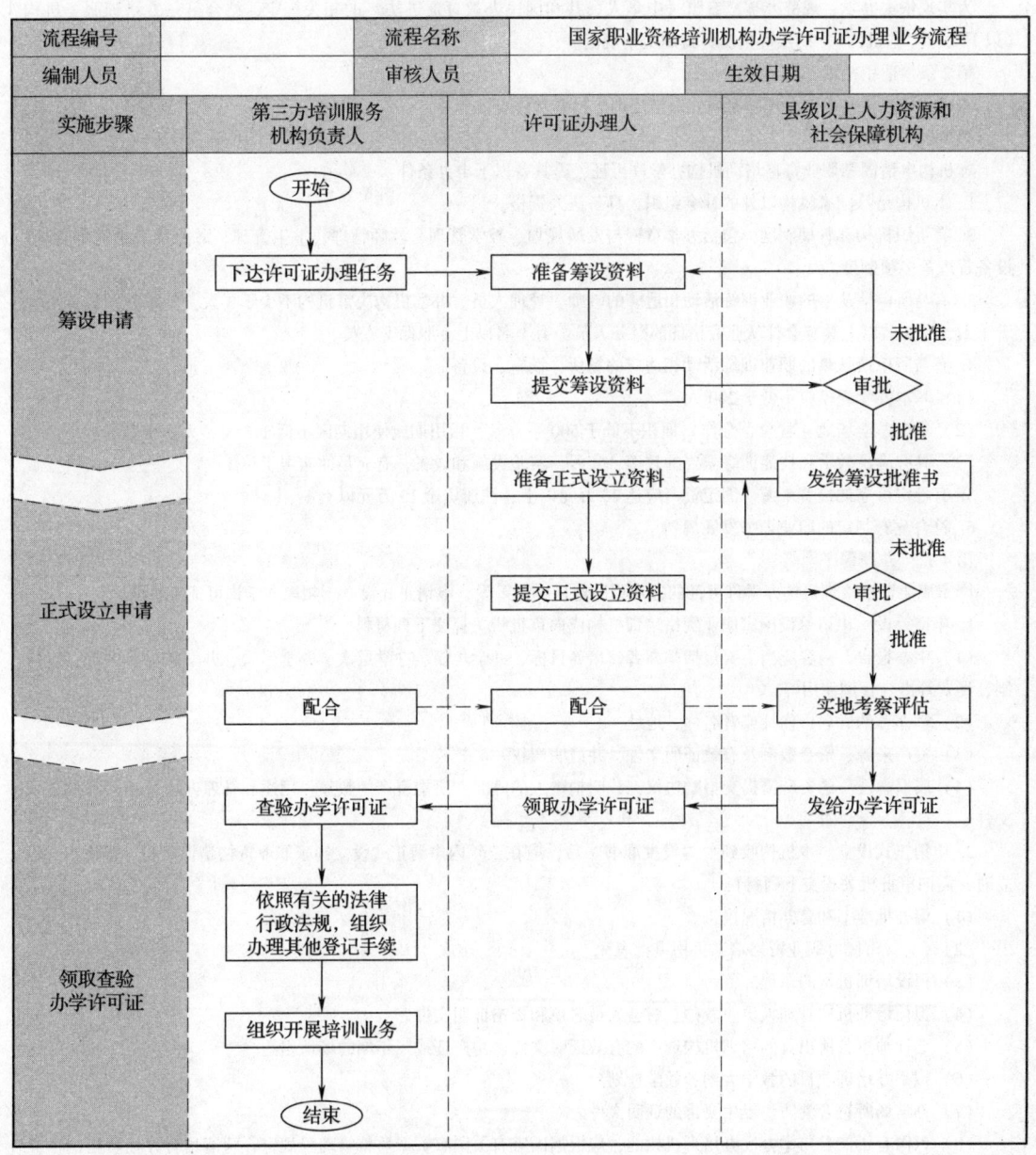

图6—4 国家职业资格培训机构办学许可证办理业务流程图示范

6.2.2 国家职业资格培训机构办学许可证办理业务规范的编制（见表6—2）

表6—2　　　　　　国家职业资格培训机构办学许可证办理业务规范

制度名称	国家职业资格培训机构办学许可证办理业务规范	编制部门	
		执行部门	

第1条　目的

为实现依法办学、规范办学，参照《中华人民共和国民办教育促进法》的相关规定，结合第三方培训服务机构（以下简称"本机构"）的实际情况，特制定本规范。

第2条　适用范围

本规范适用于本机构办理国家职业资格培训机构办学许可证业务。

第3条　申办条件

本机构申请国家职业资格培训机构办学许可证，需具备以下申办条件：

1. 本机构是除国家机构以外的社会组织，具备法人资格。
2. 有组织机构和管理制度，包括办学章程与发展规划、教学管理、教师管理、学生管理、财务及卫生安全管理、设备管理等多项制度。
3. 有与所申请从事的职业训练活动相适应的教师、管理人员。办学机构决策机构不少于3人，专职教师最低不少于4人，有2名以上具有会计从业资格证的财务人员，有1名以上专职保安人员。
4. 有与所申请从事的职业训练活动相适应的场所、设施、设备。
（1）基本办学规模应不低于200人。
（2）集中办学场地（含校企合作）面积不低于500平方米，租用期或使用期限不低于3年，无安全隐患。
（3）具有满足教学和技能训练需要的教学、实习、实验设施和设备，有充足的实习工位。
5. 有稳定可靠的经费来源。固定资产应达20万元以上，注册资金10万元以上。
6. 符合政府制定的职业训练发展规划。

第4条　办理程序

国家职业资格培训机构办学许可证的办理程序包括申请筹设、申请正式设立、领取办学许可证等步骤。

1. 申请筹设。申请筹设国家职业资格培训机构应向审批机关提交下列材料：
（1）申办报告，内容应当主要包括举办者、培养目标、办学规模、办学层次、办学形式、办学条件、内部管理体制、经费筹措与管理使用等。
（2）举办者的姓名、住址或者名称、地址。
（3）资产来源、资金数额及有效证明文件，并载明产权。
（4）属捐赠性质的资产需提交捐赠协议，载明捐赠人的姓名、所捐资产的数额、用途和管理方法及相关有效证明文件。

2. 申请正式设立。本机构收到"筹设批准书"后，应在三年内申请正式设立国家职业资格培训机构。申请正式设立时，需向审批机关提交下列材料：
（1）筹办批准书和筹办情况报告。
（2）《××市民办职业资格培训机构审批表》。
（3）拟设培训机构的章程。
（4）拟任培训机构管理人员、教师、财会人员名单和资格证明文件。
（5）会计师事务所出具的培训机构资产的有效证明文件、房产证或三年期的场地租约。
（6）拟举办培训项目的教学大纲和教学计划。
（7）办学场所符合消防、卫生要求的证明文件。
（8）以国有资产参与举办民办培训机构的，应根据国家有关国有资产监督管理的规定，聘请具有评估资格的中介机构依法进行评估，确定出资额的报告。

续表

制度名称	国家职业资格培训机构办学许可证办理业务规范	编制部门	
		执行部门	

3. 领取办学许可证。正式设立申请经审批机关批准后，本机构应及时领取，以便进行其他报审工作，合法开展国家职业资格培训工作。

第5条 办理要点

1. 本机构拟举办实施以职业技能为主的职业资格培训、职业技能培训，需报县级以上人力资源和社会保障部审批，审批通过后方可实施。

2. 本机构申办以培训初级职业技能水平和非技术岗位的劳动者为主要任务时，报县（市、区）级人力资源和社会保障局审批；申办以培训中级职业技能水平劳动者为主要任务时，报市级人力资源和社会保障局审批；申办以培训高级职业技能水平以上劳动者为主要任务时，报省级人力资源和社会保障厅审批。

3. 培训机构名称不得冠"中国""全国""中华""国际"等字样。凡冠以"××省"字样的，需报省人力资源和社会保障厅审批。

4. 经批准设立的国家职业资格培训机构，只能使用一个名称，如"××市（县、区）××职业培训学校（中心）""××省××职业培训学校（院、中心）"。经省级人力资源和社会保障厅按照规定的条件批准的，方可以捐赠者姓名或者名称作为机构名称。

第6条 本规范如与国家相关法律法规有冲突的，以相关法律法规为准。

第7条 本规范自＿＿＿年＿＿月＿＿日起生效，如遇国家政策有重大变化，及时修订及公布。

编制日期		审核日期		批准日期	
修订标记		修订处数量		修订日期	

6.2.3　高风险环节分析

第三方培训服务单位在办理国家职业资格培训机构办学许可证时，应对以下存在高风险的环节予以重点关注。

（1）准备正式设立资料

1）注意筹设批准书批准的有效筹设期，筹设期不得超过三年。超过三年的，需重新申报日期。如果不注意筹设期，发生超期，则不仅前期工作徒劳无功，而且还得重新申报，影响后续许可证办理的时间，无法正常开展培训业务。

2）正式设立资料准备不齐全、不合乎要求，导致需重复提交和审批，延长许可证办理时间，无法正常开展培训业务。

（2）领取办学许可证

1）领取办学许可证一定要准时、及时，防止出现未按时领取引发的风险。

2）领取办学许可证后一定要做好保管工作，防止出现证件遗失、损毁、被他人盗用等风险。

6.2.4　常见问题的解析

第三方培训服务单位在办理国家职业资格培训机构办学许可证时，经常会碰到以下难题。

（1）资格不符合

开办国家职业资格培训机构的第三方培训服务单位，必须具备以下条件之一：

1）具有法人资格的企业事业单位、社会团体及其他社会组织。
2）具有政治权利和完全民事行为能力的中国公民。
（2）对办理部门及程序不了解
1）国家职业资格培训机构的办学许可证由县级以上人力资源和社会保障机构负责审批和发放管理。
2）办理程序一般包括申请筹设、申请正式设立、领取办学许可证等，具体来说，第三方培训服务单位可通过以下方式予以咨询和确认，具体如图6—5所示。

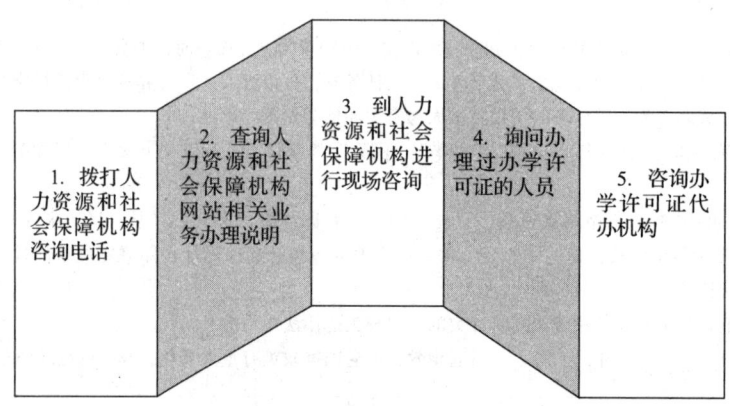

图6—5 办学许可证办理咨询方式

6.3 国家职业资格证书培训业务开展业务流程与规范

6.3.1 国家职业资格证书培训业务开展业务流程图示范（见图6—6）

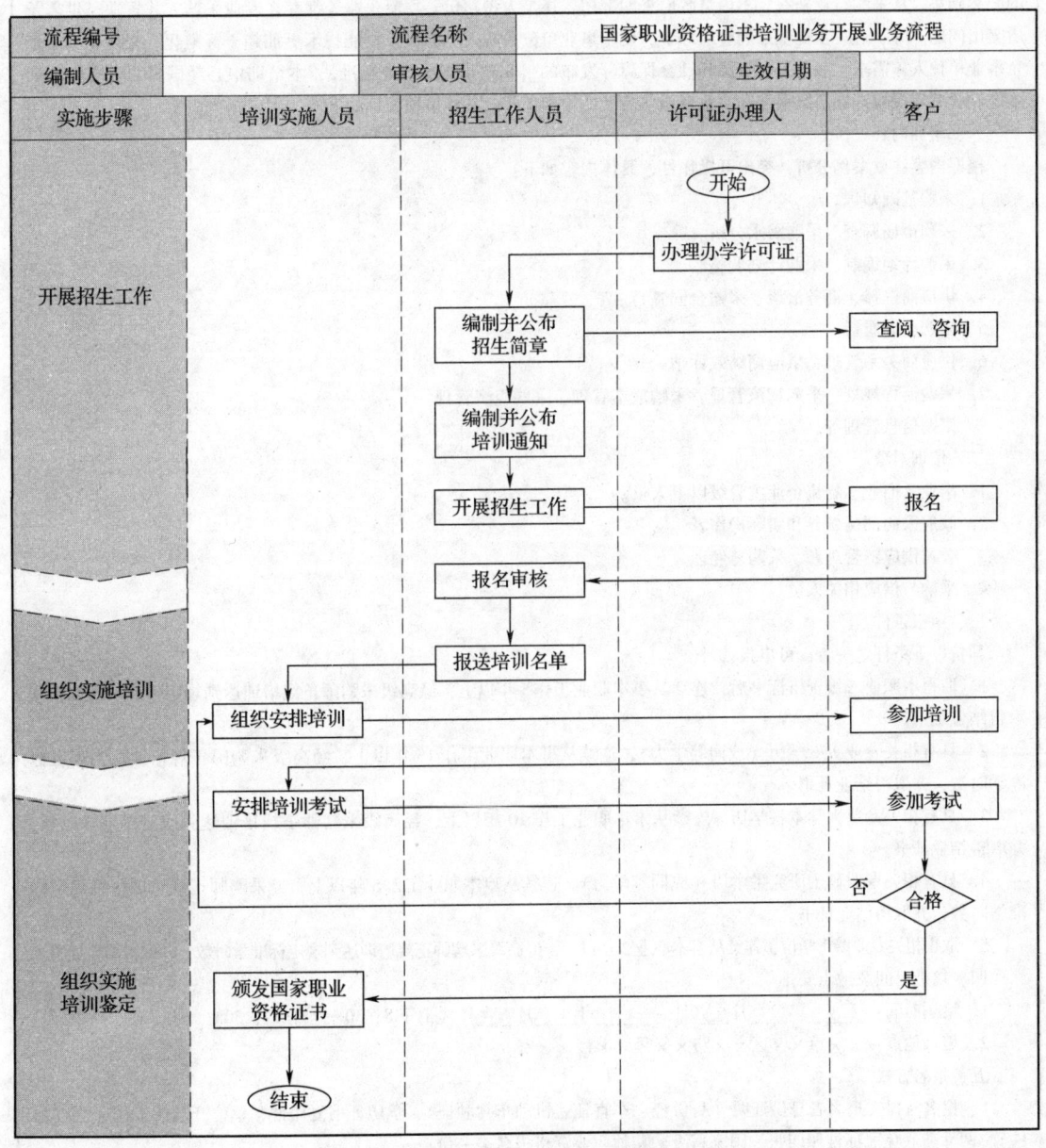

图6—6 国家职业资格证书培训业务开展业务流程图示范

6.3.2 国家职业资格证书培训业务开展业务规范的编制（见表6—3）

表6—3 　　国家职业资格证书培训业务开展业务规范（以高级采购师为例）

关于开展＿＿＿＿＿＿＿年度高级采购师国家职业资格认证培训鉴定工作的通知
各有关企事业单位： 　　随着国家职业资格制度的普及和推广，"就业准入，执证上岗"相关规定的落实，逐步实行持证上岗是从业人员的必然趋势。从采购行业来看，不论是政府采购部门，还是大型超市、物流企业等都存在专业采购人才短缺，供需矛盾突出问题。为了进一步规范采购管理环节，使企事业单位采购人员的操作技能技术更加趋于标准化、规范化，满足企事业单位人才需求，参照人力资源和社会保障部发布的《采购师国家职业标准》，本培训中心经国家职业资格培训鉴定实验基地授权开展高级采购师职业资格实验性的培训工作，具体事项安排如下。 　　一、培训内容 　　授课内容注重案例分析，突出可操作性，具体内容如下： 　　1. 采购基础知识。 　　2. 采购市场调查、采购需求分析。 　　3. 采购计划编制、采购计划调整。 　　4. 供应商选择、商务洽谈、采购合同签订。 　　5. 采购合同履行。 　　6. 供应商关系管理、供应商绩效评估。 　　7. 采购流程规划、采购物流管理、采购成本管理、采购组织管理。 　　8. 采购信息管理等。 　　二、培训对象 　　1. 事业、商业、物流企业主管级以上人员。 　　2. 政府采购部门领导和实际操作者。 　　3. 公司供应链管理者、采购总经理。 　　4. 采购与供应相关人员。 　　三、申报条件 　　具备以下条件之一者，可申报： 　　1. 取得本职业二级资格证书后，连续从事本职业工作5年以上，经高级采购师正规培训达到规定标准学时数，并取得结业证书。 　　2. 具有相关专业大专学历（或同等学力），连续从事本职业工作15年以上，经高级采购师正规培训达到规定标准学时数，并取得结业证书。 　　3. 具有相关专业大学本科学历，连续从事本职业工作10年以上，经高级采购师正规培训达到规定标准学时数，并取得结业证书。 　　4. 具有相关专业硕士研究生学历（或同等学力），连续从事本职业工作5年以上，经采购师正规培训达到规定标准学时数，并取得结业证书。 　　5. 取得相关专业博士学位，连续从事本职业2年以上，经高级采购师正规培训达到规定标准学时数，并取得结业证书。 　　四、培训时间及地点安排 　　1. 培训时间：＿＿＿＿年＿＿月＿＿日—＿＿＿＿年＿＿月＿＿日（上午8:30—下午17:30）。 　　2. 培训地点：××市××区××路××号××楼××室。 　　五、报名方式 　　1. 报名时提交报名者身份证明（身份证、军官证、机动车驾驶证）、学历证书复印件、单位开具的工作证明（原件）、两寸蓝底免冠证件照四张、国家高级采购师职业资格报名表一份。 　　2. 提交材料由招生办负责人确认后，办理相应费用。

续表

3. 报名截止时间：＿＿＿年＿＿月＿＿日。（本次培训班限名额120位学员，培训班按报名先后安排座位。本次报不上名者，下期可再报名，每个月举办一期培训。） 六、收费标准 合计：＿＿＿＿＿元/人（上述费用包括报名费、培训费、鉴定考试费、教材费、证书费等，食宿统一安排，费用自理）。 七、鉴定方式 高级采购师分为理论知识考核、专业能力考核、综合评审考核，均采用闭卷考试的方式，实行百分制，成绩达60分及以上者皆为合格。 八、证书颁发 经培训并参加国家高级采购师考试，成绩合格者可获得由国家人力资源和社会保障部颁发的《中华人民共和国职业资格证书》（国家职业资格一级）、国家职业资格培训鉴定实验基地培训合格证书，该证书可作为招聘录用、考核晋升、岗位续聘的重要参考依据。 九、报名咨询电话 联系人：刘老师　　　　　　　　手机：×××××××××× 电　话：×××—××××××××　QQ：××××××××× 证书查询网址：www.××××.org 十、承办单位 ××培训中心。

6.3.3　高风险环节分析

国家职业资格培训机构在开展国家职业资格证书培训业务时，主要存在以下重大风险。

（1）法律风险

国家职业资格证书培训业务若违反相关法律法规，会存在极大的法律风险，如《中华人民共和国民办教育促进法》第六十二条规定：

"民办学校有下列行为之一的，由审批机关或者其他有关部门责令限期改正，并予以警告；有违法所得的，退还所收费用后没收违法所得；情节严重的，责令停止招生、吊销办学许可证；构成犯罪的，依法追究刑事责任：

（一）擅自分立、合并民办学校的；

（二）擅自改变民办学校名称、层次、类别和举办者的；

（三）发布虚假招生简章或者广告，骗取钱财的；

（四）非法颁发或者伪造学历证书、结业证书、培训证书、职业资格证书的；

（五）管理混乱严重影响教育教学，产生恶劣社会影响的；

（六）提交虚假证明文件或者采取其他欺诈手段隐瞒重要事实骗取办学许可证的；

（七）伪造、变造、买卖、出租、出借办学许可证的；

（八）恶意终止办学、抽逃资金或者挪用办学经费的。"

上述法律条款不仅适用于民办教育学校，也适用于国家职业资格培训机构。国家职业资格培训机构应当遵照执行，避免在招生、培训实施、颁发国家职业资格证书等环节的风险。

（2）培训项目运作方面的风险

第三方培训机构所提供的培训项目，在运作方面存在的风险主要包括以下三个方面，具体如图6—7所示。

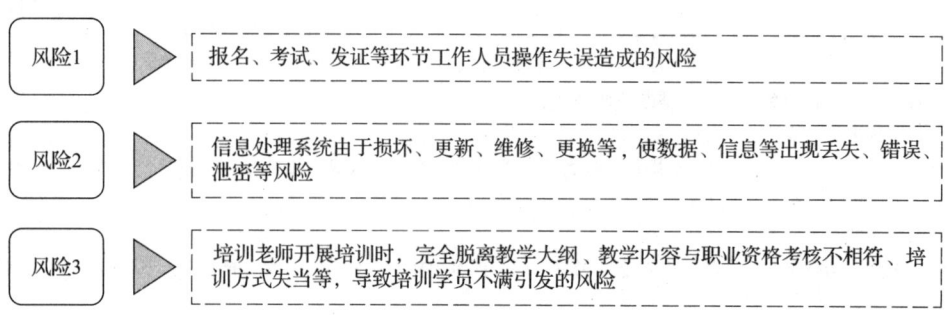

图 6—7 证书培训业务运作风险

为规避上述风险，国家职业资格培训机构应从以下两方面予以着手：

1) 国家职业资格培训机构应建立规范的管理体系，如建立工作人员管理制度、员工工作规范及工作流程、信息处理系统管理制度、信息保密制度等。

2) 国家职业资格培训机构应加强对培训老师的培训，对培训老师的课程安排及实际教学予以监督检查，将学员满意度、考试成绩等纳入培训老师的绩效考核中，同时将绩效考核成绩与其薪酬挂钩。

6.3.4 常见问题的解析

目前，有些地区国家职业资格证书培训存在较多问题，如培训机构管理制度及基础条件不完善、培训师资选择盲目化、培训教材泛滥化、教学实施随意化等。

(1) 培训机构管理制度及基础条件不完善

1) 国家职业资格培训机构制度不完善，在培训方面缺乏成套的制度，导致培训工作不够规范化、统一化，甚至出现自由化、随意化。例如，有的培训机构为获得最大的利益，无视国家鉴定考试大纲的要求，随意删减培训内容，随意组织安排培训及考试，导致培训质量下降，学员满意度低下。

2) 培训机构基础条件不完善，为降低培训成本，有的培训机构不注重自身基础条件的建设，如出现培训场地不足、培训设备老化与陈旧等现象，制约培训业务的良性发展。

为规避上述问题，国家职业资格培训机构应树立长远观念，规范教学，不断完善管理制度和基础条件，从而增加学员满意度，扩大招生规模，这样即使成本有所增加，从长远来看，对培训机构形象的提升和经营利润的提高都会有所帮助。

(2) 培训师资选择盲目化

国家职业资格培训的师资一般来源于高校或企业管理层，这些老师有自己的优势及专业特长，但有的在实战知识与技能方面也存在一些需完善之处。高校老师一般在理论知识方面占有优势，但缺乏实践经验；来自于企业的老师往往在实践经验方面占有优势，注重具体应用，但不善于讲解理论知识。

国家职业资格培训在选择培训老师时，应坚持两个标准缺一不可，即理论知识和实践经验；不能顾此失彼。同时，从事国家职业资格培训的培训讲师也应该注重理论与实践的双向提高，潜心研究认证考试的要求，透彻研读考试大纲，从而全面、准确地把握考试的发展方向，为受训学员提供精准地考前指导和训练。

(3) 培训教材泛滥化

目前,市场上针对国家职业资格培训的教材五花八门,良莠不齐,国家职业资格培训机构盲目选择培训教材,不仅不能对受训学员的考试鉴定起到辅导作用,甚至会误导学员,导致学员的学习内容与考试内容、标准答案不匹配,考试成绩不佳。

国家职业资格培训机构必须把人力资源和社会保障部公布的职业技能鉴定考试专用教材作为教材选择的主选和培训内容的重点,以此为基础开展培训工作。

(4) 教学实施随意化

目前,很多国家职业资格培训机构仅将工作重点放在教学策略和教学模式上,注重学员上课时间的积极性,而忽视了学员的个性及特点,在教学内容安排上不科学,对学员课后的学习情况关注度不够。有的职业资格培训机构随意将一些名师的课程或一些前沿知识放在课堂上,造成学员理解的困难,并影响考试知识的学习。

面对上述问题,国家职业资格培训机构必须认识到培训教学的严肃性,编制细致的教学计划与方案并参照执行,注重教与学的统一,避免教学的随意化。

6.4 定制化培训业务实施业务流程与规范

6.4.1 定制化培训业务实施业务流程图示范（见图6—8）

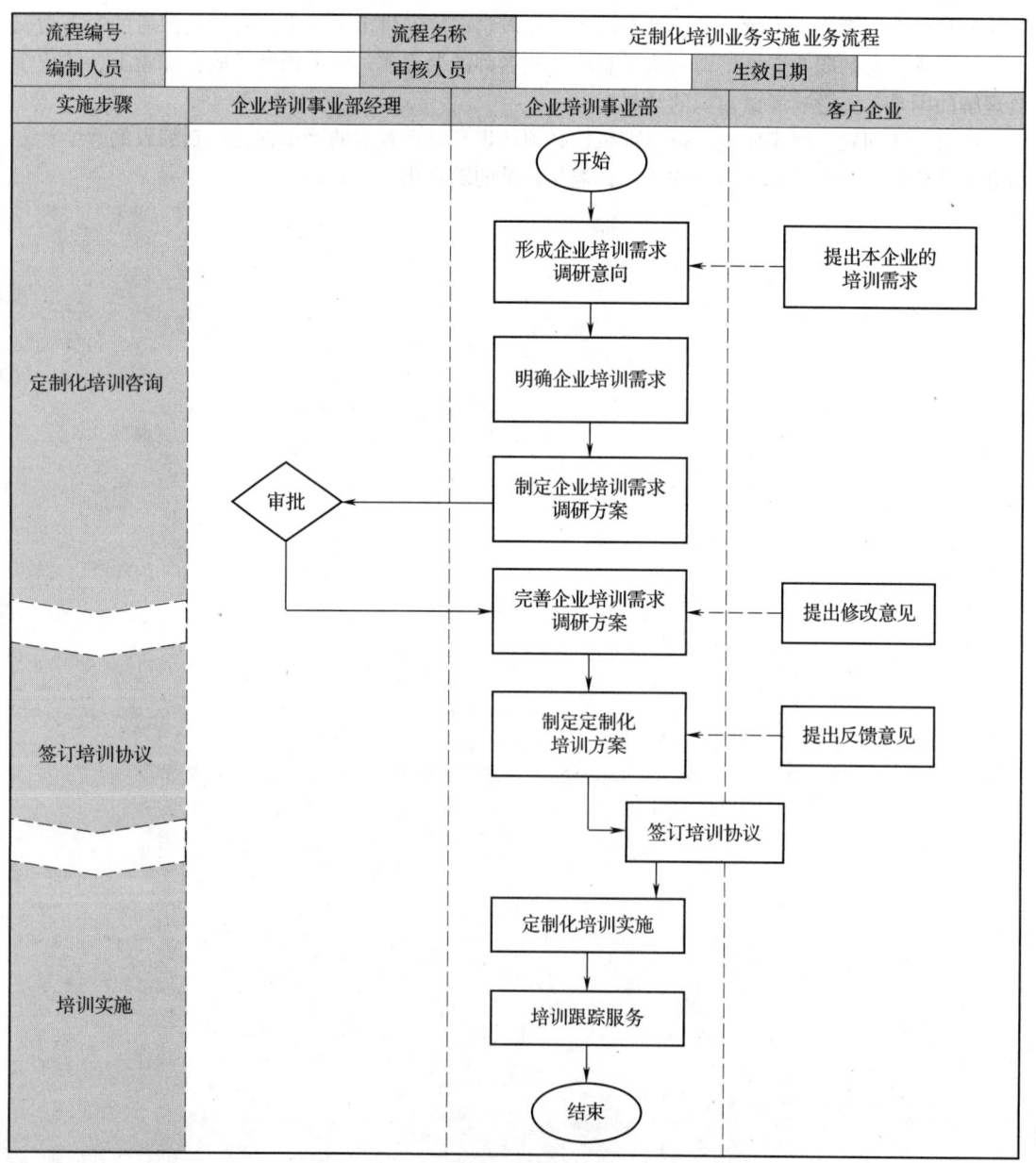

图6—8 定制化培训业务实施业务流程图示范

6.4.2 定制化培训课程设计业务规范的编制（见表6—4）

表6—4　　　　　　　　　　　定制化培训课程设计业务规范

制度名称	定制化培训课程设计业务规范	编制部门	
		执行部门	
<td colspan="4">

第1条　目的

为规范公司培训课程设计的管理，提升培训效果，特制定本规范。

第2条　培训课程需求调查分析

1. 培训课程需求调查的方法

培训部可通过问卷调查法、小组讨论法、重点访谈法、现场观察法、资料分析法等一种或几种方法结合进行培训课程需求调查，最终明确培训需求。

2. 培训课程需求分析报告

课程开发人员依据培训课程需求信息编写培训课程需求分析报告，经客户审核后，依照培训课程需求情况开展培训课程设计与开发的工作。

第3条　培训课程的设计要素

1. 课程简介

课程简介即简单介绍该课程的授课对象、课程目的、课程大纲、课程时长、讲师介绍等。

2. 讲师手册

讲师手册是讲师培训过程中使用的文件，包括开场白、暖场安排、游戏编排等一切与课程有关的内容。

3. 学员手册

学员手册是学员参加培训时使用的参考资料，内容和形式可以根据课程需要选择。

4. 演示课件

演示课件是讲师在正式授课时展示给学员的文件。

5. 培训技巧（略）

6. 评价培训课程效果的标准（略）

第4条　培训课程内容设计要求

1. 培训课程内容要以客户的客观需求为导向。

2. 培训课程内容既要满足学员的兴趣，又要满足岗位绩效提升的需要。

第5条　培训课程开发流程

1. 课程开发启动会

由公司召集课程开发团队及评审团队成员召开课程开发项目启动会，依据《课程开发项目计划表》明确课程开发的目的、组织形式、开发进度、开发关键点、评审要求、相关激励政策等事项。

2. 课程开发的阶段

课程开发分为三个阶段：课程设计、课程教材（PPT）编写、讲师手册编写，由资深人员在每个阶段对开发讲师进行专业技巧的辅导。

3. 课程开发的成果

课程开发的成果包括课程设计分析、课程教材（PPT）、讲师手册、课程案例及所有过程成果资料（含书面和电子版）。

4. 课程开发评审

课程开发完毕后由公司组织评审团按《内部评审意见表》对开发成果进行评审，由评审团全体评委决定课程是否通过评定。

第6条　附则（略）

</td> |
| 编制日期 | | 审核日期 | | 批准日期 | |
| 修改标记 | | 修改处数量 | | 修改日期 | |

6.4.3 高风险环节分析

做好客户企业员工培训需求调查是做好企业培训服务的第一步。在客户企业员工培训需求调查的各个环节中,主要存在五大风险,如图6—9所示。

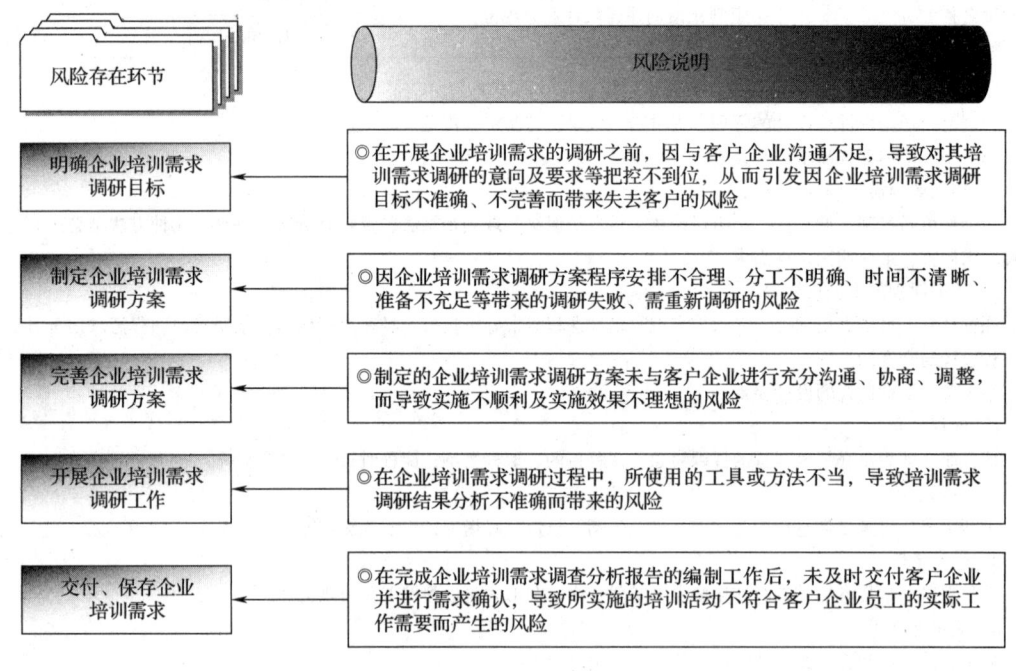

图6—9 培训需求调查的风险

为了有效规避上述五项企业员工培训需求调查中的风险,第三方培训服务单位可采取以下风险规避措施。

(1) 制订培训需求调研沟通计划,及时与客户企业培训负责人进行充分沟通。

(2) 完善培训需求调研方案、培训需求调查分析报告的编制流程及规范,明确培训需求调研、培训需求调查分析报告编制的各项工作开展顺序和标准。

(3) 建立会议讨论制,在培训需求调研实施前,培训调研人员应召集相关人员进行讨论。讨论的目的是找出不同类型培训需求的调研对象应采用何种方法和工具调研,从而提高培训需求调研结果的准确性。

6.4.4 常见问题的解析

企业培训事业部在开展客户企业员工培训需求调查的过程中,因第三方对该企业的经营状况、员工整体素质状况等欠缺充足的了解,且受调查人员自身专业水平、业务能力等方面的限制,导致培训需求调查工作主要存在以下三大问题。

(1) 客户企业员工培训需求调查不足

受专业水平、业务能力等因素的影响,企业培训事业部对客户企业调查不足,可能导致对客户企业员工的岗位培训需求和员工发展规划判断失误,从而导致后续培训项目贴合性差。仅凭主观臆测不仅不能提升员工的培训积极性,还极易导致培训目标难达成等后果。

为规避上述问题的出现,企业培训事业部应从以下两个方面予以改善工作:

1)掌握调查方法的灵活运用。培训需求调查的方法主要有问卷调查法、现场观察法、工作任务分析法、面谈法等。培训事业部应在开展调查工作时合理选择、组合利用,发挥最大功效,减少调查死角。

2)及时发现短缺资料并补救。培训调查收集的资料若不充足,会严重影响客户企业培训需求调查的结果。因此,企业培训事业部可利用如图6—10所示的资料梳理方法,发现短缺资料,寻找合适补救办法。

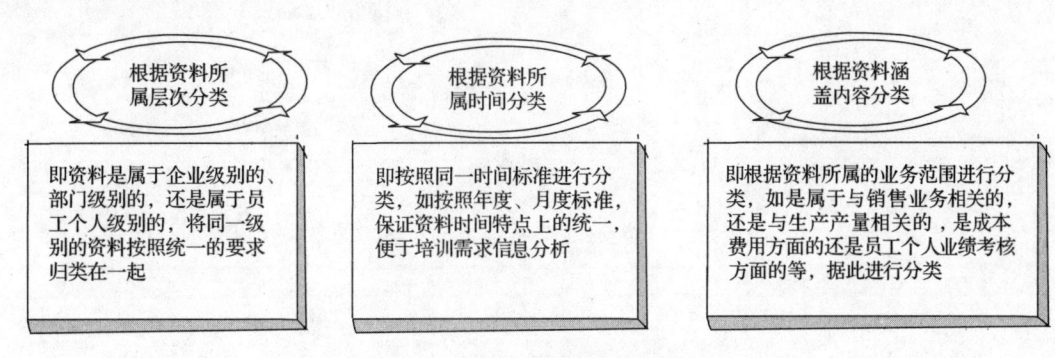

图6—10 现有资料梳理形式

(2)客户企业员工培训需求分析不恰当

企业培训事业部对客户企业员工培训需求分析不恰当,导致培训调查工作前功尽弃。为防止该问题的发生,事业部可采取以下措施:

1)掌握资料筛选方法。对于手中掌握的现有资料,有的可能对需求分析至关重要,有的可能相关性较小,甚至没有相关性。因此,企业培训事业部应对客户企业的资料进行相关性排除、筛选。具体在排除资料时,可结合培训需求分析的目的,根据资料的具体内容对培训需求分析的参考价值予以确定。资料在内容上越相关,时间上越统一,则参考价值越大,反之亦然。

2)明确培训需求分析的三个层次。培训需求分析主要包括三个层次,具体如图6—11所示。

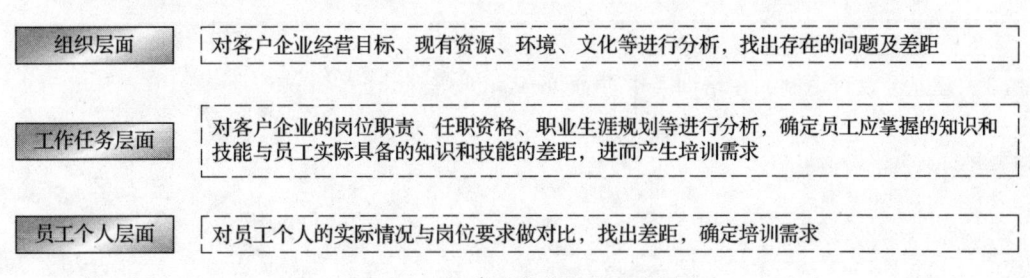

图6—11 培训需求分析的三个层次

(3)客户企业员工对培训需求调查工作重视不够、配合不到位

客户企业员工对培训的需求往往体现出多元化和个性化的特点,而第三方服务公司提供的培训难以面面俱到,再加上客户企业对员工培训的规范性不强等原因,往往导致员工对培训积极性不高,对培训需求调查的重视度不够。

为规避上述问题,企业培训事业部可采取以下措施,具体如图6—12所示。

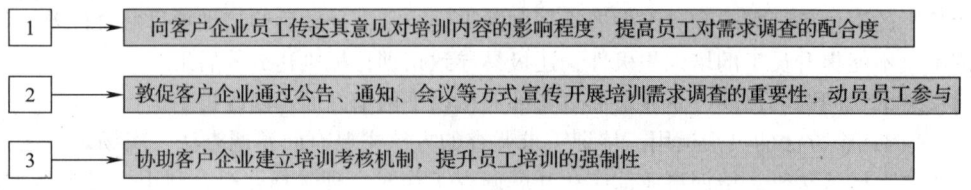

图 6—12 规避培训需求调查重视度不够的措施

6.5 客户企业员工培训实施业务流程与规范

6.5.1 客户企业员工培训实施业务流程图示范（见图6—13）

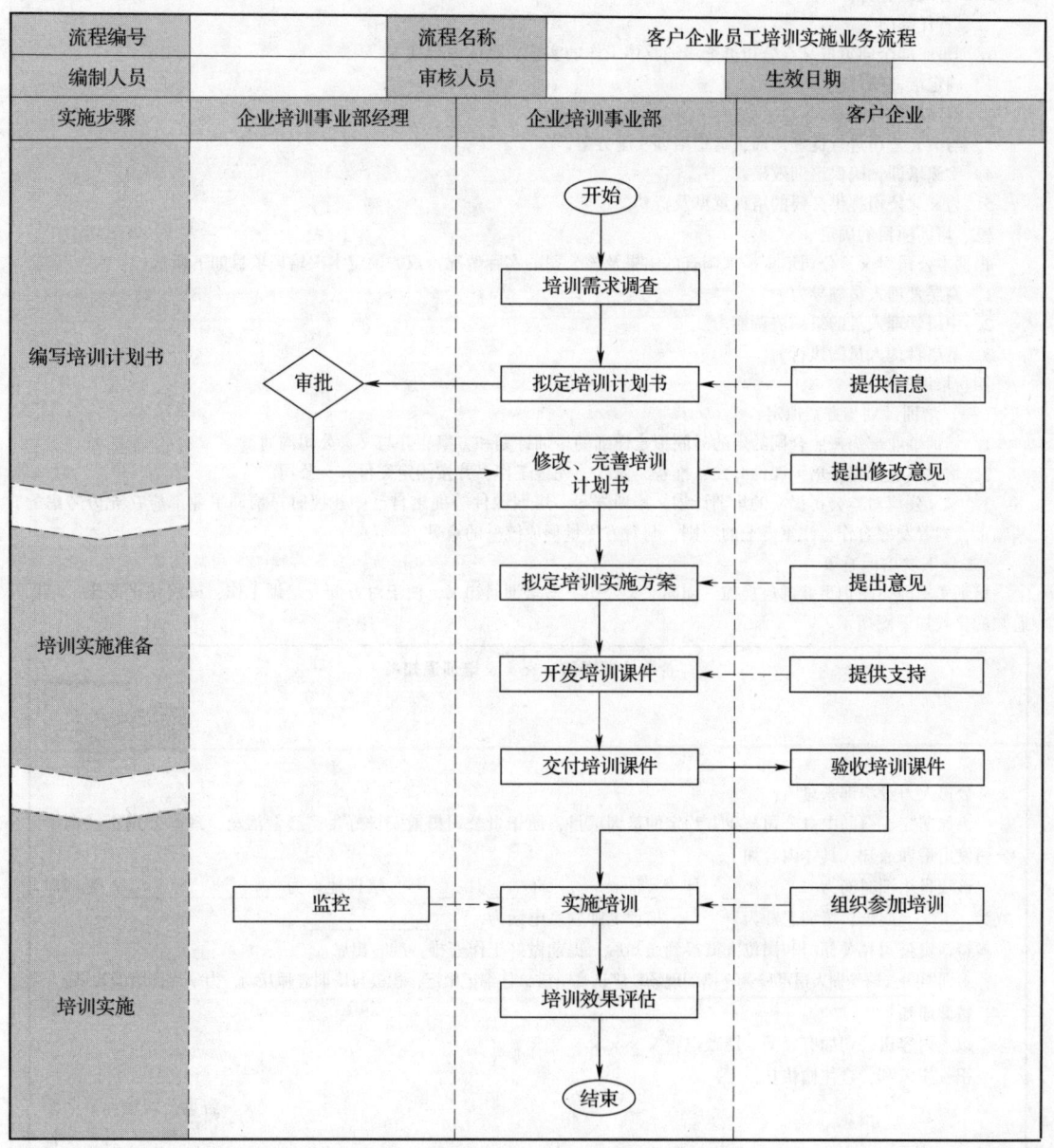

图6—13 客户企业员工培训实施业务流程图示范

6.5.2 客户企业员工培训实施业务规范的编制（见表6—5）

表6—5　　　　　　　　　客户企业员工培训实施业务规范

制度名称	××公司员工培训实施业务规范	适用部门	
		编制人员	

一、项目背景

2013年6月18日，本公司培训事业部受客户××有限公司的委托，对其员工实施主题为××××的培训项目计划，培训合同已签订。

二、责任部门

培训事业部全面负责××公司员工培训具体工作的实施，具体内容如下：

1. 确定培训项目。
2. 拟定培训计划书。
3. 与××公司进行良好沟通，确定培训实施方案。
4. 实施培训，确保培训效果。
5. 为××公司提供必要的培训意见及资料。

三、培训项目的确定

根据本公司对××公司培训需求调查的结果及该公司的实际情况，双方确定本次培训项目如下所示：

1. 高层管理人员领导力。
2. 中层管理人员的组织协调能力。
3. 基层管理人员的执行力。

四、培训的实施

（一）培训计划与方案拟定

1. 培训事业部需按照合同约定的时间拟定详细的培训计划和方案，并与××公司沟通。
2. 培训事业部做好培训课件开发、准备、修改、完善工作，并按约定交付××公司。
3. ××公司对本公司提交的培训计划、培训方案、培训课件等提出自己的建议时，培训事业部应在充分考虑的基础上，本着友好合作、注重专业的原则，与对方尽量形成统一的意见。

（二）下发培训通知

培训实施前，培训事业部应提前一周向××公司下发培训通知书，便于对方配合培训工作，确保培训效果。培训通知的格式如下图所示。

企业培训项目××××培训通知书

××公司人力资源部张总监：

　　为如期完成合同中贵公司与我方约定的培训项目，便于贵公司提前安排好生产经营活动，现本公司正式向贵公司发出培训通知，具体内容如下。

　　该项目培训时间为＿＿＿年＿＿月＿＿日—＿＿＿年＿＿月＿＿日，培训地点为＿＿＿＿＿＿＿＿，受训对象为＿＿＿＿＿岗位，培训老师为＿＿＿＿，培训老师联系电话为＿＿＿＿＿＿＿＿。

　　特请贵公司相关部门和岗位人员接到通知后，提前做好工作安排，准时出席。

　　参训期间，请受训人员严格遵守培训现场秩序认真听讲，仔细记笔记，积极与培训老师互动，力争最佳培训效果。

　　特此通知！

　　以上内容贵公司如有疑问，请致电：×××××××

　　祝一切顺利，合作愉快！

　　　　　　　　　　　　　　　　　　　　　　　　　　××咨询公司培训事业部
　　　　　　　　　　　　　　　　　　　　　　　　　　　　＿＿＿年＿＿月＿＿日

接收人签字：＿＿＿＿＿＿＿　　　　　　　　　日期：＿＿＿年＿＿月＿＿日

续表

制度名称	××公司员工培训实施业务规范	适用部门	
		编制人员	
(三) 培训实施与监督 1. 培训事业部根据培训计划和方案，实施培训，确保培训效果，并做好各项记录工作。 2. ××公司协助培训事业部做好培训场地设备、相关工具设备准备、人员组织进场、现场纪律维持等工作。 3. 培训事业部经理对整个培训实施过程进行监督，对不当之处，及时给予纠正。 五、培训效果评估 培训结束后，培训事业部应就培训效果予以科学评估，并及时编制正式的培训效果评估报告。			
编制日期		批准日期	

6.5.3 高风险环节分析

第三方培训服务单位在对客户企业员工进行培训的过程中，如操作不当会引发员工不适应甚至矛盾激化、培训项目中止等各种风险。具体来说，主要存在以下三大风险，如图6—14所示。

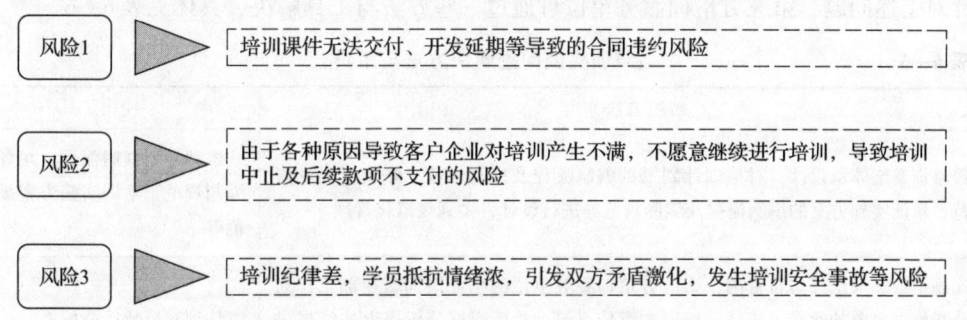

图6—14 培训实施的风险

为了有效规避上述三项企业员工培训实施中的风险，第三方培训服务单位可采取以下五大风险规避措施：

（1）建立完善的培训课件的预讲及预审机制，做好课件开发进程管理。

（2）建立与客户的沟通机制，及时收集、听取、采纳客户的意见，在具体实施方式方法上争取达成双方的统一。

（3）充分考虑企业员工的感受。在实施培训中，要充分考虑企业员工的心理承受能力和接受方式，保护好员工的个人隐私，避免不良冲突的产生和恶化。

（4）优选培训师。每个培训师都有自己擅长的课程领域。第三方培训服务单位在选择培训师时，应充分考虑其专业特长及客户培训需求，指派最适合的培训师承接培训项目。此外，第三方培训服务单位应注意培训师自身的心理素质、心理疏导能力、现场控制能力的培养，遇到特殊情况，能够敏锐察觉，并做出及时、准确地反应，能迅速、有效地解决问题。

（5）签订培训合同并对相关款项支付予以约定，对单方面违约的违约责任进行规定，保护自身的合法权益。具体来说，培训合同可设计如下条款："培训费：共计人民币_____万元整。支付时间：甲方在培训班开始前先支付____万元培训费给乙方，余款在培训班结束前付清。支付方式：银行转账。甲、乙双方必须严格遵守本协议，任何一方在未征得对方同意之前不得单方终止或变更本协议。"

6.5.4 常见问题的解析

第三方培训服务单位在实施客户企业员工培训的过程中，日常工作方面主要存在以下三大问题，如图6—15所示。

问题1	编制出来的培训计划书不符合客户企业实际情况，与客户企业沟通不足，对客户意见置之不理，导致培训计划书与实际脱节，存在不完善、难落实问题
问题2	培训场地选择与布置不恰当，导致培训效果大打折扣，未实现预定培训目标
问题3	培训课件开发预算编制依据的信息数据不足，导致预算目标与实际脱节

图6—15 培训实施的常见问题

针对上述问题，第三方培训服务单位可通过一些方法与工具解决，具体见表6—6。

表6—6   培训实施问题解决方法与工具

解决方法	使用工具
完善培训实施体系设计，对培训计划书的编制流程及编制规范、修改流程及修改规范、培训实施方案的编制流程及编制规范等进行设计，做到规范化管理	培训计划编制流程、培训计划编制规范、培训实施方案编制规范等
在实施培训场地选择与布置前，第三方培训服务单位的企业培训事业部工作人员要分析培训对象的数量、特征、培训主题特点等，然后根据分析得出的结果进行培训场地的选择与布置	培训对象特征分析表
第三方培训服务单位应当建立培训课件开发预算编制工作规范，该规范应明确培训课件开发预算的信息依据、编制程序与方法、审批事项等	培训课件开发预算编制工作规范

第7章 劳务派遣服务

7.1 劳务派遣服务类型及业务范围界定

7.1.1 劳务派遣三重关系分析

劳务派遣是指劳务派遣机构或企业（以下简称"派遣单位"或"用人单位"）与实际使用劳动者的单位（以下简称"用工单位"）签订劳务派遣协议，根据用工单位提出的人员标准与工资待遇等要求，招聘、录用合格人员，并将该劳动者派遣至用工单位工作，从中获得收入的经济活动。劳务派遣是一种区别于用工单位直接聘用员工的补充用工形式，在我国还被称为"人才派遣"或"人才租赁服务"。

劳务派遣的本质特征在于人员"雇用"与人员"使用"相分离。在劳务派遣业务中，存在着三种主体、三重关系。三种主体分别是实际从事工作的劳动者、派出该劳动者的劳务派遣公司、实际使用该劳动者的用工单位。这三个主体实际运行的关系如图7—1所示。

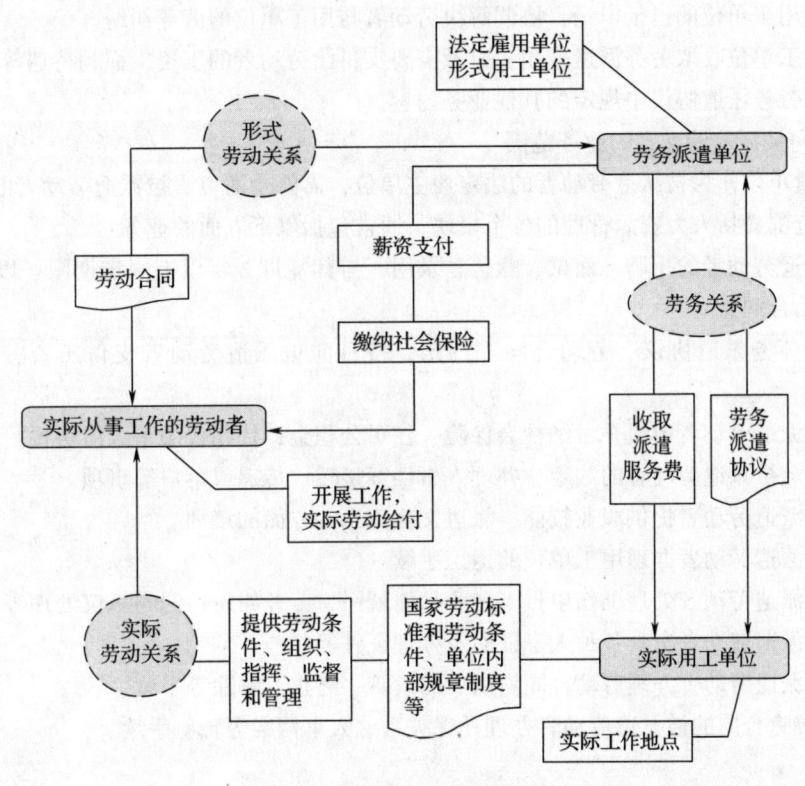

图7—1 劳务派遣三重关系分析

通过图 7—1 的描述可以看出，实际从事工作的劳动者与派遣单位之间虽然签有劳动合同，但双方未兑现劳动力的给付，形成的是一种特殊的劳动关系——形式劳动关系。劳动者与用工单位因为实际劳动力的给付，形成的是实际劳动关系。而劳务派遣单位与实际用工单位之间，因签订劳务派遣协议所形成的劳务关系，是一种民事法律关系。

7.1.2 劳务派遣业务范围界定

通过图 7—1 的关系分析，劳务派遣单位作为劳务派遣业务的主体之一，围绕劳动合同关系，既要开展与用工单位的业务合作，也要为劳动者开展相应的人力资源配套服务。

（1）面向用工单位的业务范围

面向用工单位时，劳务派遣单位经常开展的业务主要包括以下方面：

1）开发有劳务派遣用工需求的企业或组织，对该企业或组织的派遣用工背景进行调查，并提出派遣用工的建议或制定劳务派遣用工方案。

2）与符合法律法规规定的用工单位开展"劳务派遣协议"谈判及签订工作。

3）了解用工单位对派遣用工岗位的岗位职责与任职资格、薪酬福利情况、劳动条件等，以便对口开展招聘、录用、薪酬谈判等工作。

4）将劳动者派遣至用工单位，督促用工单位执行国家劳动标准和劳动条件，协助用工单位做好劳动者的日常管理。

5）受理用工单位的退工申请，协调解决劳动者与用工单位的劳务纠纷。

6）向用工单位收取劳务派遣费用，以及需要支付给劳动者的工资、福利待遇等。

7）履行劳务派遣协议中规定的其他业务内容。

（2）面向被派遣劳动者的业务范围

劳务派遣单位作为被派遣劳动者的法定雇主单位，需要全面负责被派遣劳动者的人事管理工作，其业务范围囊括人力资源管理的各个模块，通常包括以下方面的业务：

1）被派遣劳动者的招聘、面试、甄选、录用，与其签订 2 年以上固定期限、以派遣形式用工的书面劳动合同。

2）依据劳务派遣协议、劳动合同等约定，按月向被派遣劳动者支付工资、发放福利待遇。

3）为被派遣劳动者申报并缴纳社会保险、住房公积金，代扣代缴个人所得税。

4）根据与被派遣劳动者的约定，办理人事档案接转、传递或落户等事项。

5）为被派遣劳动者提供职业技能、派遣文化理念等方面的培训。

6）为被派遣劳动者办理用工单位的退工手续。

7）为被派遣劳动者处理工伤申报支付、异地就医、劳务纠纷违纪与争议处理等事项。

8）为被派遣劳动者出具各种人事证明及办理证件等。

9）为被派遣劳动者办理劳动合同期满后的续签、终止、解除等手续。

10）为解除合同的被派遣劳动者办理社保关系、人事档案等转出手续。

7.1.3 劳务派遣业务类型分析

在实际开展劳务派遣实践的过程中,根据派遣业务的适用范围、使用目的、影响程度等分类依据,可将劳务派遣业务划分为全程派遣、转移派遣、试用派遣、项目派遣四种类型。每种派遣业务的事项流程说明,具体见表7—1。

表7—1　　　　　　　　　　劳务派遣业务类型分析

类型	业务事项流程梳理	适用范围分析
全程派遣	1. 用工单位与派遣单位签订劳务派遣协议 2. 用工单位提出招聘要求,派遣单位负责实施招聘,将劳动者派遣到用工单位 3. 派遣单位代替用工单位为派遣员工办理录用退工手续、工资发放、社会保险、住房公积金、代扣代缴个人所得税、福利发放、档案接转、户口落实等双方约定好的工作 4. 用工单位需按时将以上费用支付给派遣单位,并按派遣员工数量及派遣时间支付一定的服务费用	适用于解决用工单位季节性用工的招聘、用工管理方面的问题,也适用用工人数多、人力资源劳动强度较大的企业
转移派遣	1. 用工单位与派遣单位签订劳务派遣协议 2. 用工单位将现有部分员工(其岗位性质须符合"临时性""辅助性""替代性"之一)的关系转移到派遣单位,由派遣单位代替用工单位为派遣员工办理录用退工手续、工资发放、社会保险、住房公积金、代扣代缴个人所得税、福利发放、档案接转等工作 3. 用工单位按时将以上费用支付给派遣单位,并按派遣员工数量及管理时间支付一定的服务费用	适用于转制中的用工单位解决转制后原有人员的分流安置问题
试用派遣	1. 用工单位与派遣单位签订劳务派遣协议,将处于试用期新员工的关系交由派遣单位管理,以派遣的形式试用 2. 派遣单位协助用工单位实施人才测评选用合适的人才	适用于解决新进员工经试用考查不合格后的遣散安置问题,免去用工单位在选人方面的风险,有效降低人力成本
项目派遣	1. 用工单位为完成某一项工作而急需聘用相关专业的技术人员,项目结束后,只需留用少量维护人员 2. 项目结束后的富余人员,用工单位一般采用派遣用工,即由派遣单位负责办理前期的招聘、劳动合同签订、劳动关系解除等手续	适用于解决只用一段时间、无须长期留用的人才使用后的分流问题

随着企业经营管理和人力资源管理实践的发展，劳务派遣单位可能还会根据客户企业或组织的实际情况，在遵守《中华人民共和国劳动合同法》（2012年修订）《劳务派遣暂行规定》等法律法规的前提下，突破上述四种类型开发出新的业务类型和定制符合企业用工要求的服务项目。

7.1.4 劳务派遣与人力资源外包

人力资源外包是指用工单位将人力资源的大部分工作，如建立劳动关系、录用解聘手续、档案管理、社会保险管理、工资发放等，以合同或协议的方式交由人力资源外包服务商来代理完成。承接这些业务的人力资源外包服务商，也称为人事代理机构。

人力资源外包服务主要包括员工招聘外包服务、日常员工信息管理外包服务、员工培训外包服务、薪酬福利外包服务、人员测评外包服务、人力资源信息系统外包服务等。

劳务派遣与人力资源外包的主要区别，具体可从以下5个方面进行比较，具体说明见表7—2。

表7—2　　　　　　　　　　劳务派遣与人力资源外包比较

比较依据	劳务派遣	人力资源外包
适用的法律	《中华人民共和国劳动合同法》（2012年修订）	《中华人民共和国合同法》
经营的主体	经营劳务派遣的单位必须是严格按《中华人民共和国劳动合同法》（2012年修订）规定设立的法人实体	经营人力资源外包的可以是个人，也可以是法人或其他实体单位
劳动合同关系	劳务派遣单位与劳动者签订劳动合同	外包单位与劳动者不签订劳动合同
合同标的	按照派遣的时间和费用标准，根据约定派遣的人数结算费用，合同标的主要是"人"，可理解成用工单位购买的是"劳动力"	按照事先确定的外包业务单价，根据外包单位完成的工作量结算，合同标的主要是"事"，也可理解成用工单位购买的是"劳务"
违法的后果	若在派遣的过程中，给劳动者造成损害的，劳务派遣单位与用工单位按《中华人民共和国劳动合同法》（2012年修订）承担连带赔偿责任	用工单位与人力资源外包单位之间按双方订立的合同承担权利义务，外包单位对劳动者基本上不承担责任

综上比较可知，区分劳务派遣与人力资源外包二者的关键在于谁与劳动者签订劳动合同。人力资源外包是用工单位与劳动者签订劳动合同、建立劳动关系，用工单位只是将人力资源的部分非核心工作，委托给专业机构代理。劳务派遣则是劳务派遣单位与劳动者签订劳动合同、建立形式劳动关系，成为劳动者的法定雇佣单位；用工单位只负责被派遣劳动者的工作管理。

7.1.5 劳务派遣业务开拓环节梳理

劳务派遣单位开拓派遣业务时，既需要与用工单位交涉用工需求、派遣方案，也需要寻找合适的被派遣员工、与其谈岗位任职要求与薪酬待遇等。具体环节如图7—2所示。

第7章 劳务派遣服务

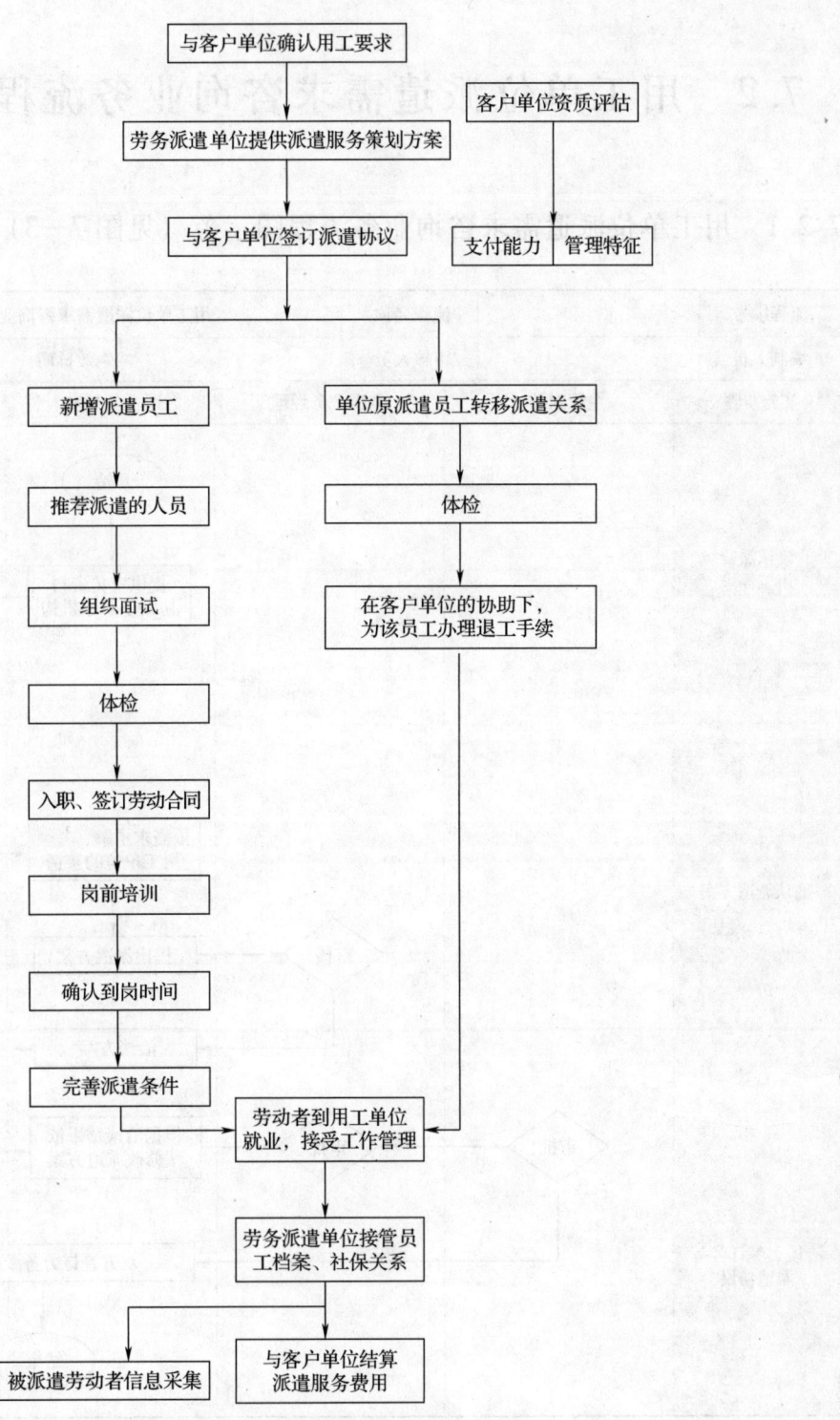

图7—2 劳务派遣业务开拓环节

7.2 用工单位派遣需求咨询业务流程与规范

7.2.1 用工单位派遣需求咨询业务流程图示范（见图7—3）

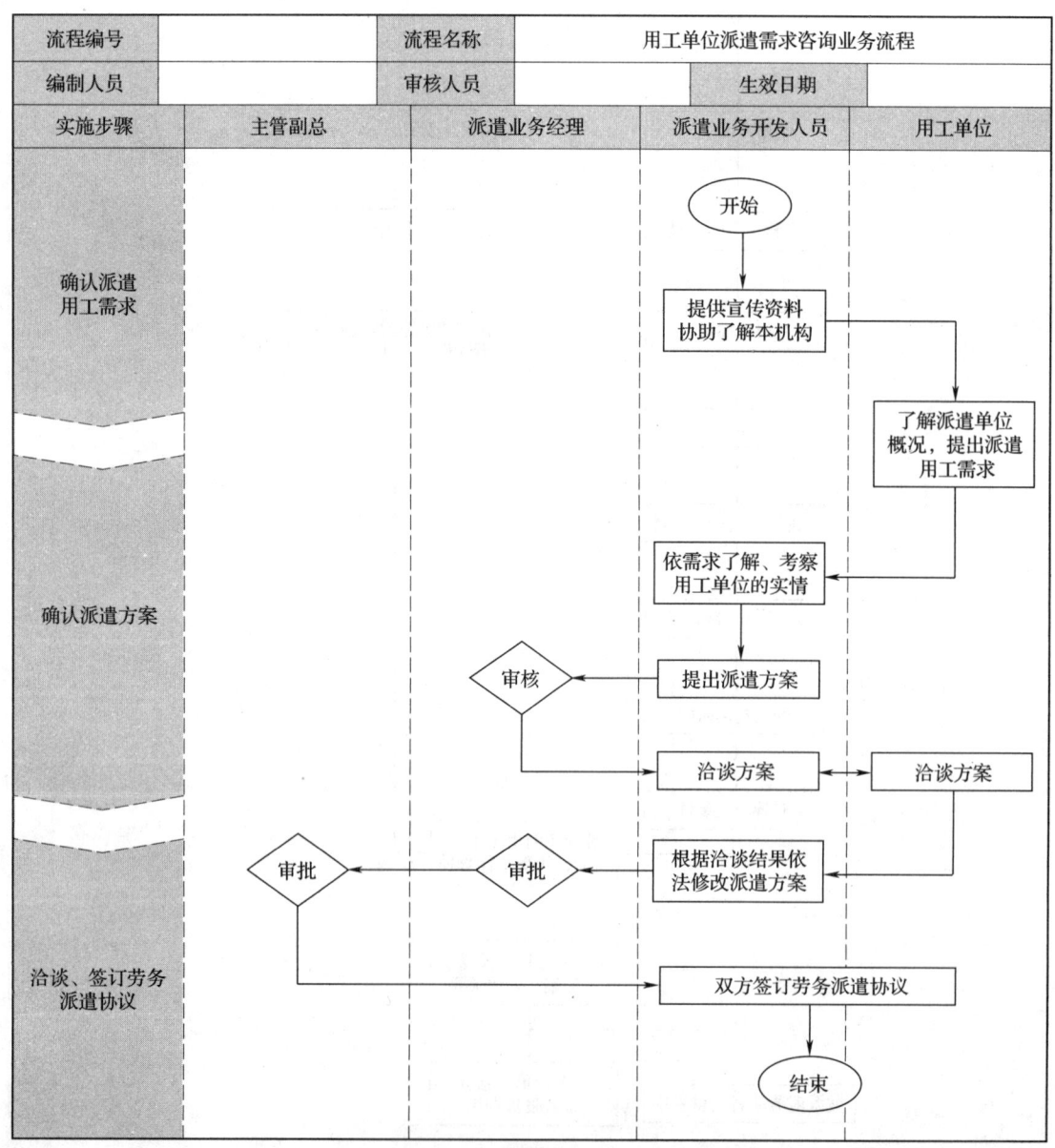

图7—3 用工单位派遣需求咨询业务流程图示范

7.2.2 用工单位派遣需求咨询业务规范的编制

(1) 劳务派遣方案书（范例）（见表7—3）

表7—3　　　　　　　　　　　劳务派遣方案书

制度名称	劳务派遣方案书（范例）	适用部门	
		编制人员	

一、客户单位用工概况

从客户单位的主营业务、经营概况、用工方式、劳务派遣用工范围及用工比例等方面予以描述。

二、本劳务派遣有限公司概况

从本公司主营业务、服务类别、服务特色、服务优势等方面予以描述。

三、劳务派遣方案的主要目标

根据客户单位的劳务派遣用工需求，本劳务派遣有限公司只负责管人而不用人，而客户单位（被派遣单位）只用人而不管人，从而达到规范劳动关系、转移用工风险、降低用人成本的目的。

四、本公司的服务项目之一：派遣员工招聘与入职手续办理

（一）本公司建立内部人才储备库的渠道

1. 通过人才市场、劳务市场、人才中介机构等途径寻找人才。
2. 举办专场招聘会，定向吸引专业型人才。
3. 与本市各大高校、中职技校和就业机构搭建合作平台。
4. 通过专业招聘网站、公司网站、人力资源QQ群等长期发布人员需求信息。
5. 与市级、区县级人事部门、劳动部门、民政部门、劳务办、街道、社区等建立长期合作关系。
6. 在员工队伍中做好宣传工作，通过员工举荐同行业人才等。
7. 通过本公司自己的人才市场、创业学校选拔各类型的人才。

（二）派遣员工招聘与入职手续办理具体的操作流程

1. 客户单位提出用人需求，注明岗位（工种）、资格要求及人员数量、薪资福利待遇等。
2. 我公司从人才储备库里提取符合贵公司需求的人员，并通知其带上相关证件（身份证、学历证、岗位资质证书等）到本公司人才推荐部面试。若本公司人才库中无匹配人选，立即采取其他渠道招聘。
3. 初试合格者由本公司项目部为其开具"劳务派遣介绍信"，带上上述证件到客户单位进行复试（含实际操作）。
4. 复试合格者（若客户单位要求体检的，需到客户单位或我公司指定医院进行体检），持"劳务派遣介绍信"的回执，并递交我公司要求提交的材料（身份证复印件、毕业证复印件、岗位资质证书，社保接续卡、登记证、体检证明等）。

本公司审查无误后即与其签订劳动合同，其中试用期充分尊重客户单位的意见，待完成以安全教育、职业操守为主题的入职培训后，开具"劳务派遣通知书"，正式派往客户单位开展工作，及时申缴有关社会保险、办理员工银行工资卡。

5. 试用不合格者（试用期考核标准以客户单位的要求为准），客户单位可开具"退工通知书"将员工直接退回本公司，项目专员将及时与客户单位人事部联系，了解其不合格的原因，通知派遣员工本人，并立即推荐新的员工进行试用。

（三）招聘周期

一般通用型工种及岗位1~10天，特殊工种及高端人才1~15天。

五、本公司的服务项目之二：员工档案建立与管理

按照国家相关法律法规规定，我公司为外派员工建立并托管劳动档案。具体操作流程如下。

1. 客户单位需配合我公司项目经理收集、整理外派员工花名册，注明员工的基本情况及档案所在地等相关信息。
2. 本公司档案管理员接收员工档案，审核相关资料并予以补充和完善，进行立卷归档。
3. 建立并托管外派员工劳动档案（为至今仍无档案的员工按规定新建立劳动档案）。
4. 对档案进行妥善管理，并根据外派员工的工作表现把其奖惩、考核、考评、晋升等情况及时归档。
5. 与员工终止劳动关系后将其档案转交有关部门。

续表

制度名称	劳务派遣方案书（范例）	适用部门	
		编制人员	

六、本公司的服务项目之三：派遣员工退回与离职管理

（一）客户单位退回员工管理流程

1. 我公司会根据客户单位的需求，派遣员工到客户单位工作。
2. 派遣员工未能通过客户单位面试的，客户单位可立即将员工退回，本公司做好员工的解释工作。
3. 派遣员工在面试合格后与本公司签订劳动合同，进入合同试用期。在试用期内经客户单位证实不能满足用工需求的，必须在试用期内退回，并由本公司派遣事业部做好员工的解释工作。
4. 试用期合格后，在合同期未满前，由于客户单位自身原因需要将派遣员工退还给本公司的，必须出具"员工退回通知书"，写明退回原因。
5. 若因派遣员工违法或严重违反客户单位的规章制度，则需写明违法违纪事实，特别要注明违反客户单位具体规章制度的名称、条款和具体内容，以便我公司根据实际情况进行处理。
6. 当派遣员工退回至本公司后，派遣事业部立即补充符合客户单位用工需求的人员继续工作，并与客户单位结算退回员工的薪资。
7. 本公司法务部根据退回员工的实际情况，决定是否与员工解除或终止劳动合同关系；对造成客户单位经济损失的，同时出具处理通知书。
8. 经派遣事业部经理审批，公司与解除或终止劳动合同关系的员工结算保险和财务手续。

（二）派遣员工辞职管理流程

1. 派遣员工提前 30 日向本公司书面提出辞职（在客户单位填写"员工辞职申请书"，客户单位签署意见同意后并以"派遣员工退工通知书"的形式函告本公司。
2. 派遣员工在客户单位办理离职交接手续。
3. 本公司派遣事业部与客户单位接洽该员工的工作状况，是否有违法违纪现象或因违规给客户单位造成经济损失。
4. 员工持客户单位的"派遣员工退工通知书""员工辞职申请书"到本公司办理辞职手续，经确认该员工无任何违纪现象，本公司出具"解除合同通知书"。
5. 社会保险部为员工办理保险停、转手续（如需交纳费用的另行收取）。
6. 派遣事业部经理对一系列手续进行审核、确认无误后，财务部与辞职员工进行工资结算。

（三）派遣员工擅自离职管理流程

1. 派遣员工无故自动离职，客户单位应及时通知本公司，派遣事业部通知保险专员立即中止离职员工的社保办理，并补充新员工进入客户单位。
2. 派遣事业部协助客户单位进行工作岗位交接手续的处理，与客户单位结算离职员工的薪资。
3. 本公司会及时调查了解员工的工作状况，是否有违规违纪现象，是否产生经济损失，如派遣员工给客户单位造成损失的，按照双方单位规章制度进行经济赔偿。
4. 本公司法务部开具"解除合同通知书""处理决定书"，并以法定形式送达该员工本人，同时向客户单位反馈相应的情况。
5. 派遣事业部及时通知员工本人到本公司办理社会保险转移和财务结算等手续，相关手续经派遣事业部经理审查无误后，财务部、社会保险部与员工进行薪资结算。

七、本公司的服务项目之四：法定社会保险的办理

本公司在遵守国家和地方法律法规的前提下，着眼于客户单位成本控制、风险控制的需要，最大程度上激励员工的积极性，根据现行法律规定和地方执法状况，为客户单位提供合理的社会保险建议，有区别地为派遣员工办理法定社会保险申缴手续。

1. 与客户单位确定社会保险办理方案，即充分利用农民工社会保险购买的优惠政策，自 2007 年 10 月 1 日起即可向客户单位派遣有农业户口的员工，以便客户单位能够享受到一定的员工社保优惠。
2. 收集相关材料为派遣员工办理社会保险的申缴、代扣代缴手续。
3. 按本市社会平均月工资为缴纳五种法定社会保险的基数，分别按下列比例缴纳：养老保险（单位20%、个人

续表

制度名称	劳务派遣方案书（范例）	适用部门	
		编制人员	

8%）、失业保险（具体比例按各省市自治区的规定，若员工为农业户口个人不用承担）、工伤保险（依行业性质，由单位承担0.5%~2.5%，个人不用承担）、生育保险（具体比例按各省市自治区的规定，个人不承担）、医疗保险（具体比例按各省市自治区的规定）。

　　八、本公司的服务项目之五：派遣员工工资发放管理

　　我公司派遣员工的工资标准以国家和当地政府规定的工资福利制度为基准，根据客户单位确立的工资等级制定，并按照我公司与派遣员工签订的劳动合同约定执行。

　　派遣员工工资以银行卡形式定期划账发放。为保证派遣员工通过合法劳动获取合理报酬的权利，保持工资发放的准确、及时、连续性，设客户单位发放工资的时间为T日，我公司将按照以下流程支付员工工资。

　　1. T-5日（即客户单位发放工资前五日），客户单位将派遣员工上月（统计周期以客户单位的财务结算周期为准）的出勤表（含加班、值班、请假等情况）进行统计，核算派遣员工工资明细、各项保险费及管理费后以电子版形式提供给本公司。

　　2. T-3日，客户单位在收到本公司开具的正式发票后，将上述费用划至本公司指定账户，同时，本公司及时对派遣员工的工资（含工资、福利、代扣代缴费用等）进行核算。

　　3. T-1日，本公司将派遣员工的本月实发工资发放到每位员工的银行工资卡中。

　　4. T日，派遣员工查阅、确认工资到账情况。

　　九、本公司的服务项目之六：派遣员工工伤工亡和突发性疾病处理

　　发生工伤事故，客户单位应采取紧急措施救助伤员，保护好现场，并立即通知本公司项目专员。我公司会按以下程序处理。

　　1. 派遣员工发生工伤后，客户单位应立即将其送就近医疗机构抢救，并在24小时内通知本公司项目部赶赴现场（一般工伤事故在3日内向管辖的社保工伤科报告，若出现重大事故如高位截肢、死亡等，必须在24小时内通知本市××区社保局工伤保险科，如遇法定节假日顺延）。职业病患者由职业病诊断机构诊断确认。

　　2. 本公司派遣事业部人员及法务部人员在现场处理完毕后，立即与客户单位一起研究本次工伤事故的处理方案，确定适用的治疗方案、处理方案和理赔方案。

　　3. 按照法定程序进行工伤的申报、工伤性质认定、劳动能力鉴定。

　　4. 我公司法务部人员与受伤员工进行协商，处理理赔的有关事宜。若协商不成，产生仲裁或诉讼，由本公司出庭应诉。

　　5. 突发性疾病和工亡，本公司、客户单位均可参照上述程序进行。

　　十、本公司的服务项目之七：派遣员工非因工受伤处理

　　1. 派遣员工非因工受伤，有关医疗费用按照国家规定的医保政策执行，由医保机构和个人承担，用工单位不承担。

　　2. 在医疗期内，客户单位不得将该员工退回我公司，并按照有关政策规定及合同约定支付员工薪资。

　　3. 针对特殊工种非因工受伤引发的各种纠纷，由本公司代为处理。

　　十一、本公司的服务项目之八：员工服务与关怀

　　1. 本公司项目部项目经理定期和不定期走访派遣员工，了解员工工作、生活状况，发生问题及时与客户单位联络人接洽，双方配合解决。

　　2. 针对发生的小工伤，定期购买补充创可贴、消炎药、感冒药、红花油、纱布等劳保用品，同时，为控制成本，本公司会出面协调、谈判，降低员工体检费用。

　　3. 本公司会组织开展丰富多彩的活动，增进派遣员工之间、派遣员工与客户单位员工之间交流，丰富派遣员工的业余文化生活。如定期举办的外派员工技能比武会、联欢晚会等。

　　4. 重视对派遣员工的职业和转业指导，帮其规划自己的职业生涯，不断促进派遣员工的职业发展和提升。

　　5. 充分发挥本公司从事人力资源服务的优势，借助众多客户单位，做好转业、转岗人员的内部调配，有效提高本公司在派遣员工中的信任度。

　　6. 协助派遣员工提供办理职称鉴定、考取职业资格等所需材料，开具未婚、房屋按揭收入、职称申报等证明。

续表

制度名称	劳务派遣方案书（范例）	适用部门	
		编制人员	

十二、方案书的总结与解释

　　本公司根据自身的专业优势和行业经验，主要可向客户提供上述 8 项特色的服务。当然，也可根据客户单位的需求，量身定做其他特色的服务。

　　本方案书内容的相关解释权归××人力资源管理服务公司所有。

编制日期		批准日期	

（2）劳务派遣服务报价函（见表 7—4）

表 7—4　　　　　　　　　　劳务派遣服务报价函

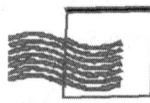

		服务项目		报价
基本服务	1	员工劳动关系转移及劳动合同的签订		A 元/人/月（99 人以下）
	2	员工劳动档案的建立及管理		
	3	员工工资发放		
	4	员工社会保险的缴纳		
	5	员工社会保险的享受及办理		
	6	员工工伤、医疗保险风险转移		B 元/人/月（100~199 人）
	7	员工住房公积金缴纳及提取		
	8	员工的劳动争议处理		
	9	员工宿舍提供及管理		C 元/人/月（200~499 人）
	10	员工满意度提升（绩效考核、评优评先、员工职业规划）		
	11	员工关系维护（定期走访、交流会、疑难问题解答）		
	12	及时补充新增人员		
	13	员工社会职能管理（党、工、团）		D 元/人/月（500 人以上）
	14	员工职业技能培训		
	15	代办员工有关的证件		
	16	办理员工商业保险手续		以上报价包含基本服务内容，如需增值服务另外享受优惠价格
	17	人事法律、法规、政策咨询		
	18	保险法律、法规、政策咨询		
增值服务	1	招聘	根据客户需要利用本派遣公司的渠道为客户发布招聘信息	面议
	2		简历筛选，提供候选人	
	3		组织应聘者考试与初试	
	4		安排应聘人员复试	
	5		个性化推荐（中端人才）	八折优惠
	6		猎头服务（高端人才）	七折优惠
	7	团队建设	拓展训练	费用根据具体项目计算
	8		针对性课题培训	
	9		员工表彰大会	
	10		人力资源管理咨询	

(3) 劳务派遣协议书（见表7—5）

表7—5　　　　　　　　　　　　　劳务派遣协议书

劳务派遣协议书
甲方：_____公司（用工单位）　　乙方：_____劳务派遣有限公司（用人单位） 地址：_____　　地址：_____ 　　甲乙双方根据《中华人民共和国劳动法》《中华人民共和国劳动合同法》《劳务派遣暂行规定》及相关法律法规的规定，依照平等互利的原则，经双方协商：乙方根据甲方需要派遣劳务人员、提供劳务服务，甲方向乙方支付相应的费用。现就具体事项达成以下协议。 　　一、合作事项 　　1. 乙方根据甲方的需要和要求，向甲方派遣劳务人员从事有关工作。甲、乙双方建立劳务派遣合同关系，乙方与派遣到甲方的劳务人员签订劳动合同履行用工备案登记手续，建立劳动关系。 　　2. 劳务派遣人员工种、数量、用工期限、工作内容及相关待遇要求、职责划分及费用结算办法等在补充协议中明确。 　　二、劳务派遣期限 　　从____年__月__日起至____年__月__日止，期满经双方协商可续签。 　　三、甲方的权利和义务 　　1. 甲方需要使用派遣人员时，应提前15个工作日以书面形式通知乙方，并向乙方书面提供所需派遣人员岗位种类和用工数量、素质、要求、各种待遇、劳务用工期限及起止日期。被派遣劳动者在甲方工作期间，由甲方对其实施组织管理、岗位调配和考核。 　　2. 被派遣劳动者在甲方工作期间，按国家法定休假待遇规定，享受正常休假。 　　3. 甲方受乙方委托，按月扣除应由被派遣劳动者个人承担的各项社会保险，并转交给乙方。 　　4. 甲方在国家劳动合同法律法规规定的范围内，有权将被派遣劳动者退回，并提前以书面形式通知乙方，每月1~10日内办理解聘手续。 　　5. 甲方依据自身生产经营情况，需要增加或减少派遣人员时，应提前15个工作日通知乙方。增加或减少的社会保险费、服务费及其他费用在补充协议中明确。 　　6. 被派遣劳动者个人提出解除劳动合同，应提前30日以书面形式通知甲方，甲方应在7日内做出同意或不同意的决定并以书面形式告知乙方，由乙方负责办理相关手续。 　　7. 甲方在使用被派遣劳动者时，应提供相应的劳动条件和劳动保护，负责被派遣劳动者的岗前安全教育及培训。 　　8. 被派遣劳动者在甲方工作期间因工伤事故造成伤、残、亡等由乙方负责并处理。甲方在第一时间通知乙方，负责事故现场应急处理，积极配合事故的调查取证并提供相关资料。 　　9. 被派遣劳动者发生工伤、职业病、死亡等事故，乙方按国家有关规定执行，国家规定由用工单位支付的费用由甲方承担。 　　10. 被派遣劳动者患病或非因工负伤，在符合国家规定的医疗期内，甲方按国家规定承担相应的费用。 　　11. 被派遣的女性劳动者在派遣期间出现孕期、产期、哺乳期，由甲方按国家规定承担应由用工单位承担的费用，乙方负责处理相关事务。乙方在向甲方派遣劳动者时，应向甲方提供准确的"求职登记表中相关信息"情况。 　　12. 甲方向乙方推荐的合格应聘者，经乙方同意后可聘用为乙方劳务派遣人员。现已在甲方工作的聘用人员，由甲方向乙方推荐，经乙方同意后，此类人员可建立劳动关系为乙方的员工。 　　13. 若因甲方生产经营性停产待工，自停产待工之日起，甲方将停产待工的被派遣劳动者名单交乙方。自当月起，甲方继续支付停产待工期间的保险费和管理费用，并按有关规定支付最低工资。 　　14. 被派遣劳动者要遵守并履行甲方依法制定的有关保守企业秘密等各项规章制度，严格保守甲方重大经营管理事项、重要业务统计指标、核心技术和客户信息等商业机密，在派遣至甲方工作期间及终止或解除合同后，不得以任何方式披露、使用或者允许他人使用甲方商业秘密。

续表

四、甲方退工且不用支付经济补偿金的情形

按《中华人民共和国劳动合同法》规定，被派遣劳动者有下列情况之一的，甲方在证据确凿的情况下，有权直接退工给乙方，不支付经济补偿金。

1. 在试用期间被证明不符合录用条件的，有严谨的考核评价表。
2. 严重违反甲方单位规章制度的，有确切的行为记录。
3. 严重失职，营私舞弊，给甲方造成重大损害的。
4. 同时与其他用工单位建立劳动关系，对完成甲方的工作任务造成严重影响的。
5. 被依法追究刑事责任的。

五、甲方退工且须支付经济补偿金的情形

甲方将被派遣员工退回到乙方，乙方在《中华人民共和国劳动合同法》约定的与被派遣劳动者解除劳动关系时，除本协议第四项规定的五种情形外，应由甲方按《中华人民共和国劳动合同法》规定支付经济补偿金，在办理解除关系时支付。

六、乙方的权利和义务

1. 乙方应依据法律法规规定，与被派遣劳动者签订劳动合同，认真履行与被派遣劳动者签订的劳动合同的全部义务。
2. 乙方应组织被派遣劳动者进行遵守法律、法规、政府部门相关规定和甲方企业的规章制度安全教育，保守甲方商业秘密，维护甲方的合法权益。
3. 若发生劳动合同项下的劳动争议，由甲方第一时间告知乙方，乙方应直接与被派遣劳动者交涉解决，乙方应采取必要且合法的措施使甲方免受由此可能引发的争议的影响。
4. 在本合同期限内，未经甲方书面同意，乙方不可将其在本协议项下的任何义务转包给另外的人才服务中介机构或公司。否则，由此造成的损失，由乙方承担。
5. 乙方根据甲方的需要派遣劳动者，并配合甲方对被派遣劳动者实施组织管理、岗位调动以及业绩考核，定期对被派遣劳动者进行有效的跟踪和管理。
6. 乙方与被派遣劳动者签订劳动合同起30日内，按国家有关规定为其办理社会保险手续，负责缴纳各项保险费用，按规定标准从其当月工资中扣除各类保险费，并按补充协议约定缴纳其他社会保险费。
7. 乙方负责对被派遣劳动者进行派遣前的政策、法律教育，职业道德培训，提供必要的建议和指导，并如实介绍甲方情况。
8. 乙方根据甲方需要，可对新进劳务人员进行岗前培训，取得岗前培训合格证者方可提供给甲方，培训费用由甲方承担。
9. 乙方根据甲方要求组织被派遣劳动者健康体检（体检项目、体检医院由甲方指定），体检日期不得超过派遣开始之日前一个月，经甲方确认体检合格者方可派遣到甲方。
10. 被派遣劳动者在甲方工作期间因工伤事故造成的伤、残、亡等事故，甲方应在第一时间通知乙方，并进行积极抢救和现场保护，垫付相关医药费，待乙方启动工伤保险机制后一并处理。
11. 乙方向甲方提供的所有有关信息应确保真实有效，由于虚假信息导致甲方的损失，由乙方负责承担。
12. 被派遣劳动者在派遣期间发生工伤、职业病、死亡等事故，乙方按国家有关规定执行。

七、甲方应支付的劳务派遣费用、结算标准及支付时间

1. 劳务费：劳务费结算标准在补充协议中明确。
2. 社会保险费用：包括基本养老保险、医疗保险、失业保险、生育保险和工伤保险等。
3. 服务费：按每人每月×××元计算。
4. 甲方在当月10日前将被派遣劳动者本月的社保费支付给乙方，并将被派遣劳动者上月的工资总额及工资报表、服务费交付给乙方，如遇国家法定节假日或特殊情况，可适当顺延，但最长期限不超过5个工作日，乙方同时出具正式发票给甲方。发票金额应包含被派遣劳动者的工资、奖金、福利、各类保险费、公积金、服务费等所有需甲方承担的费用总额。

八、违约责任

1. 甲、乙双方应按照本协议及补充协议所约定的内容，履行各自的义务。不履行或不完全履行义务视为违约，需承担违约责任，并支付对方违约金。

续表

2. 甲方不按照本协议及补充协议所要求的时间和方式支付所有款项，逾期30天以上的，除按本协议支付费用外，还应按日支付1‰的滞纳金。 3. 在协议有效期内，甲方因体制改革、生产经营发生重大变化或组织结构调整等减少劳务人员时，按国家、省、市有关规定一次性向乙方支付减少人员的经济补偿金，经济补偿金参照《中华人民共和国劳动合同法》标准支付。 九、其他相关事宜 1. 甲乙双方在履行本协议发生争议时，应协商解决，未能达成一致意见时，任何一方可依法提起诉讼。 2. 本协议条款与国家、省、市新颁发的法律、法规和政策规定发生冲突时，以新颁发的法律、法规及政策规定为准。 3. 本协议遇到不可抗拒或政策变化等原因致使协议无法继续履行或双方认为需要修改、补充时，由甲乙双方协商处理。 4. 本协议未尽事宜，经双方协商一致后，可另行签订补充协议，补充协议与本协议不一致处，以补充协议为准。 5. 本协议一式二份，甲、乙双方各执一份，具有同等法律效力，本协议书自双方签字盖章之日起生效。 甲方（盖章）：　　　　　　　　　　　　乙方（盖章）： 法定代表人或委托代理人（签名）：　　　　法定代表人或委托代理人（签名）： 日期：　　年　月　日　　　　　　　　　日期：　　年　月　日

7.2.3 高风险环节分析

通过对用工单位派遣需求咨询服务流程的梳理和分析可以看出，派遣单位与用工单位合作之初即需要防范各类风险。对用工单位而言，高风险环节主要包括了解派遣单位概况、提出派遣用工需求和双方签订劳务派遣协议两大事项；对派遣单位而言，高风险环节主要包括依需求了解、考察用工单位的实情和双方签订劳务派遣协议两大事项。

（1）了解派遣单位概况，提出派遣用工需求

用工单位在向劳务派遣单位提出派遣用工需求时，应注重了解该单位的概况，审查该单位是否具备《劳务派遣行政许可实施办法》规定的合法资格及执行《中华人民共和国劳动法》《中华人民共和国劳动合同法》的情况。详细来说，用工单位重点需审查劳务派遣单位的下列四个方面。

1）派遣单位与劳动者是否签订劳动合同，该合同的内容是否合法。

2）派遣单位对劳动合同的执行情况，避免本单位承担连带责任。

3）派遣单位对派遣员工的工资发放、社保缴纳、工伤事故处理情况。

4）派遣单位的资金状况，确保其赔偿能力。

否则，用工单位会因劳务派遣单位违反法律法规侵犯劳动者合法权益而承担连带责任。

（2）依需求了解、考察用工单位的实情

对用工单位提出的用工需求以及提供的实际工作环境、工作岗位等进行了解，掌握其派遣用工的范围、用工的比例。如果有必要的话，可对用工单位进行实地考察，确保派遣用工的合法合规性，避免因用工单位派遣用工不合规导致派遣业务失败而引发纠纷。

（3）双方签订劳务派遣协议

劳务派遣单位与用工单位的关系为民事法律关系，按《中华人民共和国劳动合同法》等相关规定，双方应当签订劳务派遣协议。在实践中，劳务派遣协议的条款编写水平在很大程度上决定了双方利益能否得到最大程度的保护、法律风险是否降至最低。

除了需要明确《劳务派遣暂行规定》第七条规定的13个项目，还需要在劳务派遣协议中约定下列事项，以避免可能发生的纠纷或风险。具体说明如图7—4所示。

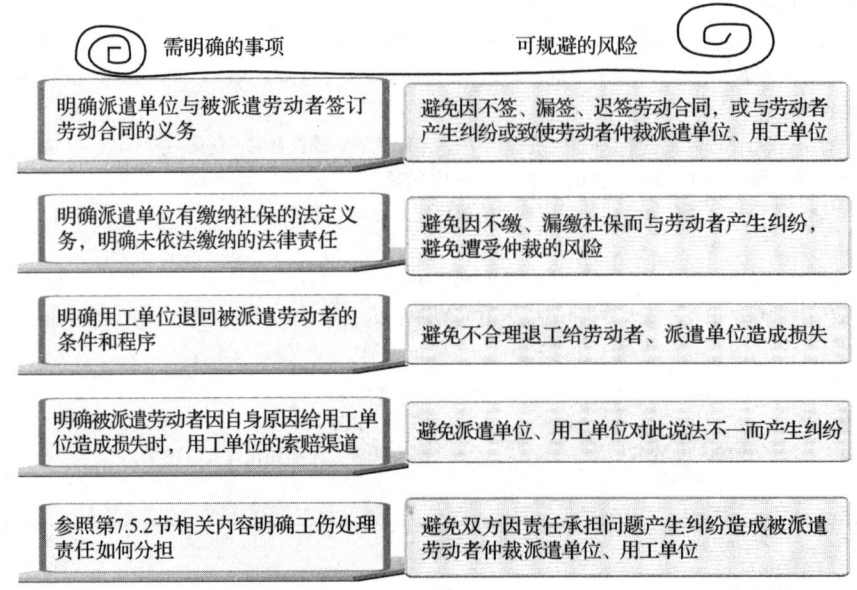

图7—4 劳务派遣协议中需明确的事项及可规避的风险

7.2.4 常见问题的解析

劳务派遣单位在开发客户单位、服务派遣用工需求咨询的过程中，最常遇见的问题包括如何选择用工单位、如何办理劳务派遣手续、如何发放被派遣员工工资、如何办理被派遣员工社会保险、如何解决被派遣员工的工伤等。

（1）如何选择用工单位

深入了解和全面掌握用工单位的实际情况，是做好劳务派遣管理服务工作的前提。当某一用工单位提出劳务派遣服务需求时，详细、全面地了解和准确掌握用工单位的实际情况，是劳务派遣单位的一项重要工作。

诸多形形色色的用工单位，该如何选择以降低本单位的经营风险，也是劳务派遣单位业务人员面临的重要问题之一。

劳务派遣单位及其业务人员一般应了解和掌握用工单位的下列情况，并根据本单位事先制订的"用工单位综合情况评价表"来综合评价，择优选择合适的用工单位，以规避风险。

1）详细了解用工单位采用劳务派遣方式的原因。

2）了解用工单位的企业性质、发展历史、企业文化、经营理念、经营状况、经营规模，产品名称、用途以及产销量。

3）了解用工单位使用被派遣劳动者的期限、所从事的岗位（工种）、技能、工作数量、质量要求。

4）了解用工单位使用被派遣劳动者所执行的工时制度和提供的待遇。

5）了解用工单位的相关配套制度，包括其组织架构、岗位说明书、带薪年休假制度、医疗期管理制度等。

6）了解被派遣劳动者工作场所的职业安全卫生状况和食宿条件等。

经过上述详细调查和了解，掌握用工单位的实际情况，是切实保障用工单位和劳动者合法权益的关键，只有深入了解和掌握用工单位的具体情况，才能为用工单位选派符合要求的员工，才能为用工单位提供既符合劳动人事管理法规规定，又能使用工单位和劳动者满意的规范的劳务派遣管理和服务。

（2）如何办理劳务派遣手续

劳务派遣手续简便，劳务派遣单位需与用工单位签订劳务派遣协议，根据用工单位派遣用工的需求（人员可以由用工单位自行招聘，也可通过本派遣单位招聘），确定被派遣员工的名单后，由劳务派遣单位办理用工手续。办理派遣手续具体程序如下：

1）劳务派遣单位与用工单位签订劳务派遣协议。在双方遵守《中华人民共和国劳动法》的前提下，按《中华人民共和国合同法》明确劳务派遣合同双方的责任义务。

2）劳务派遣单位与被派遣员工签订劳动合同，注明所要派遣到的企业名称及岗位。

3）用工单位与被派遣员工签订上岗协议，明确双方的劳务关系及所从事工作岗位职责的具体要求。

（3）如何发放被派遣员工的工资

一般，劳务派遣单位与用工单位会在劳务派遣协议中约定好被派遣员工的工资如何发放的问题。用工单位按月管理和考核被派遣员工的情况，确定其应得工资、加班费，应缴的各项社会保险费、个人所得税、住房公积金等，每月底划拨到劳务派遣单位的财务账上，劳务派遣单位代发全部被派遣员工的工资、代扣个人所得税、代扣社会保险费及住房公积金。

（4）如何办理被派遣员工社会保险

被派遣员工的社会保险由劳务派遣单位申缴、相关费用由用工单位承担，需要双方在劳务派遣协议中做好约定。一般来说，劳务派遣单位根据用工单位提出的被派遣员工的工资基数，办理社会保险的项目。

1）每月28日前，用工单位支付次月社会保险所需费用。

2）劳务派遣单位为被派遣员工代缴各项社会保险费用。

3）劳务派遣单位根据被派遣员工每月增减情况变化，及时办理人员调入、调出社会保险的转移手续。

4）被派遣员工符合享受养老、医疗、失业、工伤应享受的待遇时，劳务派遣单位负责办理各项费用的报销手续。

5）劳务派遣单位根据用工单位的要求为被派遣员工办理住房公积金的申缴、代缴手续。

6）劳务派遣单位负责向用工单位提供各项社会保险的政策咨询及各项社会保险新出台政策的宣传。

（5）如何解决被派遣员工的工伤问题

如何解决被派遣员工在工作岗位受伤的问题，劳务派遣单位应与用工单位在洽谈时，明确双方的权利和义务，并于劳务派遣协议中明确规定。

1）用工单位负责工作场地、设施及环境的安全管理，提供必要的劳动保护条件。

2）劳务派遣单位有责任定期查看被派遣员工的工作场地安全设施，向用工单位提出用工安全建议，以保证被派遣员工的劳动安全，避免发生工伤事故。

3）被派遣员工因工受伤时，劳务派遣单位负责处理工伤鉴定与理赔事宜；用工单位有义务第一时间通知劳务派遣单位，并做好工伤现场的保护，以便工伤调查取证。

（6）用工单位需承担哪些费用

用工单位需要承担的费用项目包括被派遣员工工资、各项社会保险费、员工加班费、员工福利费、工会会费、劳务派遣业务服务费及相关税金。

（7）是否可以随意辞退被派遣员工

采取劳务派遣用工方式，对发生的劳资纠纷，可以采取一些合理合法的手段以减少用工单位的经济损失，减轻用工单位承担的责任和风险，但不等于用工单位因此可以随意、无故辞退所用的派遣员工。

劳务派遣协议中需要明确地规定用工单位在什么情况下可以退工而不支付经济补偿金，在什么情况下退工需要支付经济补偿金，避免后期劳务派遣单位与用工单位发生劳务纠纷。

（8）如何支付工伤、生育、医疗期待遇

关于被派遣员工的工伤、生育、医疗期的待遇问题，劳务派遣单位应与用工单位事先洽谈、协商，并以条文形式在劳务派遣协议中明确规定，以避免发生相应的情形时出现争议或纠纷。

（9）如何确定劳务派遣时间长短

劳务派遣时间长短均按用工单位的实际需要来确定，一般以中期（三年以内）、短期（一年期）和临时（半年以内）为适宜。

7.3 劳务派遣劳动合同解除或终止业务流程与规范

7.3.1 劳务派遣劳动合同解除或终止业务流程图示范（见图7—5）

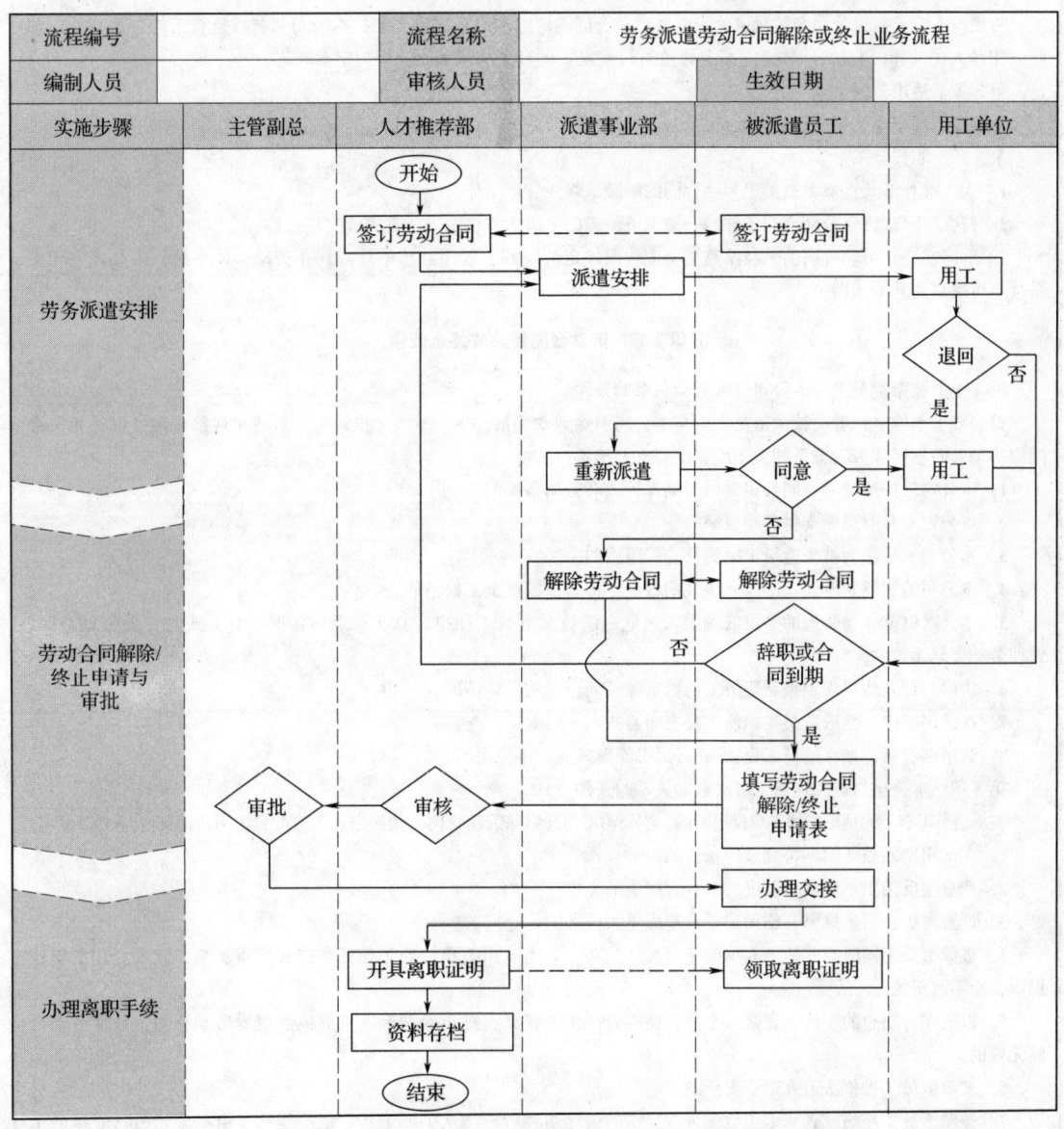

图7—5 劳务派遣劳动合同解除或终止业务流程图示范

7.3.2 劳务派遣劳动合同解除或终止业务规范的编制（见表7—6）

表7—6　　　　　　　劳务派遣劳动合同解除或终止业务规范

制度名称	劳务派遣劳动合同解除或终止业务规范	编制部门	
		执行部门	

第1章　总　　则

第1条　目的

为规范本劳务派遣公司与被派遣员工之间劳动合同的解除或终止事项，维护本公司和被派遣员工的合法权益，参照《中华人民共和国劳动合同法》《劳务派遣暂行规定》的有关法律条款，特制定本规范。

第2条　适用范围

本制度适用于本公司所有被派遣员工。

第3条　职责分工

1. 人才推荐部负责被派遣员工劳动合同的解除或终止管理工作。
2. 符合解除或终止劳动合同条件的，被派遣员工的上级主管负责安排其完成交接工作。
3. 解除或终止劳动合同前，被派遣员工应按照规定的时间、程序办理解除或终止劳动合同手续，未办理完相关手续不得擅自离开原来岗位。

第2章　劳动合同解除或终止条件

第4条　被派遣员工与本公司解除劳动关系的条件

符合以下条件之一者，被派遣员工可与本公司解除劳动关系，本公司人才推荐、派遣事业部、财务部等相关部门应协助其办理解除劳动关系相关手续，不得互相推诿。

1. 本公司未按照劳动合同约定提供劳动保护或者劳动条件的。
2. 本公司未及时足额支付劳动报酬的。
3. 本公司未依法为被派遣员工缴纳社会保险费的。
4. 本公司的规章制度违反法律、法规的规定，损害被派遣员工权益的。
5. 本公司以欺诈、胁迫的手段或者乘人之危，使被派遣员工在违背真实意思的情况下订立或者变更劳动合同，致使劳动合同无效的。
6. 法律、行政法规规定被派遣员工可以解除劳动合同的其他情形。
7. 在试用期内，被派遣员工提前3日书面通知本公司的。
8. 试用期过后，被派遣员工提前30日以书面形式通知本公司的。

第5条　本公司与被派遣员工解除劳动关系的条件

被派遣员工有下列情形遭用工单位退回的，本公司可与其解除劳动合同，被派遣员工应配合人力资源部办理交接事项。

1. 在试用期间被证明不符合录用条件的。
2. 严重违反用工单位规章制度的，且有确凿的证据。
3. 严重失职，营私舞弊，给用工单位造成重大损害的。
4. 被派遣员工同时与其他用人单位建立劳动关系，对完成用工单位的工作任务造成严重影响，或者经用工单位提出，拒不改正的。
5. 以欺诈、胁迫的手段或乘人之危，使本公司在违背真实意思的情况下订立或者变更劳动合同，致使劳动合同无效的。
6. 被派遣员工被依法追究刑事责任的。
7. 被派遣员工患病或者非因工负伤，在规定的医疗期满后不能从事原工作，也不能从事由本公司另行安排的工作；或被派遣员工不能胜任工作，经过培训或者调整工作岗位，仍不能胜任工作的，本公司提前30日以书面形式通知

续表

制度名称	劳务派遣劳动合同解除或终止业务规范	编制部门	
		执行部门	

被派遣员工本人或者额外支付被派遣员工一个月工资的。

第6条 其他情形条件

除上述第4条、第5条规定的情形外，本公司应在与被派遣员工协商一致的基础上，根据协商结果解除劳动关系。

第7条 劳动合同终止条件

本公司被依法宣告破产、吊销营业执照、责令关闭、撤销、决定提前解散或者经营期限届满不再继续经营的，本公司与被派遣员工的劳动合同终止。劳动合同终止后，本公司也应与用工单位、被派遣员工本人共同商议、确定被派遣员工的妥善安置办法。

第3章 劳动合同解除或终止程序

第8条 填写"劳动合同解除/终止申请表"

符合劳动合同解除或终止条件的，被派遣员工应填写"劳动合同解除/终止申请表"，报派遣事业部审批。

第9条 劳动合同解除或终止面谈

收到被派遣员工填写的"劳动合同解除/终止申请表"后，派遣事业部、法务部应及时与被派遣员工进行面谈，尽快达成一致协议，避免劳务纠纷。

第10条 进行移交

1. 本公司与被派遣员工双方达成一致协议后，被派遣员工还应与用工单位将本人经办的各种工作、保管的各类工作资料、合同等移交给该单位所指定的交接人员，并在"工作交接单"上签字。交接人应在充分了解相关事项的基础上，在"工作交接单"上签字。

2. 被派遣员工应将就职期间所有领用的物品，如本公司配置的通信工具、考勤卡、办公室钥匙、借阅的资料、移动存储工具等进行移交。

3. 被派遣员工应将经手的各类项目或业务账款、公司个人借款等款项移交本公司财务部。本公司财务部应为其尽快办理好工资、奖金等的结算工作。

第11条 离职证明出具

交接手续办理完后，人力资源部方可为被派遣员工出具离职证明。

第4章 附则

第12条 本规范如与国家有关法律法规相抵触，以国家法律法规为准。

第13条 国家法律法规涉及本规范有关事项的条款修订时，本规范也进行修订。

第14条 本规范经总经理审批通过后，自＿＿＿年＿＿月＿＿日起实施。

编制日期		审核日期		批准日期	
修改标记		修改处数量		修改日期	

7.3.3 高风险环节分析

在劳务派遣业务中，劳动合同的解除或终止程序存在着诸多风险，易造成劳务派遣单位业务上的被动和经济方面的损失。从导致这些风险的主体来说，劳动合同解除或终止风险可以分为被派遣员工解除或终止劳动合同带来的风险及劳务派遣单位解除或终止劳动合同的操作风险。

(1) 被派遣员工解除或终止劳动合同带来的风险

被派遣员工主动解除或终止劳动合同，对劳务派遣单位来说，一是会造成用工单位的工作断档、使其对本派遣单位的服务不满意,二是还会带来一些难以预料的内部风险。具体风险表现及劳务派遣单位应采取的防范措施见表7—7。

表7—7　　　　　被派遣员工解除或终止劳动合同带来的风险及防范措施

风险类别	风险说明	风险防范措施
工作绩效降低	工作未交接或交接不全,导致后续接手人员无法顺利开展工作	对解除或终止劳务派遣合同的程序和工作交接做事先约定,并明确违约责任
商业秘密泄露	被派遣员工掌握着本劳务派遣单位或用工单位的商业秘密	加强商业保密措施,签订竞业限制协议
形象信用损失	被派遣员工若处在派遣期,其任意中断派遣项目必然会损害劳务派遣单位形象及信用	规范自身用人行为,并明确本单位劳动合同解除或终止的程序及要求,说明违法解除劳动合同的法律后果
客户单位流失	因被派遣员工离职造成客户不满意而发生客户流失现象	与客户单位沟通,取得客户单位相关负责人的谅解及信任;为客户单位及时推荐合适的被派遣员工,并酌情给予优惠
支付经济补偿金	1. 劳务派遣单位存在过错,迫使劳动者辞职的 2. 被吊销营业执照、责令关闭、撤销或决定提前解散的	规范自身用人行为,并时刻关注法律变化,改变管理观念,规范离职手续办理,依法支付经济补偿金

(2)劳务派遣单位解除或终止劳动合同的风险

不论被派遣员工是否存在过错,劳务派遣单位解除或终止劳动合同都极易发生劳动争议,甚至出现被索赔、吵架等情况以及自杀等恶性事件,对本单位的正常运营产生恶劣影响。劳务派遣单位解除或终止劳动合同时应慎之又慎,应在证据充足或合理合法的前提下,方可解除或终止劳动合同。具体来说,劳务派遣单位在解除或终止劳动合同方面会隐存如下风险。

1)在下列三种情况下,若劳务派遣单位与被退回的员工解除劳动合同,均属于违法行为,存在风险。

①根据《劳务派遣暂行规定》第十四条、第十六条规定,被派遣员工被用工单位退回,劳务派遣单位立即与其解除劳动合同;

②以劳务派遣员工不同意降低劳动合同约定条件重新派遣为由而与其解除劳动合同;

③在《劳务派遣暂行规定》第十七条规定的情形下,与被派遣员工解除或者终止劳动合同但未支付经济补偿的。

在上述三种情况下,若被派遣员工因此提出仲裁或诉讼申请,劳务派遣单位一般均会败诉,不仅需承担经济补偿金、赔偿金,还会对本单位的日常运营、企业形象等造成重大损失。

2)非过错性解除劳动合同风险。被派遣员工并无重大过错,只是不能胜任工作或客观情况发生重大变化,劳务派遣单位未提前30日以书面形式通知被派遣员工本人或者未额外支付其一个月工资就与其解除劳动合同,存在法律风险,极易引发劳务纠纷。

3)劳动合同终止风险。根据《劳务派遣暂行规定》第十六条规定,劳务派遣单位被依法宣告破产、吊销营业执照、责令关闭、撤销、决定提前解散或者经营期限届满不再继续经营的,方可终止劳动合同。若劳务派遣单位不符合劳动合同终止条件即终止劳动合同,或虽劳动合同终止合法但并未依法支付经济补偿金的,都属于违法行为,存在法律风险。

7.3.4 常见问题的解析

劳务派遣单位在与被派遣员工解除或终止劳动合同时,经常遇到的两大难题是举证不足及经济补偿金计算不合规、不准确。

(1)举证不足的问题

如果被派遣员工在试用期不符合录用条件,劳务派遣单位必须协同用工单位在试用期届满前举证,方可解除或终止劳动合同。逾期,劳务派遣单位不得以"不符合录用条件""不合格"等理由与被派遣员工解除劳动合同。

劳务派遣单位检查自身规章制度是否健全和规范,生效程序是否履行完备,如规章制度的生效需经职代会或职工大会确认的,应履行报告程序并明确告知被派遣员工本人。

对于何为"严重违纪"中的严重、重大损害的"重大",劳务派遣单位可以与被派遣员工进行约定,具体可采用列举式、数量式、类比式、综合式等多种方式。

(2)经济补偿金的计算不合规、不准确问题

劳务派遣中的经济补偿金是指劳务派遣单位与被派遣员工解除劳动合同时,给予被派遣员工的经济补偿。为规避经济补偿金的计算不合规、不准确问题,劳务派遣单位应掌握如下两大要点:

1)经济补偿金的支付情形。参照《中华人民共和国劳动合同法》《劳务派遣暂行规定》的有关条款,劳务派遣中经济补偿金的支付情形见表7—8。

表7—8   经济补偿金的支付情形

支付情形	具体支付情形
一般解除劳动合同	1. 被派遣员工依照《中华人民共和国劳动合同法》第三十八条规定解除劳动合同的 2. 劳务派遣单位向被派遣员工提出解除劳动合同并与被派遣员工协商一致解除劳动合同的 3. 劳务派遣单位依照《中华人民共和国劳动合同法》第四十条规定解除劳动合同的 4. 法律、行政法规规定的其他情形
退回解除劳动合同	1. 被派遣劳动者因《劳务派遣暂行规定》第十二条规定被用工单位退回,劳务派遣单位重新派遣时维持或者提高劳动合同约定条件,被派遣劳动者不同意的,劳务派遣单位解除劳动合同 2. 被派遣劳动者因《劳务派遣暂行规定》第十二条规定被用工单位退回,劳务派遣单位重新派遣时降低劳动合同约定条件,被派遣劳动者提出解除劳动合同
劳动合同终止	1. 劳动合同期满终止固定期限劳动合同的(除用人单位维持或者提高劳动合同约定条件续订劳动合同,劳动者不同意续订的情形外) 2. 劳务派遣单位被依法宣告破产、吊销营业执照、责令关闭、撤销、决定提前解散或者经营期限届满不再继续经营,终止劳动合同的

2)经济补偿金计算标准。为防止经济补偿金计算不准确带来的劳务纠纷,劳务派遣单位可参照表7—9所示的标准进行计算。

表 7—9　　　　　　　　　　　经济补偿金的计算标准

在本单位工作年限	经济补偿金计算标准
年限 <6 个月	支付半个月工资
6 个月 ≤ 年限 <1 年	支付 1 个月工资
1 年 ≤ 年限	每满一年支付一个月工资
备注	◎ 工资高于公司所在直辖市、设区的市级人民政府公布的本地区上年度职工月平均工资 3 倍的，支付经济补偿的标准按职工月平均工资 3 倍的数额支付 ◎ 最多不超过本人的 12 个月工资

7.4 劳务派遣争议处理业务流程与规范

7.4.1 劳务派遣争议处理业务流程图示范（见图7—6）

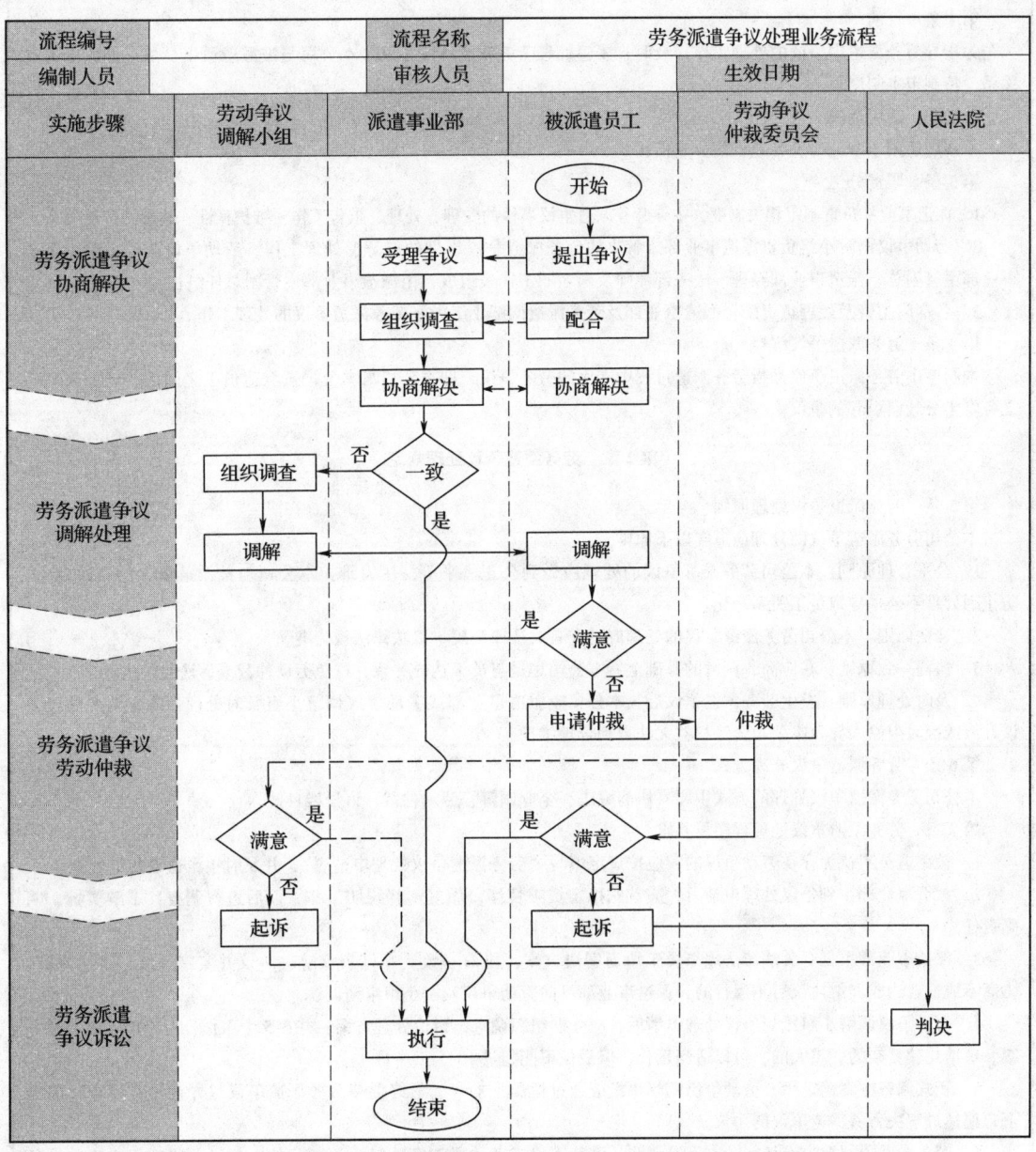

图7—6 劳务派遣争议处理业务流程图示范

7.4.2 劳务派遣争议处理业务规范的编制（见表7—10）

表7—10　　　　　　　　　　劳务派遣争议处理业务规范

制度名称	劳务派遣争议处理业务规范	编制部门	
		执行部门	

第1章　总　　则

第1条　目的
为指导劳务派遣中争议的处理工作，及时、妥善处理劳务派遣争议，保持本公司与被派遣员工良好、健康的劳动关系，特制定本制度。

第2条　适用范围
本制度适用于本公司及各地区的分支机构。

第3条　职责分工
1. 派遣事业部负责制定相关制度，主导劳务派遣争议事件的受理、处理、报告工作，维护良性、健康的劳动关系。
2. 劳动争议调解小组负责派遣事业部未解决的劳务派遣争议事件的调解、处理工作。劳动争议调解小组由派遣事业部主管副总、派遣事业部经理、法务部律师及两名职工代表组成，由派遣事业部主管副总任组长。
3. 各部门主管及经理负责配合派遣事业部及劳务派遣调解小组做好劳务派遣争议的处理工作。

第4条　劳务派遣争议解释
本制度中劳务派遣争议是指劳务派遣过程中产生的劳务争议，即本公司与本公司被派遣员工之间因劳动的权利与义务发生分歧而引起的争议。

第2章　劳务派遣争议处理规定

第5条　劳务派遣争议处理原则
本公司劳务派遣争议的处理应遵守以下原则。
1. 公平合理原则：本公司劳务派遣争议的处理应做到公正、平等，尽力维护本公司与被派遣员工的合法利益，防止因处理不公平导致员工关系恶化。
2. 合法原则：本公司劳务派遣争议的处理应遵守有关法律法规，以法律法规为准绳。
3. 协商一致原则：在协商、调解的基础上，本公司尽量与员工达成一致，避免劳动仲裁或诉讼的发生。
4. 及时处理原则：发生劳务派遣争议后，本公司应派遣事业部或劳动争议调解小组及时处理，防止劳务派遣争议升级或因时限原因导致本公司合法权益无法得到合理维护。

第6条　劳务派遣争议处理方式
本公司劳务派遣争议处理的方式主要有协商解决、企业调解、劳动仲裁、诉讼四种。

第7条　劳务派遣争议处理程序及要求
1. 被派遣员工认为存在劳动争议的，应按规定填写"劳务派遣争议处理申请表"，并及时报派遣事业部处理。
2. 派遣事业部接到争议处理申请后，应首先稳定员工情绪，做好解释说明工作，而后进行调查、了解实情、明确责任。
3. 派遣事业部根据有关法律法规与员工协商解决方案，协商一致后签订争议解决协议并实施。员工不愿协商、协商不成或者达成和解协议后不履行的，派遣事业部可向劳动争议调解小组申请调解。
4. 劳动争议调解小组接到争议处理申请后，应立即组织调查，讨论处理方案，并在5个工作日内给出正式调解方案。事情比较复杂的、重大的，可以适当延长，但最长不能超过10个工作日。
5. 正式调解方案确定后，劳动争议调解小组应通过说服、劝导，最终促使劳务派遣争议双方在相互让步的前提下自愿达成解决劳务派遣争议的协议。
6. 劳务派遣争议双方有任何一方不愿调解、调解不成或者达成调解协议后不履行的，都可向劳动争议仲裁委员会申请仲裁。

续表

制度名称	劳务派遣争议处理业务规范	编制部门	
		执行部门	

7. 对仲裁裁决不服的，除以下情况外，本公司可向人民法院提起诉讼。
（1）追索劳动报酬、工伤医疗费、经济补偿或者赔偿金，不超过当地月最低工资标准十二个月金额的争议。
（2）因执行国家的劳动标准在工作时间、休息休假、社会保险等方面发生的争议。

第3章 劳务派遣争议处罚规定

第8条 处罚权的归属
劳务派遣争议的处罚权归劳动争议调解小组所有。
第9条 处罚规定
1. 所属部门或分支机构一年内发生三起（含）以上劳务派遣争议者，部门主管领导应负领导责任，公司将给予适当处罚。所属部门或分支机构一年内因劳动争议出现罢工、劳动争议仲裁或诉讼的，公司将根据情节轻重给予直接责任人及其上级领导降级以上处罚，同时每出现一次扣减当月考核分10分。
2. 发生劳务派遣争议后，员工所属部门或分支机构未向人力资源部征求意见即擅自行动，以致劳动关系恶化，出现打斗、罢工等恶劣影响事件，本公司将视情节轻重给予直接责任人经济处罚。

第4章 附 则

第10条 本制度的最终解释权归本公司派遣事业部。
第11条 本制度自＿＿＿年＿＿月＿＿日起实施。

编制日期		审核日期		批准日期	
修改标记		修改处数量		修改日期	

7.4.3 高风险环节分析

在劳务派遣过程中，经常会在劳务派遣单位与被派遣员工、劳务派遣单位与用工单位、用工单位与被派遣员工之间产生相关争议。因为劳务派遣业务涉及三方关系，其职责权属比一般的劳动关系更加复杂，所以劳务派遣单位在处理劳务派遣纠纷时更应该小心、谨慎、合法。对于劳务派遣单位来说，劳务派遣争议风险主要存在协商解决、调解两大环节中。

（1）协商解决环节存在的风险

协商解决，主要指发生劳务派遣争议后，劳务派遣单位与被派遣员工就争议有关的问题进行协商，在自愿、互谅的基础上达成和解协议，快速、简洁地解决争议。协商解决既可快速、妥善地解决争议，又可继续保持劳务派遣单位与被派遣员工的良好关系，因此，在日常工作中大多数的劳务派遣争议都是通过协商解决的。

协商解决劳务派遣纠纷过程中，最易在劳务派遣争议解决协议的拟订和履行过程中产生风险，具体如图7—7所示。

（2）调解环节存在的风险

劳务派遣争议的调解，是指劳务派遣单位与被派遣员工自愿由第三方进行居间调解，在查明事实、分清责任、互谅互让的基础上，达成和解、解决争议的办法。一般来说，我国劳务派遣争议调解组织包括企业劳动争议调解委员会、依法设立的基层人民调解组织、在乡镇或街道设立的具有劳动争议调解职能的组织三种。

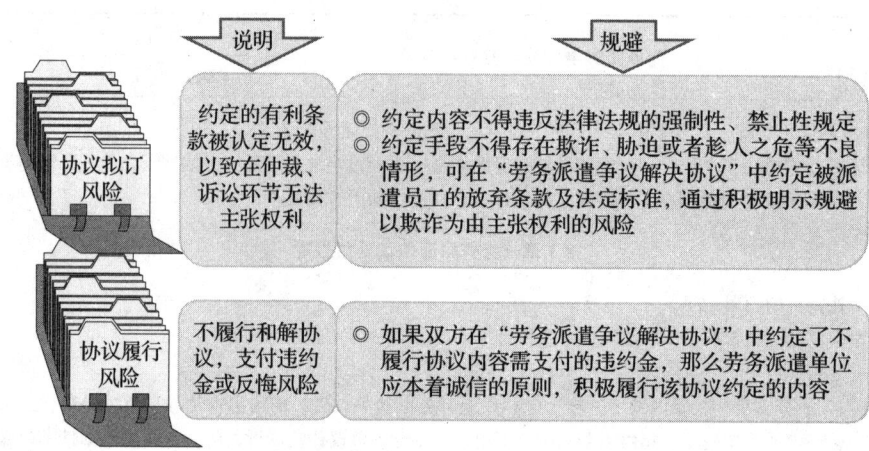

图 7—7 协商解决环节存在的两大风险

经调解达成协议,劳务派遣单位与被派遣员工应签订调解协议书。但是,需要劳务派遣单位注意的是,调解协议书不一定具有强制力,这就使调解结果的执行也存在一定的风险,如一方不履行等。为提高调解协议书的强制执行力,劳务派遣单位应与被派遣员工一起在调解协议书生效之日起 30 日内向人民法院申请司法确认。

7.4.4 常见问题的解析

在处理劳务派遣争议过程中,劳务派遣单位往往因不了解有关法律法规或缺乏实际处理经验而产生一系列问题,包括劳动争议调解委员会不规范、劳务派遣争议处理范围不明确、忽略有利证据的准备工作、忽略劳务派遣争议仲裁的时限等。

(1) 劳动争议调解委员会不规范

根据《中华人民共和国劳动争议调解仲裁法》第十条规定,企业劳动争议调解委员会应由职工代表和企业代表组成。职工代表由工会成员担任或者由全体职工推举产生,企业代表由企业负责人指定。企业劳动争议调解委员会主任由工会成员或者双方推举的人员担任。

(2) 劳务派遣争议处理范围不明确

根据《中华人民共和国劳动争议调解仲裁法》第二条规定,劳务派遣争议处理的范围如图 7—8 所示。

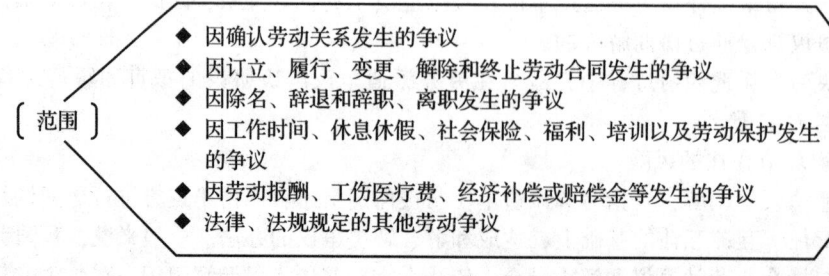

图 7—8 劳务派遣争议处理的范围

(3) 忽略有利证据的准备工作

劳务派遣争议若协商、调解不成功，则有可能形成仲裁、诉讼案件。在仲裁、诉讼过程中，劳务派遣单位如果不能提交合法、有利的证据，将很难主张自己的合法权利。

劳务派遣争议的证据往往难以马上收集齐全，因此在日常工作中，劳务派遣单位需规范本单位的管理行为，对各种资料及时进行收集和保管，建立规整、齐全的档案。常见证据包括物证、视听资料、电子数据、证人证言、当事人陈述、鉴定意见、勘验笔录等。

(4) 忽略劳务派遣争议仲裁的时限

劳务派遣争议申请仲裁的时效期间从当事人知道或者应当知道其权利被侵害之日起计算，时效期间为一年。如果超过了仲裁时限，即使被派遣员工侵权，劳务派遣单位也很难维护自己的合法权益。因此，劳务派遣单位应控制好协商、调解的时间，确保需要申请仲裁的须在规定时限内申请。

7.5 被派遣员工工伤事故处理及管理业务流程与规范

7.5.1 被派遣员工工伤事故处理及管理业务流程图示范（见图7—9）

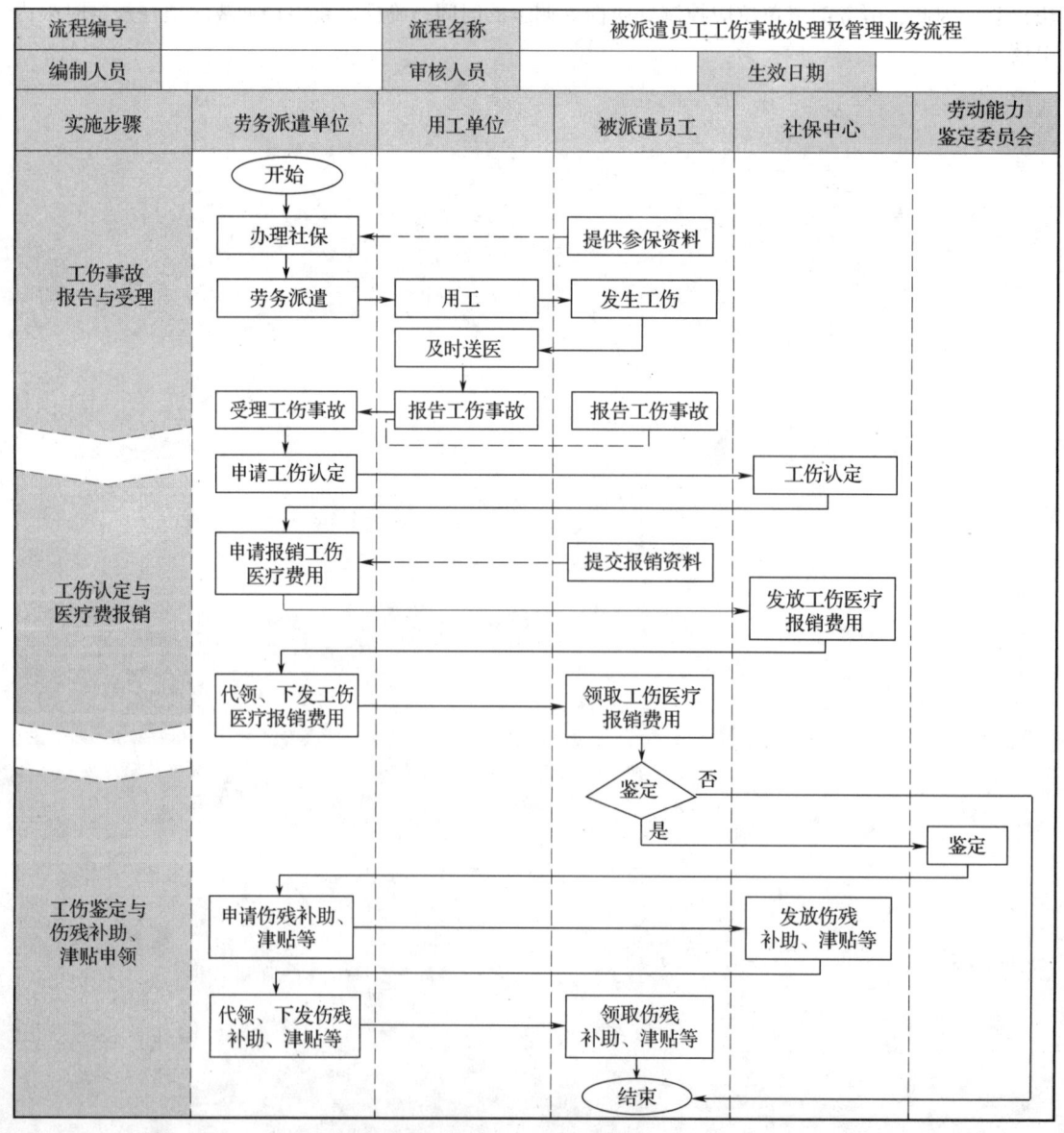

图7—9 被派遣员工工伤事故处理及管理业务流程图示范

7.5.2 被派遣员工工伤事故处理及管理业务规范的编制（见表7—11）

表7—11　　　　　　　　被派遣员工工伤事故处理及管理业务规范

制度名称	被派遣员工工伤事故处理及管理业务规范	编制部门	
		执行部门	

第1条　目的

为规范本公司被派遣员工工伤事故的报告、处理及管理事项，保障因工作遭受事故伤害或者患职业病的被派遣员工及时获得医疗救治和经济补偿，降低公司经营风险，根据有关法律法规，特制定本规定。

第2条　适用范围

本规范适用于本公司全体被派遣员工在用工单位工作时遭受工伤时的各项处理。

第3条　职责分工

1. 本公司负责为遭受事故伤害的被派遣员工申请工伤认定及劳动能力鉴定，协助有关部门做好工伤认定调查核实工作，并督促用工单位一起为被派遣员工提供职业病诊断、鉴定所需的材料。

2. 用工单位负责工伤员工的及时送医，协助工伤认定的调查核实工作，如实提供职业病诊断、鉴定所需的劳动者职业史和职业危害接触史、工作场所职业病危害因素检测结果等资料。

3. 工伤员工应及时向公司人力资源部报告受伤及医治情况；配合有关部门做好工伤认定工作；需进行劳动能力鉴定的在工伤医疗期满或在工伤医疗期内治愈、伤情稳定后，及时进行劳动能力鉴定，评定伤残等级。

第4条　工伤事故处理程序

1. 被派遣员工出现工伤事故后，用工单位应第一时间将其送到医院给予急救，同时工伤员工或用工单位应在12小时内通知本公司人力资源部。

2. 收到工伤事故报告时，本公司应指派专人前往事故现场进行调查，并对工伤员工进行慰问，做好详细记录和工伤现场的拍照工作。

3. 本公司应当自事故伤害发生之日起30日内，向工伤员工社保缴纳所在地的人力资源社会保障部门提出工伤认定申请。需进行职业病诊断、鉴定的，本公司应配合用工单位做好有关资料的收集、提供工作。

4. 工伤认定后，本公司负责申报工伤医疗费用报销。需进行劳动能力鉴定的，本公司还应根据鉴定结果代工伤员工申领一次性伤残补助金、伤残津贴等。

5. 本公司应及时做好被派遣员工工伤医疗报销费用、一次性伤残补助金、伤残津贴等查询工作，相关资金发放到公司账后，及时通知工伤员工或其家属领取。

第5条　工伤待遇规定

1. 治疗工伤所需费用符合工伤保险诊疗项目目录、工伤保险药品目录、工伤保险住院服务标准的，由本公司代向工伤保险基金申请支付。

2. 工伤员工住院治疗期间的伙食补助费，符合相关规定在外地就医发生的交通、食宿费用，以及符合规定的工伤康复费用，由本公司代向工伤保险基金申请支付。

3. 工伤员工在治疗期间，本公司依据原工资福利待遇按月向其支付工资。生活不能自理的工伤员工在停工留薪期需要护理的，本公司视情况安排人员照顾；若未安排人员照顾，本公司按_____元/天的标准支付护理费用。

4. 工伤员工评定伤残等级后，本公司停发工伤员工的工资福利及护理费用，并根据其伤残等级代其申领一次性伤残补助金、伤残津贴、一次性工伤医疗补助金等，支付一次性伤残就业补助金。

5. 工伤员工的首次医疗费用及医疗期间发生的较大医疗费用可向公司申请垫付，待工伤医疗费用报销后，公司与工伤员工进行结算。

6. 工伤员工治疗期间凭医院证明办理休假手续，出院后休息，由医院出具证明，报本公司派遣事业部经理审核、总经理批准后方可休假。

7. 其他工伤待遇按国家规定执行或通过双方协商解决，协商达不成一致的，可进行调解、仲裁、诉讼。

续表

制度名称	被派遣员工工伤事故处理及管理业务规范	编制部门	
		执行部门	

第6条　工伤事故管理规定

1. 本公司必须按规定参加工伤保险，为所有被派遣员工缴纳工伤保险费，并可酌情为其购买补充工伤保险。
2. 员工治疗工伤应当在签订服务协议的医疗机构就医，未经公司允许，不得擅自转院医治；情况紧急时可以先到就近的医疗机构急救。
3. 工伤员工在治疗期间，应与派遣事业部保持联系，定期向派遣事业部报告病情的治疗及康复情况。
4. 病历卡、出院小结、医疗发票、拍片资料、医院休假证明等资料，工伤员工必须认真保管，医疗终结后，以上资料均应全部上交本公司。
5. 被派遣员工有下列情形之一的，不得认定为工伤或者视同工伤：故意犯罪的、醉酒或者吸毒的、自残或者自杀的。
6. 工伤员工有下列情形之一的，停止享受工伤保险待遇：丧失享受待遇条件的、拒不接受劳动能力鉴定的、拒绝治疗的。
7. 工伤员工或其近亲属骗取工伤保险待遇，本公司将严肃处罚，并上报社会保险行政部门处理。

第7条　本规定由公司派遣事业部负责制定、解释及修订。

第8条　本规定自＿＿＿＿年＿＿＿月＿＿＿日生效，此前相关规定作废。

编制日期		审核日期		批准日期	
修改标记		修改处数量		修改日期	

7.5.3　高风险环节分析

被派遣员工若发生工伤事故，劳务派遣单位可能面临巨额赔偿、对簿公堂、形象受损等风险。在处理及管理被派遣员工工伤事故中，劳务派遣单位应重点关注下列两大风险。

（1）未缴纳工伤保险带来的风险

有的劳务派遣单位或心存侥幸或为节省成本，并未给每名被派遣员工缴纳工伤保险。根据《工伤保险条例》第六十二条规定，依照本条例规定应当参加工伤保险而未参加工伤保险的用人单位职工发生工伤的，由该用人单位按照本条例规定的工伤保险待遇项目和标准支付费用。因此，一旦被派遣员工发生工伤，劳务派遣单位不能报销工伤医疗费用，就需自己支付全部、巨额的费用，即面临巨大的资金风险。

所以，劳务派遣单位应当严肃地认识到：为被派遣员工缴纳工伤保险是本单位的义务及责任，以合理地降低自身风险。如果出现被派遣员工未缴纳工伤保险发生工伤的，劳务派遣单位需及时为其补缴应当缴纳的工伤保险费、滞纳金，然后对新发生的费用申请报销，以降低劳务派遣单位后续费用支付成本。

（2）承担工伤保险责任带来的风险

根据《劳务派遣暂行规定》第十条规定，劳务派遣单位承担工伤保险责任。这就在法律上确定了被派遣劳动者发生工伤后可以向劳务派遣单位主张赔偿的权利。

劳务派遣单位必须认识到承担工伤保险责任是本单位不可逃避的责任。如果因劳务派遣单位未及时办理工伤报销而承担未办理期间的医疗等费用，或者工伤报销后工伤员工仍要求劳务派遣单位赔偿，劳务派遣单位将面临巨大的赔偿风险，如果这种赔偿数额巨大，会损伤劳务派遣单位的经济效益,甚至给整个单位的正常运营造成困难。

劳务派遣单位承担工伤保险责任是不可规避的,但因此产生的赔偿额度是可以控制或减少的。具体思路如下:

1)劳务派遣单位与用工单位在劳务派遣协议中约定被派遣员工发生工伤事故后的补偿办法。

2)劳务派遣单位为被派遣员工购买补充商业保险,以便被派遣员工出现工伤后,除可向工伤保险基金申请报销,也可向保险公司申请报销。

3)劳务派遣单位为工伤员工积极办理工伤认定、工伤医疗费用报销、劳动能力鉴定等,确保相关工作符合办理时限要求,防止报销超时,相关费用由本单位承担的风险发生,充分发挥工伤保险的保障作用。

7.5.4 常见问题的解析

劳务派遣单位在处理工伤事故的实践中,工伤认定手续或者职业病诊断、鉴定手续由谁办理,什么样的情形下可认定或视同为工伤等为劳务派遣单位最常见的问题。

(1)工伤认定手续或者职业病诊断、鉴定手续由谁办理

劳务派遣的一大特点就是用人单位与用工单位分离,在这种情况下,被派遣员工如在工作中发生工伤或者罹患职业病,会面临一个很重要的问题——工伤认定手续或者职业病诊断、鉴定手续到底由谁来办理。

2014年发布的《劳务派遣暂行规定》明确地解决了这一问题。根据《劳务派遣暂行规定》第十条规定,劳务派遣单位、用工单位在工伤认定以及职业病诊断、鉴定过程中的角色分工以及各自的职责义务见表7—12。

表7—12 角色分工及职责义务

责任主体	工伤认定	职业病诊断、鉴定
劳务派遣单位	主导地位,依法申请工伤认定	提供被派遣劳动者职业病诊断、鉴定所需的其他材料
用工单位	协助工伤认定的调查核实工作	主导地位,负责处理职业病诊断、鉴定事宜,并如实提供职业病诊断、鉴定所需的劳动者职业史和职业危害接触史、工作场所职业病危害因素检测结果等资料

(2)什么样的情形下可认定或视同为工伤

实践中工伤认定的情形比较复杂,劳务派遣单位社会保险工作人员应对复杂情形工伤的认定有所了解,合理区分工伤与非工伤,合法开展工伤事故处理工作。

1)上下班途中工伤的认定。《工伤保险条例》规定在上下班途中,受到非本人主要责任的交通事故或者城市轨道交通、客运轮渡、火车事故伤害的,应当认定为工伤。由此可见,上下班途中工伤认定有两大限定:一是发生交通事故;二是认定者为非主要责任。如员工在上下班途中发生交通事故,且存在酒后驾车、无照驾驶等情况,则一般不予认定为工伤。

2)暴力伤害的认定情况。员工在工作时间和工作场所内,因履行工作职责对他人进行管

理,他人不服从而受到暴力侵害,造成伤害的,一般可认定为工伤。

  3)单位活动中的认定情况。参照最高人民法院《关于审理工伤保险行政案件若干问题的规定》,员工参加用人单位组织或者受用人单位指派参加其他单位组织的活动受到伤害的,一般可认定为工伤。

7.6 用工单位退工受理业务流程与规范

7.6.1 用工单位退工受理业务流程图示范（见图7—10）

流程编号		流程名称		用工单位退工受理业务流程	
编制人员		审核人员		生效日期	
流程主办者			派遣事业部		
流程事项对应说明			流程示意图		
1. 派遣事业部收到用工单位的"预退回人员通知单"，并对相关内容的完整性、规范性进行审核，符合要求的予以受理			1. 受理"预退回人员通知单"		
2. 经审核受理"预退回人员通知单"，派遣事业部安排专人进行事实的调查与验证			2. 事实调查与验证		
3. 经验证符合退回条件的，派遣事业部与用工单位、被派遣员工结算工资，需转移社保关系的应及时通知社会保险部为该员工办理转移手续			3. 工资结算及社保关系转移		
4. 派遣事业部与用工单位、被派遣员工办理退回手续，并做好相关文件的签字、审批及存档工作			4. 办理被派遣员工退回手续		
5. 派遣事业部及时与人才推荐部做好退回员工的再派遣工作安排，做好后续交接工作			5. 退回员工安排及处理		
6. 派遣事业部处理好本单位与被派遣员工、本单位与用工单位之间的劳动争议，维护我方合法利益			6. 劳动争议处理		

图7—10 用工单位退工受理业务流程图示范

7.6.2 用工单位退工受理业务规范的编制（见表7—13）

表7—13 用工单位退工受理业务规范

制度名称	用工单位退工受理业务规范	编制部门	
		执行部门	

第1条 目的：为规范本公司员工被用工单位退回的受理、赔偿及后续处理，明确本公司、用工单位、派遣员工应承担的责任及义务，建立良好、有序、规范的劳务派遣合作关系，参照有关法律法规内容，特制定本规范。

第2条 适用范围：本规范适用于被派遣员工的退回管理。

第3条 用工单位将存在如下情形的被派遣员工退回本公司时，派遣事业部应安排专人进行事实的调查与验证，在证据确凿的情况下5个工作日内办理好退回手续，且不得向用工单位要求经济补偿。

  1. 被派遣员工在试用期内被证明不符合录用条件的。
  2. 被派遣员工严重违反用工单位的规章制度和劳动纪律的。

续表

制度名称	用工单位退工受理业务规范	编制部门	
		执行部门	

  3. 被派遣员工严重失职、营私舞弊，给用工单位的利益造成重大损害的。
  4. 被派遣员工与第三方建立劳动关系，给用工单位工作造成严重影响，或经用工单位提出拒不改正的。
  5. 被派遣员工被司法机关依法追究刑事责任的。
  6. 被派遣员工以欺诈或胁迫的手段，致使本公司在违背真实意思的情况下订立或变更劳动合同的。
  7. 其他符合政策规定的情形。
  第4条 用工单位将有下列情形之一的被派遣员工退回本公司时，派遣事业部应要求其提前40日提交书面的"派遣员工退回通知单"，并向本公司支付经济补偿，否则不予办理退回。具体经济补偿标准参照双方签订的劳务派遣协议。
  1. 被派遣员工因病或非因工伤的医疗期满后，不能从事原工作，也不能从事用工单位另行安排的工作的。
  2. 用工单位提供的证据证明被派遣员工不能胜任派遣岗位工作，且经用工单位调岗或培训后仍不能胜任工作的。
  3. 经本公司、用工单位和被派遣员工协商，达成书面协议同意解除派遣的。
  4. 劳务派遣协议订立时所依据的客观情况发生重大变化，致使劳务派遣协议无法履行，经本公司、用工单位、被派遣员工协商，未能就变更劳务派遣协议内容达成协议的。
  5. 用工单位依照《中华人民共和国企业破产法》规定进行重整的。
  6. 用工单位生产经营发生严重困难的。
  7. 用工单位转产、重大技术革新或者经营方式调整，经变更劳务派遣协议后，仍需裁减人员的。
  8. 用工单位被依法宣告破产、吊销营业执照、责令关闭、撤销、决定提前解散或者经营期限届满不再继续经营的。
  9. 其他因劳务派遣协议订立时所依据的客观经济情况发生重大变化，致使劳务派遣协议无法履行的。
  10. 被派遣员工的派遣期限届满而终止派遣的。
  第5条 被派遣员工有以下情形之一时，在派遣期限届满前，用工单位提出退回的，派遣事业部不予受理。派遣期限届满的延续至相应情形消失时，派遣事业部方可受理退回。
  1. 从事接触职业病危害作业的被派遣员工未进行离岗前职业健康检查，或者疑似职业病病人在诊断或者医学观察期间的。
  2. 在用工单位患职业病或者因工负伤并被确认丧失或者部分丧失劳动能力的。
  3. 患病或者非因工负伤，在规定的医疗期内的。
  4. 女职工在孕期、产期、哺乳期的。
  5. 在本公司连续工作满十五年，且距法定退休年龄不足五年的。
  6. 法律、行政法规规定的其他情形。
  第6条 退回后处理规定
  1. 被派遣员工退回后在无工作期间，本公司应按照不低于所在地人民政府规定的最低工资标准，向其按月支付报酬。
  2. 跨地区劳务派遣被退回需转移社保关系的，派遣事业部应及时通知社会保险部为退回员工办理社保转移手续。
  3. 派遣事业部应及时与人才推荐部做好退回员工的工作交接及再派遣工作安排。
  4. 被派遣员工因本规范第4条第4~10项规定被用工单位退回，人才推荐部重新派遣时维持或提高劳动合同约定条件，被派遣员工不同意的，本公司可以与其解除劳动合同。
  5. 被派遣员工因本规范第4条第4~10项规定被用工单位退回，人才推荐部重新派遣时降低劳动合同约定条件，被派遣员工不同意的，本公司不得与其解除劳动合同。但被派遣员工提出解除劳动合同的除外。
  第7条 退休退回规定
  用工单位可将达到法定退休年龄或已经开始享受基本养老保险待遇的被派遣员工退回本公司，派遣事业部应予以受理。
  第8条 退回责任追究
  1. 用工单位违反本规范退回被派遣员工，给被派遣员工造成伤害的，派遣事业部需与用工单位协商，要求其承担连带赔偿责任；协商不成的，可酌情申请仲裁或诉讼。

续表

制度名称	用工单位退工受理业务规范	编制部门	
		执行部门	

  2. 因被派遣员工自身因素（如不服从用人单位管理，违反用人单位规章制度等）被用人单位退回的，公司保留对其追究的权利，情节严重的公司有权与其解除劳动合同。
  第9条 本规范未尽事宜按照国家相关规定执行。在执行过程中如发生异议，任何一方都可向企业调解委员会申请调解，也可直接向劳动争议仲裁机构申请仲裁或者向法院申请诉讼。
  第10条 本规范自＿＿＿＿年＿＿月＿＿日起施行。

编制日期		审核日期		批准日期	
修订标记		修订处数量		修订日期	

7.6.3 高风险环节分析

  劳务派遣单位在遭受用工单位退工时，即使是不合法退工或用工单位的单方面行为，劳务派遣单位也难逃干系。因为《中华人民共和国劳动合同法》第九十二条规定：劳务派遣单位、用工单位违反本法有关劳务派遣规定的，由劳动行政部门责令限期改正；逾期不改正的，以每人五千元以上一万元以下的标准处以罚款，对劳务派遣单位，吊销其劳务派遣业务经营许可证。用工单位给被派遣劳动者造成损害的，劳务派遣单位与用工单位承担连带赔偿责任。
  因此，劳务派遣单位必须防止因用工单位的违法退回，给本单位带来的法律风险。用工退回的风险主要存在于受理"用工退回申请"、退回事实调查与验证两大环节。
  (1) 受理"用工退回申请"
  如果用工单位擅自退回而劳务派遣单位不知情，或退回理由不充足而劳务派遣单位未加判断、审核，则劳务派遣单位有可能面临非法退回带来的仲裁、诉讼、赔偿等风险。
  在此环节中，劳务派遣单位一要完善劳务派遣协议关于退工的条款、约束用工单位的肆意退工行为；二要建立申诉举报机制，有效降低用工单位非法退回不通知本单位的概率；三要掌握用工退回的类型（见表7—14），快速、及时识别非法退回，确保用工单位退回满足法定退回、约定退回或协商退回的要求，对不符合条件的予以驳回。

表7—14   用工退回分类

类别		具体说明
法定退回	即时退回，可无责任解除合同	根据《中华人民共和国劳动合同法》第六十五条规定，可以进行退回的情形如下： ◎ 在试用期间被证明不符合录用条件的 ◎ 严重违反用人单位的规章制度的 ◎ 严重失职，营私舞弊，给用人单位造成重大损害的 ◎ 劳动者同时与其他用人单位建立劳动关系，对完成用工单位的工作任务造成严重影响，或者经用人单位提出，拒不改正的 ◎ 因《中华人民共和国劳动合同法》第二十六条第一款第一项规定的情形致使劳动合同无效的 ◎ 被依法追究刑事责任的

续表

类别		具体说明
法定退回	限制性退回，解除合同需履行法定义务，如支付经济补偿金	◎ 被派遣员工患病或者非因工负伤，在规定的医疗期满后不能从事原工作，也不能从事由用人单位另行安排的工作的 ◎ 被派遣员工不能胜任工作，经过培训或者调整工作岗位，仍不能胜任工作的 ◎ 劳动合同订立时所依据的客观情况发生重大变化，致使劳动合同无法履行，经用人单位与劳动者协商，未能就变更劳动合同内容达成协议的 ◎ 用工单位有劳动合同法第四十一条规定情形的 ◎ 劳动合同期满终止的 ◎ 用人单位被依法宣告破产、吊销营业执照、责令关闭、撤销、决定提前解散或者经营期限届满不再继续经营的
约定退回		即劳务派遣单位和用工单位在不违反国家法律法规、政策的前提下，根据实际派遣管理需要，双方在法定退回之外，在劳务派遣协议或专项协议中约定可以退回的情形，如用工单位经济困难时可以退回
协商退回		用工单位在不具备法定退工或约定退工条件的情况下，也可以通过与劳务派遣单位的协商，在征得被派遣员工认可后，实施退工行为
非法退回		用工单位利用法定退回、约定退回以外的理由（如被派遣员工性别问题、身高问题等），将被派遣员工退回劳务派遣单位，属于违法退回

（2）退回事实调查与验证

在退回事实调查与验证过程中，劳务派遣单位如果调查不仔细、验证不合理，会导致调查验证结果不准确，存在违法退回的情况，带来法律风险。

退回事实调查与验证的重点主要包括图7—11所列的两个方面的工作。

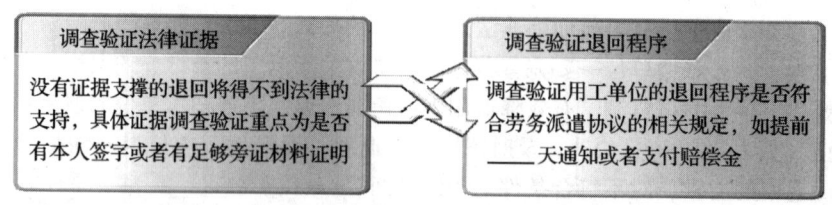

图7—11 退回事实调查与验证的重点工作

7.6.4 常见问题的解析

在处理用工退回时，劳务派遣单位经常遇到的问题是退回员工的薪酬如何发放。《中华人民共和国劳动合同法》第五十八条规定：被派遣劳动者在无工作期间，劳务派遣单位应当按照所在地人民政府规定的最低工资标准，向其按月支付报酬。

根据上述条款规定，被派遣员工遭用工单位退回，又不构成解除劳动合同条件的，劳务派遣单位可按照所在地人民政府规定的最低工资标准，向被派遣员工按月支付薪酬。

此外，因用工单位非法退回造成被派遣员工一时无法工作的"无工作期间"，劳务派遣单位应重点关注，区别对待。因该"无工作期间"是用工单位的违法行为造成的，若劳务派遣单位仍按《中华人民共和国劳动合同法》以当地最低工资标准发放薪酬，则有违劳动立法的公平原则、诚实信用原则、公序良俗原则。

实践中，针对这种情况，在恢复劳动关系前劳务派遣单位一方面应按原劳务派遣协议约定的工资标准或其实际工资收入支付薪酬；另一方面应参照劳务派遣协议及有关法律规定，酌情要求用工单位给予赔偿。

第8章 涉外就业服务

8.1 涉外就业服务类型与实施主体概述

8.1.1 涉外就业服务类型

涉外就业属于涉外劳动关系，根据《最高人民法院关于贯彻执行〈中华人民共和国民法通则〉若干问题的意见（试行）》第一百七十八条的规定："凡民事关系的一方或者双方当事人是外国人、无国籍人、外国法人的；民事关系的标的物在外国领域内的；产生、变更或者消灭民事权利义务关系的法律事实发生在外国的，均为涉外民事关系。"

由此可知，涉外劳动关系是指劳动关系的主体、客体、内容之一具有涉外因素的劳动关系。因此，涉外就业服务的类型如图8—1所示。

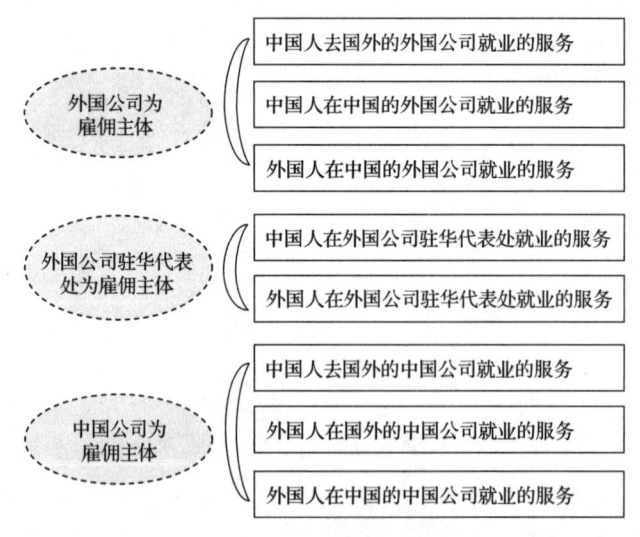

图8—1 涉外就业服务类型

本章的涉外就业服务中，还包括了港、澳、台同胞在内地就业的服务，虽然港、澳、台同胞并非外国人，但是港、澳、台同胞在内地就业也有特殊的政策。

8.1.2 涉外就业服务实施主体

国内涉外就业服务机构开展的常见业务主要包括境外就业服务、外国人就业服务和台港澳人员就业服务。境外就业服务是指为中国公民境外就业或者为境外雇主在中国境内招聘中国公民到境外就业提供的相关服务，外国人就业服务是指为没有取得中国境内定居权的外国人在中国境内就业提供的相关服务,台港澳人员就业服务是指为台、港、澳人员在内地就业提供的相关服务。

因此,涉外就业服务主要的实施主体包括境外就业服务机构、外国人就业服务机构和台港澳人员就业服务机构。各类主体的具体介绍见表8—1。

表8—1　　　　　　　　　　涉外就业服务实施主体具体介绍

类型		具体说明
境外就业服务机构	境外就业服务中心	◎ 境外就业服务中心通常为政府部门下属的涉外服务单位,主要负责管理中国公民境外就业
	境外就业中介	◎ 境外就业中介,是经批准从事境外就业服务活动的机构 ◎ 境外就业中介需要遵循行政许可制度,未经批准及登记注册,不得从事境外就业中介活动
	职业介绍中心 (职业介绍所)	◎ 为进一步拓展劳务输出工作新渠道,保障境外就业人员的合法权益,职业介绍中心也正在积极申请设立对外劳务合作服务平台,提供境外就业服务 ◎ 职业介绍中心需领取相关许可证,方可开展境外就业服务
	境外就业服务公司	◎ 经过批准专业从事境外就业服务的公司,其从事境外就业服务需要获得我国人力资源社会保障部门颁发的许可证
外国人就业服务机构	外国人就业中心	◎ 我国省市地区的人力资源社会保障部门劳动就业服务管理机构一般会设置外事中心,而外事中心会根据需要设置外国人就业中心,全面负责管理外国人就业事宜
	外国人就业服务公司	◎ 外国人就业服务公司是一种人力资源外包型的专业化服务公司 ◎ 其主要包括外国人签证申请、外国人就业证、外国人工作签证、外国人签证转签、外国人就业许可办理等多元化服务范围 ◎ 此类公司还可能以人力资源服务公司、外国人服务公司、涉外就业服务公司等形式存在
台港澳人员就业服务机构	台港澳人员就业中心	◎ 我国省市地区的人力资源社会保障部门劳动就业服务管理机构一般会设置外事中心,而外事中心会根据需要设置台港澳人员就业中心,全面负责管理台港澳人员的就业事宜
	台港澳人员就业服务公司	◎ 专门为台港澳人员办理就业手续和提供其他相关服务的公司,通常能够办理外国人就业服务的公司都会办理台港澳人员就业服务 ◎ 此类公司还可能以人力资源服务公司、人事咨询服务公司、涉外就业服务公司等形式存在

8.1.3　涉外就业服务业务范围

不同的涉外就业服务实施主体,所提供的业务范围需要从境外就业服务机构、外国人就业服务机构、台港澳人员就业服务机构三个方面来分别解析各自的业务范围。

(1) 境外就业服务机构的业务范围

1) 为中国公民提供境外就业信息、咨询。

2) 接受境外雇主的委托,为其推荐所需招聘人员。

3) 为境外就业人员进行出境前培训,并协助其办理有关职业资格证书公证等手续。

4）协助境外就业人员办理出境所需要护照、签证、公证材料、体检、防疫注射等手续和证件。
5）为境外就业人员代办社会保险。
6）协助境外就业人员通过调解、仲裁、诉讼等程序维护其合法权益。
7）核查境外雇主的合法开业证明、资信证明、境外雇主所在国家或者地区移民部门或者其他有关政府主管部门批准的招聘外籍人员许可证明等有关资料。
8）协助、指导境外就业人员同境外雇主签订劳动合同，并对劳动合同的内容进行确认。
（2）外国人就业服务机构的业务范围
1）办理外国人就业许可等相关手续。
2）办理外国人就业证，以及就业证的延期、年检、变更、迁移、遗失补办、注销。
（3）台港澳人员就业服务机构的业务范围
1）办理台港澳居民就业许可等相关手续。
2）办理台港澳居民就业证，以及就业证的延期、年检、变更、迁移、遗失补办、注销。

8.1.4 服务主要业务环节梳理

涉外就业服务主要包括境外就业服务、外国人就业服务和台港澳人员就业服务，由于境外就业服务类同于劳务派遣，其服务主要业务环节如图8—2所示。

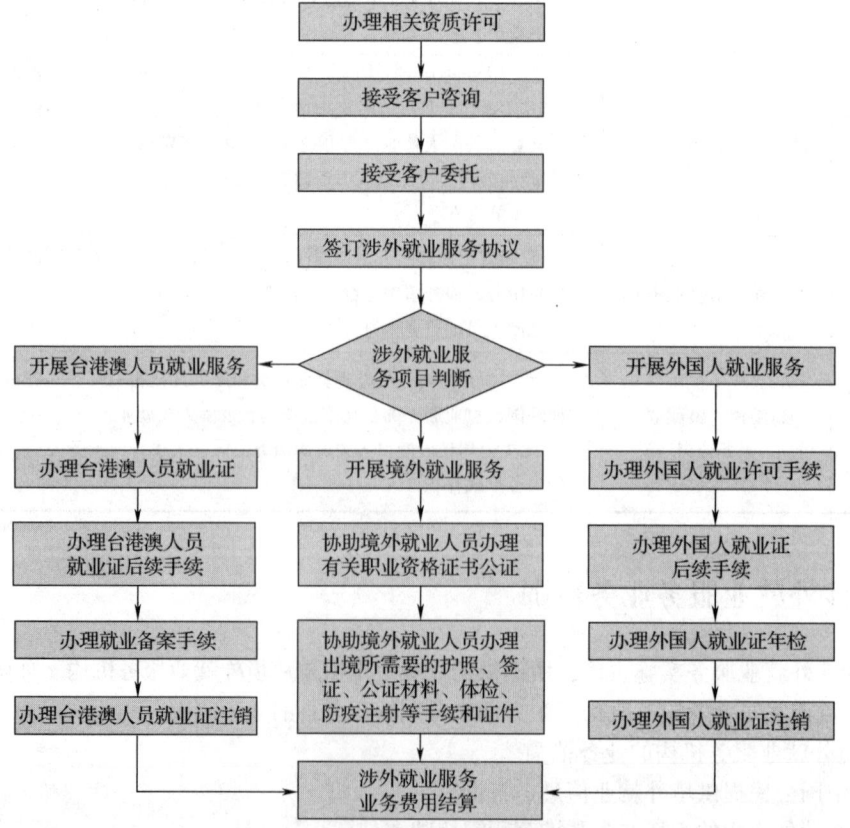

图8—2 涉外就业服务主要业务环节

8.2 外国人就业许可手续办理业务流程与规范

8.2.1 外国人就业许可手续办理业务流程图示范（见图8—3）

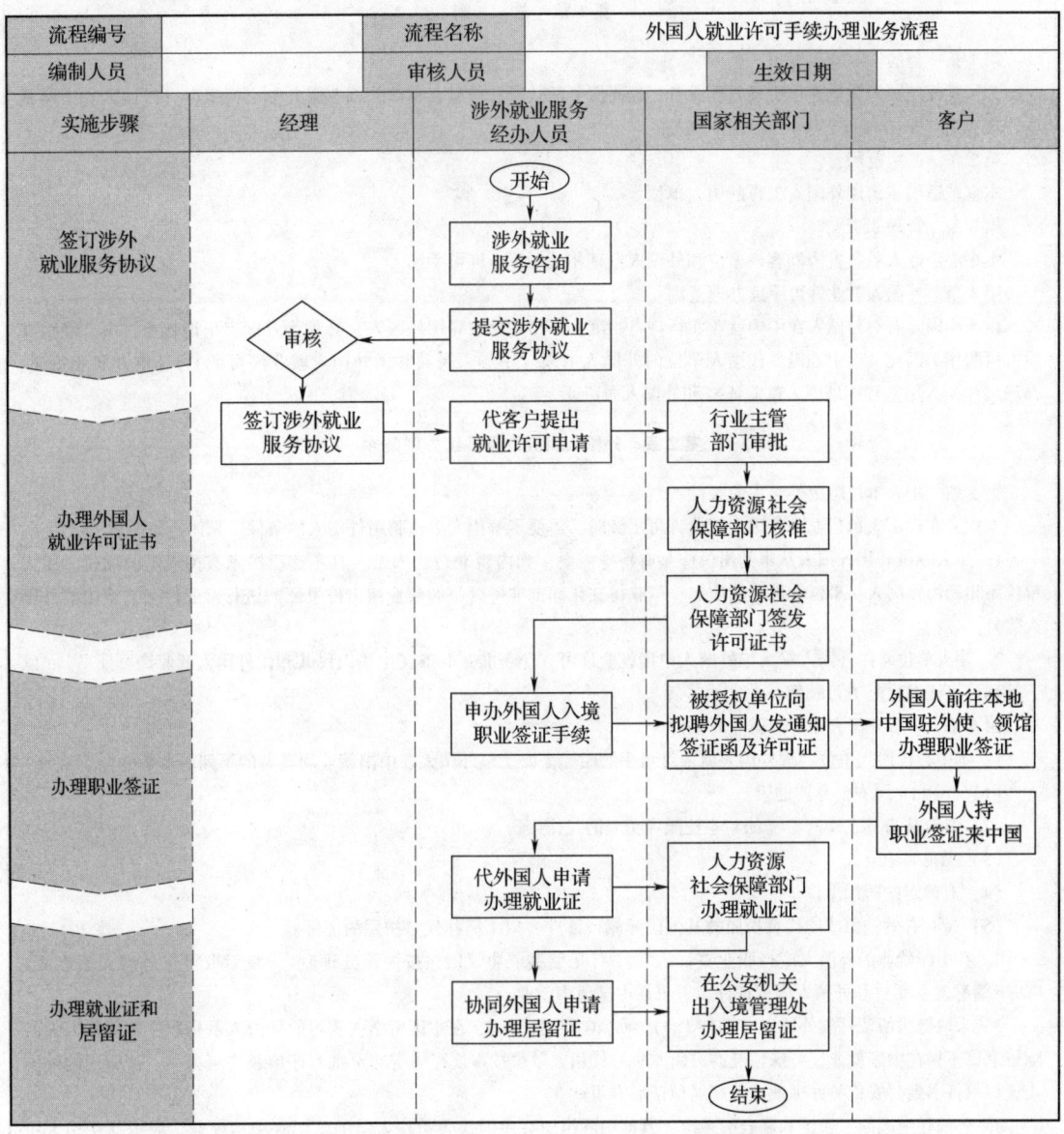

注：被授权单位是经过授权可以签发签证邀请函的单位，如外专局、商务局、外经委等，各地区被授权单位都不相同。

图8—3 外国人就业许可手续办理业务流程图示范

8.2.2 外国人就业许可手续办理服务业务规范的编制（见表8—2）

表8—2　　　　　　　　外国人就业许可手续办理服务业务规范

制度名称	外国人就业许可手续办理服务业务规范	编制部门	
		执行部门	

第1章　总　则

第1条　目的

为了规范外国人就业许可手续办理服务，提高服务的效率和质量，本涉外就业服务中心特根据《外国人在中国就业管理规定（2010年修正本）》制定本规范。

第2条　适用范围

本规范适用于聘用外国人工作的用人单位。

第3条　管理职责

本中心经办人员负责协助客户单位和外国人办理相关的就业许可手续。

第4条　外国人就业许可手续办理范围

由于中国政府对外国人在中国就业实行许可制度，即用人单位聘用外国人，必须为外国人申请就业许可，经批准后方可聘用。因此，本中心需要代用人单位的外国人申领《中华人民共和国外国人就业许可证书》、申办职业签证、办理《中华人民共和国外国人就业证》和外国人居留证。

第2章　外国人就业许可手续办理条件

第5条　用人单位聘用外国人的条件

本中心在代用人单位办理外国人就业许可手续时，需要了解用人单位聘用外国人的条件。具体的条件如下：

1. 用人单位聘用外国人从事的岗位应是有特殊需要，国内暂缺适当人选，且不违反国家有关规定的岗位。用人单位不得聘用外国人从事营业性文艺演出，但获得文化部批准持《临时营业演出许可证》进行营业性文艺演出的外国人除外。

2. 用人单位聘用外国人需为该外国人申请就业许可，经获准并取得《中华人民共和国外国人就业许可证书》（以下简称许可证书）后方可聘用。

第6条　了解外国人在中国就业的条件

1. 本中心代用人单位办理外国人就业许可手续时，需要了解外国人在中国就业须具备的下列基本条件：

（1）年满18周岁，身体健康。

（2）具有从事其工作所必需的专业技能和相应的工作经历。

（3）无犯罪记录。

（4）有确定的聘用单位。

（5）持有有效护照或能代替护照的其他国际旅行证件（以下简称代替护照的证件）。

2. 在中国就业的外国人应持职业签证入境（有互免签证协议的，按协议办理），入境后取得《外国人就业证》（以下简称就业证）和外国人居留证件，方可在中国境内就业。

3. 未取得居留证件的外国人（即持F、L、C、G字签证者）、在中国留学或实习的外国人及持职业签证外国人的随行家属不得在中国就业。特殊情况，可由本中心代用人单位按本规范规定的审批程序申领许可证书，被聘用的外国人凭许可证书到公安机关办理就业证、居留证后方可就业。

4. 外国驻中国使、领馆和联合国系统、其他国际组织驻中国代表机构人员的配偶在中国就业，应按《中华人民共和国外交部关于外国驻中国使领馆和联合国系统组织驻中国代表机构人员的配偶在中国任职的规定》执行，并按本条第3点规定的程序办理就业许可手续。

续表

制度名称	外国人就业许可手续办理服务业务规范	编制部门	
		执行部门	

第7条 可免办就业许可和就业证条件

本中心在代用人单位办理外国人就业许可手续时，需要了解外国人可免办就业许可和就业证的条件。

1. 由我国政府直接出资聘请的外籍专业技术和管理人员，或由国家机关和事业单位出资聘请，具有本国或国际权威技术管理部门或行业协会确认的高级技术职称或特殊技能资格证书的外籍专业技术和管理人员，并持有外国专家局签发的《外国专家证》的外国人。

2. 持有《外国人在中华人民共和国从事海上石油作业工作准证》从事海上石油作业、不需登陆、有特殊技能的外籍劳务人员。

3. 经文化部批准持《临时营业演出许可证》进行营业性文艺演出的外国人。

第8条 可免办许可证书条件

本中心在代用人单位办理外国人就业许可手续时，需要了解可免办许可证书条件，因为凡符合下列外国人可免办许可证书条件的，入境后凭职业签证及有关证明直接办理就业证。

1. 按照我国与外国政府间、国际组织间协议、协定，执行中外合作交流项目受聘来中国工作的外国人。

2. 外国企业常驻中国代表机构中的首席代表、代表。

第3章 外国人就业许可手续办理服务流程

第9条 提交申请文件

1. 被代理的用人单位聘用外国人，本中心可让或代用人单位填写《聘用外国人就业申请表》（以下简称申请表），向其与劳动行政主管部门同级的行业主管部门提出申请。

2. 本中心在提交申请表的同时，需要提醒被代理单位提供的下列有效文件：拟聘用外国人履历证明、聘用意向书、拟聘用外国人原因的报告、拟聘用的外国人从事该项工作的资格证明、拟聘用的外国人健康状况证明、法律法规规定的其他文件。

第10条 申请审批

1. 行业主管部门应按照《外国人在中国就业管理规定》及有关法律、法规的规定开展审批工作。

2. 经行业主管部门批准后，本中心应持申请表到用人单位所在地区的省、自治区、直辖市人力资源社会保障部门或其授权的地市级人力资源社会保障部门办理核准手续。

第11条 签发许可证书

1. 省、自治区、直辖市劳动行政部门或授权的地市级劳动行政部门应指定发证机关具体负责签发许可证书工作。

2. 发证机关应根据行业主管部门的意见和劳动力市场的需求状况进行核准，并在核准后向用人单位签发许可证书。

3. 获准聘用外国人的用人单位向拟聘用的外国人发出通知签证函及许可证书，不得直接向拟聘用的外国人签发许可证书。

第12条 特殊情况许可证书申领

1. 中央级用人单位、无行业主管部门的用人单位聘用外国人，本中心可代其直接到劳动行政部门发证机关提出申请和办理就业许可手续。

2. 外商投资企业聘雇外国人，无须行业主管部门审批，本中心可代用人单位凭合同、章程、批准证书、营业执照和所规定的文件直接到劳动行政部门发证机关申领许可证书。

第13条 申请职业签证

获准来中国就业的外国人，应凭许可证书、被授权单位的通知函电及本国有效护照或能代替护照的证件，到中国驻外使、领馆处申请职业签证。申请职业签证的要求如下：

1. 凡符合第7条第一项规定的人员，应凭被授权单位的通知函电申请职业签证。

2. 凡符合第7条第二项规定的人员，应凭中国海洋石油总公司签发的通知函电申请Z字签证。

续表

制度名称	外国人就业许可手续办理服务业务规范	编制部门	
		执行部门	

3. 凡符合第7条第三项规定的人员，应凭文化部的批件申请Z字签证。
4. 凡符合第8条第一款规定的人员，应凭合作交流项目书申请Z字签证。
5. 凡符合第8条第二项规定的人员，应凭工商行政管理部门的登记证明申请Z字签证。

第14条　办理就业证

本中心需代用人单位在被聘用的外国人入境后15日内，持许可证书、与被聘用的外国人签订的劳动合同及其有效护照或能代替护照的证件到原发证机关为外国人办理就业证，并如实填写《外国人就业登记表》。

第15条　办理居留证

已办理就业证的外国人，应在入境后30日内，本中心需代用人单位持就业证到公安机关申请办理居留证，居留证件的有效期限可根据就业证的有效期确定。

第4章　附　　则

第16条　本规范由本中心业务经办部门制定，如与国家规定存在异议，则以相关国家规定为准。
第17条　本规范经本中心经理审批通过后，自颁布之日起实施。

编制日期		审核日期		批准日期	
修订标记		修订处数量		修订日期	

8.2.3　高风险环节分析

涉外就业服务人员在代客户企业办理外国人就业许可手续时，可能会遇到的风险主要集中在就业许可证、就业证和居留证手续办理这些环节上。

（1）代客户企业提出就业许可申请存在风险

涉外就业服务人员在代客户企业拟聘用人员申请就业许可时，其拟聘用人员不符合外国人在中国就业需具备的条件和规定，导致就业许可申请不予受理。

例如，涉外就业服务人员代有居留证件的外国人（即持F、L、C、G字签证者）、在中国留学、实习的外国人及持职业签证外国人的随行家属申请在中国就业，导致就业许可申请不予受理。持F、L、C、G字签证者的人员为如图8—4所示的人员。

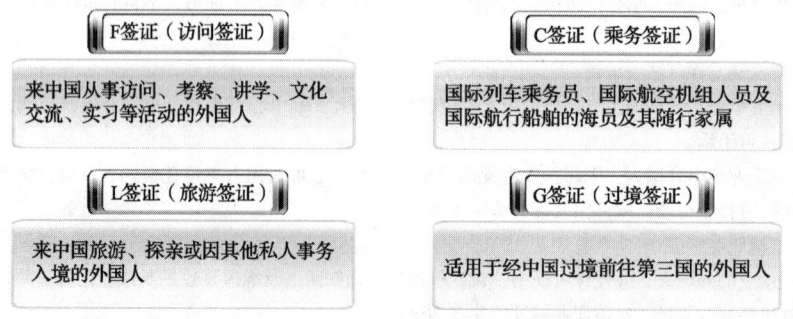

图8—4　持F、L、C、G字签证者的人员说明

(2) 代外国人申请办理就业证存在风险

外国人进入中国就业或客户企业拟聘用外国人，涉外就业服务人员在接受委托后，需及时代其办理《外国人就业证》，如未及时申请办理就业证将可能存在下列风险。

对于外国人来说，如涉外就业服务人员未及时替其办理《外国人就业证》，未办理该证的外国人尽管会与用人单位订立劳动合同，但若发生劳动争议时却不受中国劳动法律的管辖和约束，不利于保护外国人的劳动权益。因为根据中国劳动法律的相关规定，只有办理了《外国人就业证》的外国人才能够享受劳动法律的保护，如工作时间、休息休假、劳动安全卫生以及社会保险等。

对于客户企业来说，如涉外就业服务人员未及时替其聘用的外国人办理《外国人就业证》，可能造成客户企业非法聘用外国人而被国家行政管理部门处罚。

(3) 代外国人申请办理居留证存在风险

涉外就业服务人员如果未及时替代上岗就业的外国人办理居留证，该名外国人在中国的就业手续就没有办理完成，导致该名外国人不能在中国就业，客户企业也不能聘用该名外国人；同时，涉外就业服务人员如未能如期、成功地办理居留证，将可能导致外国人与客户企业在出现劳动争议时劳动关系无法判定，也可能会导致客户企业承担相应法律责任。

8.2.4 常见问题的解析

外国人在中国的就业许可办理手续繁杂，该手续在办理过程中存在的诸多问题，都是涉外就业服务人员需要了解和避免的。

(1) 不了解就业许可的办理都有哪些手续

办理外国人就业许可手续主要包括申领《外国人就业许可证书》、申办职业签证、办理《外国人就业证》和《外国人居留证》4项手续，除了特别规定的人员外，这4项手续缺一不可。如果涉外服务经办人员不了解这一点，容易忽略其中某一项手续的办理，以致未能如期办好外国人在中国企业就业的许可手续。

(2) 办理就业许可手续资料准备不当

涉外服务经办人员在代客户办理这些手续时，相关资料准备不齐全、相关表单填写不准确或不真实等，未能成功办理相关手续，最终导致拟聘用外国人不能在客户企业就业。

(3) 不能判定外国人是否具有有效资质

中国目前尚未与其他国家政府签订职业资格证书互认协议，因此涉外服务经办人员在办理就业许可手续时，不能判断拟聘请的外国人是否具有有效的职业资格或资质。

一般来说，判定外国人是否具有有效的职业资格或资质时，可依照此标准进行判定：外国人在我国从事国家规定的职业，如持有我国相关职业的《职业资格证书》则认为具有有效资质；但是，外国人在中国从事具有外国特色的职业（工种），如西式烹调师、西式面点师等，可经人力资源社会保障部门批准后，持其本国政府或行业协会颁发的职业资格证书就业或上岗，该证书需经过其本国公证机关公证方有效，公证证明应为中文或英文。

(4) 未按照规定的时间办理就业许可手续

《外国人在中国就业管理规定》规定：用人单位应在被聘用的外国人入境后15日内持许可证书、与被聘用的外国人签订的劳动合同及有效护照或能代替护照的证件到原发证机关为其办理《外国人就业证》，并填写《外国人就业登记表》；已办理就业证的外国人，应于入境后30日内，持就业证到公安部门办理居留证。

　　涉外服务经办人员在代客户办理这些手续时，均须严格遵守上述时限的要求，避免许可手续办理失败，导致拟聘用的外国人不能在客户企业合法就业。

　　（5）混淆就业许可证和就业证

　　涉外服务经办人员混淆就业许可证和就业证的区别，将就业许可证误认为就是就业证，导致办完就业许可证后，未能及时去申办就业证。

　　（6）伪造、涂改、冒用、转让、买卖就业证和许可证书

　　《外国人在中国就业管理规定》规定：对伪造、涂改、冒用、转让、买卖就业证和许可证书的外国人和用人单位，由劳动行政部门收缴就业证和许可证书，没收其非法所得，并处以1万元以上10万元以下的罚款；情节严重构成犯罪的，移送司法机关依法追究刑事责任。

　　因此，涉外服务经办人员如不通过正规方法渠道为代理客户办理就业证和许可证书，而是通过伪造、涂改、冒用、转让、买卖等手段获得假的就业证和许可证书，按规定会受到惩罚。

8.3 台港澳人员内地就业证及备案手续办理业务流程与规范

8.3.1 台港澳人员内地就业证及备案手续办理业务流程图示范（图8—5）

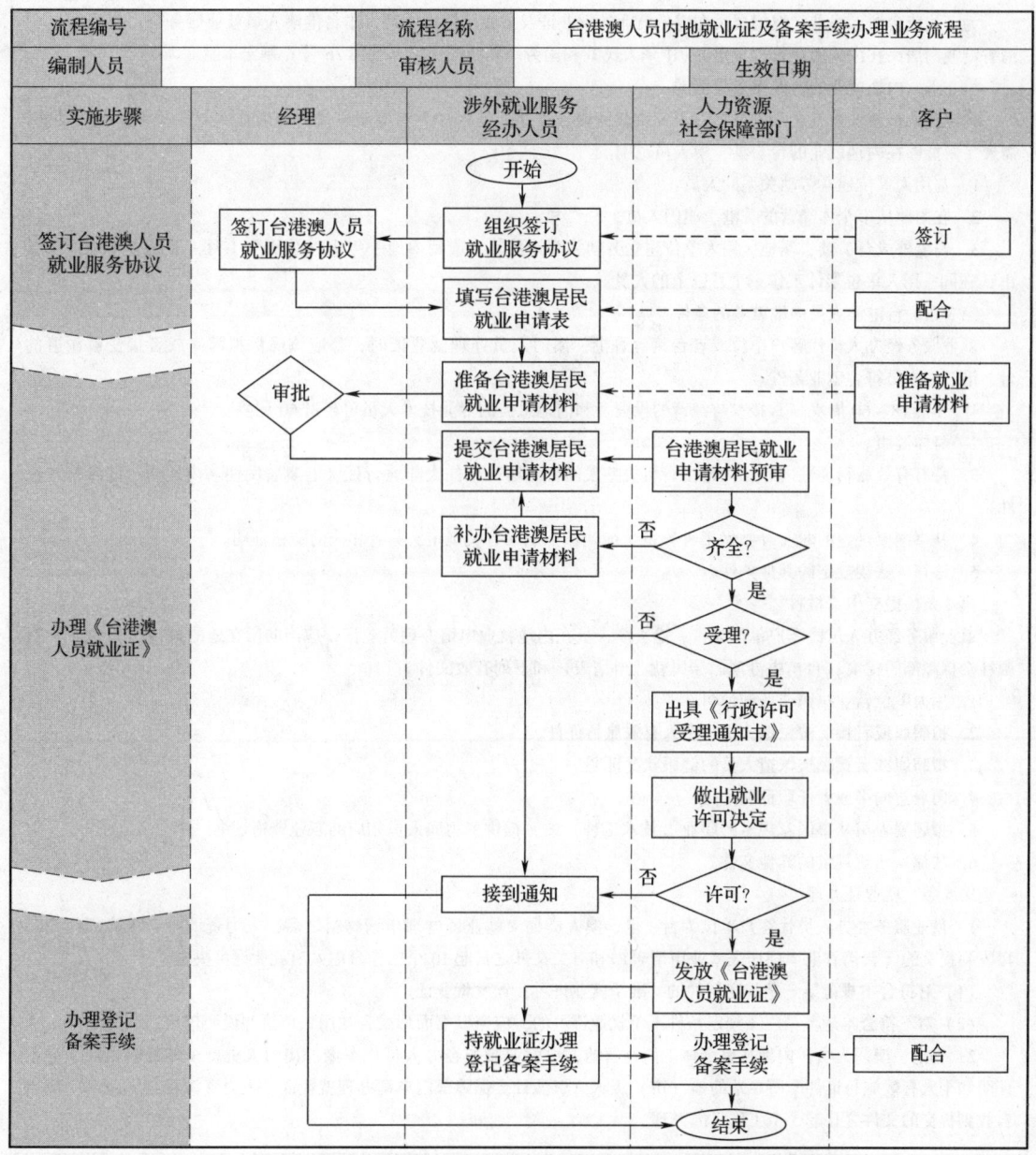

图8—5 台港澳人员内地就业证及备案手续办理业务流程图示范

8.3.2 台港澳人员内地就业证及备案手续办理业务规范的编制（见表8—3）

表8—3　　　　　台港澳人员内地就业证及备案手续办理业务规范

制度名称	台港澳人员内地就业证及备案手续办理业务规范	编制部门	
		执行部门	

第1条　目的

为了规范台湾、香港、澳门居民在内地就业的就业证及备案手续的办理，本台港澳人员就业服务公司特根据《台湾香港澳门居民在内地就业管理规定》（中华人民共和国劳动和社会保障部令第26号）制定本制度。

第2条　内地就业的台港澳人员范围

台港澳人员就业服务经办人员（以下简称就业服务经办人员）在为台港澳人员办理内地就业证及备案手续等前，需要了解能够在内地就业的台、港、澳人员范围。

1. 与用人单位建立劳动关系的人员。
2. 在内地从事个体经营的香港、澳门人员。
3. 与境外或台、港、澳地区用人单位建立劳动关系并受其派遣到内地一年内（公历年1月1日起至12月31日止）在同一用人单位累计工作三个月以上的人员。

第3条　台港澳人员内地就业的条件

就业服务经办人员代客户单位或者台湾、香港、澳门人员办理就业证时，都应该确保拟聘雇或者接受被派遣的台、港、澳人员符合就业条件。

1. 年龄18～60周岁（直接参与经营的投资者和内地急需的专业技术人员可超过60周岁）。
2. 身体健康。
3. 持有有效旅行证件（包括内地主管机关签发的台湾居民来往大陆通行证、港澳居民往来内地通行证等有效证件）。
4. 从事国家规定的职业（技术工种）的，应当按照国家有关规定，具有相应的资格证明。
5. 法律、法规规定的其他条件。

第4条　提交申请材料

就业服务经办人员代客户单位为台、港、澳人员在内地就业申请办理就业证，应当向所在地的地（市）级人力资源社会保障部门提交《台湾香港澳门居民就业申请表》和下列有效文件。

1. 用人单位营业执照或登记证明。
2. 拟聘雇或者接受被派遣人员的个人有效旅行证件。
3. 拟聘雇或者接受被派遣人员的健康状况证明。
4. 聘雇意向书或者任职证明。
5. 拟聘雇人员从事国家规定的职业（技术工种）的，提供拟聘雇人员相应的职业资格证书。
6. 法律、法规规定的其他文件。

第5条　就业证办理

1. 就业服务经办人员代客户单位为台、港、澳人员提交就业证办理申请材料之后，人力资源社会保障部门应当自收到提交的《台湾香港澳门居民就业申请表》和有关文件之日起10个工作日内做出就业许可决定。

（1）对符合本规范第三条规定条件的，准予就业许可，颁发就业证。

（2）对不符合本规范第三条规定条件不予就业许可的，应当以书面形式告知用人单位并说明理由。

2. 香港、澳门人员在内地从事个体工商经营的，由就业服务经办人员代香港、澳门人员持个体经营执照、健康证明和个人有效旅行证件向所在地的地（市）级人力资源社会保障部门申请办理就业证。人力资源社会保障部门应当自收到提交的文件之日起5个工作日内办理。

续表

制度名称	台港澳人员内地就业证及备案手续办理业务规范	编制部门	
		执行部门	

第6条 办理登记备案手续
　　就业服务经办人员代客户单位持就业证到颁发该证的人力资源社会保障部门办理聘雇台、港、澳人员登记备案手续。港、澳人员在内地从事个体经营办理就业证的，无须进行登记备案。
第7条 本制度由本涉外就业服务公司制定，如有违背国家相关法律法规的，依据相关法律法规执行。
第8条 本制度适用于本公司的台港澳人员内地就业证及备案手续办理业务，并至颁布之日起实施。

编制日期		审核日期		批准日期	
修订标记		修订处数量		修订日期	

8.3.3　高风险环节分析

台港澳人员内地就业证及备案手续办理业务办理过程中存在的风险体现在提交台港澳居民就业申请材料、持就业证办理登记备案手续两个方面。

（1）提交台港澳居民就业申请材料环节的风险

在提交台港澳居民就业申请材料时，涉外就业经办人员可能会遇到下列原因造成的风险事项，导致提交的材料不符合要求。

《台湾香港澳门居民在内地就业管理规定》规定：用人单位拟聘雇或者接受被派遣的台、港、澳人员不得超过60岁，而直接参与经营的投资者和内地急需的专业技术人员可超过60岁。但是，如果涉外就业经办人员未经调查，不能准确地界定其是否是参与经营的投资者或是内地急需的专业技术人员，也不能提供相应的证明材料，以致提交的台港澳居民就业申请材料可能不符合政策要求。

《台湾香港澳门居民在内地就业管理规定》规定：在内地就业的台港澳居民需提供相应的资格证明。如果涉外就业经办人员未能向客户索取相应的资格证明或代客户提供的资格证明不符合相关部门的要求，以致提交的台港澳居民就业申请材料不符合政策要求。

（2）持就业证办理登记备案手续环节的风险

各省在贯彻执行《台湾香港澳门居民在内地就业管理规定》时的具体规定和约束各不相同，如针对台港澳人员就业备案登记这一事项，有的省份规定了明确的时间和要求，而有的省份则没有。

例如，广东省人力资源社会保障部门在《关于贯彻执行〈台湾香港澳门居民在内地就业管理规定〉的通知》（粤劳社［2005］133号）中明确规定了登记备案手续办理时间：用人单位聘雇或者接受被派遣台、港、澳人员后10个工作日内，应当持就业证和填写好的《台港澳人员就业备案登记表》，到颁发就业证的劳动保障行政部门办理登记备案手续。但是，很多省份就没有清楚地在相关规定中明确具体的办理时间。

所以，如果涉外就业服务经办人员未能提前向当地的人力资源社会保障部门确定，可能会导致未在规定时间内办理登记备案手续；或者因不了解相关政策，代无须办理备案登记的从事个体工商经营的香港、澳门人员办理登记备案手续，造成时间和精力方面的浪费。

8.3.4 常见问题的解析

涉外服务经办人员在办理台港澳人员就业证及办理备案手续时，需要避免违规操作，以避免出现下列问题。

（1）伪造、涂改、冒用、转让、买卖台港澳人员就业证和许可证

《台湾香港澳门居民在内地就业管理规定》第十八条规定：用人单位伪造、涂改、冒用、转让就业证的，由人力资源社会保障部门责令其改正，并处1 000元罚款，该用人单位一年内不得聘雇台、港、澳人员。

因此，涉外服务经办人员如果代客户单位伪造、涂改、冒用、转让、买卖就业证的，客户单位将被处以1 000元的罚款和一年内不得聘雇台、港、澳人员。

（2）未办理台港澳人员就业证和备案手续

根据规定，台、港、澳人员在内地就业实行就业许可制度，客户单位拟聘雇或者接受派遣台、港、澳人员的，涉外就业服务经办人员需代台港澳人员办理就业证，同时为其办理就业证备案手续，如未办理就业证和备案手续，将可能出现如下问题：

1）如未办理台港澳人员就业证和备案手续的，根据《台湾香港澳门居民在内地就业管理规定》第十六条规定，客户单位会被人力资源社会保障部门责令改正，并可以处1 000元罚款。

2）台、港、澳人员如果未办就业手续、未取得就业证在内地就业的，一般视为非法就业，台、港、澳人员在劳动权益保障方面会大打折扣，如社保以及劳动合同权益等都不能享受。假若在工作中受伤，则按人身损害赔偿，人身损害赔偿要区分过错责任，而工伤的赔偿是无须区分过错责任的。

3）如果涉外就业服务人员未代台、港、澳人员办理就业证的，客户单位可能将受到台、港、澳人员的投诉，而受到劳动保障监察部门查处。

第 9 章 人事档案管理服务

9.1 人事档案管理服务及其类型概述

9.1.1 人事档案的类别分析

人事档案记载着一个人的人生轨迹，记载着身份、党团组织关系、学历、经历、职称、政审等个人资料。人事档案是人们就学、就业时所需的必要的证明材料，同时也是人们工作调动、考核晋升、职称评审、缴纳各种保险、享受最低生活保障金的基础性材料，特别是对国有企业、事业单位而言，人事档案相当重要。

人事档案按人员所从事职业的性质、类别可分为干部档案、企业职工档案及流动人员人事档案。具体如下：

（1）干部档案

干部档案是组织人事等有关部门，按照党的干部政策，在培养、选拔和任用干部等工作中，形成的记载干部经历、政治思想、品德作风、业务能力、工作表现、工作实绩等内容的文件材料。

（2）企业职工档案

企业职工档案是企业劳动、组织或人事等部门在招用、调配、培训、考核、奖惩、选拔和任用等工作中形成的有关职工个人经历、政治思想、业务技术水平、工作表现以及工作变动等情况的文件材料。

（3）流动人员人事档案

1）辞职或被辞退的机关工作人员、企事业单位专业技术人员和管理人员的人事档案。

2）与用人单位解除劳动合同或聘用合同的专业技术人员和管理人员的人事档案。

3）待业的大中专毕业生的人事档案。

4）自费出国留学人员的人事档案。

5）外商投资企业、乡镇企业、区街企业、民营科技企业、私营企业等非国有企业聘用的专业技术人员和管理人员的人事档案。

6）外国企业常驻代表机构的中方雇员的人事档案。

7）其他流动人员的人事档案。

一般情况下，干部档案可以由国有企业、事业单位管理，私营企业员工、流动人员的档案一般均需要交到人才服务中心代为保管。

9.1.2 人事档案管理服务方式分析

人事档案管理服务方式按照委托客户的性质、委托的服务项目、委托的服务数量等有不同的分类，具体如图 9—1 所示。

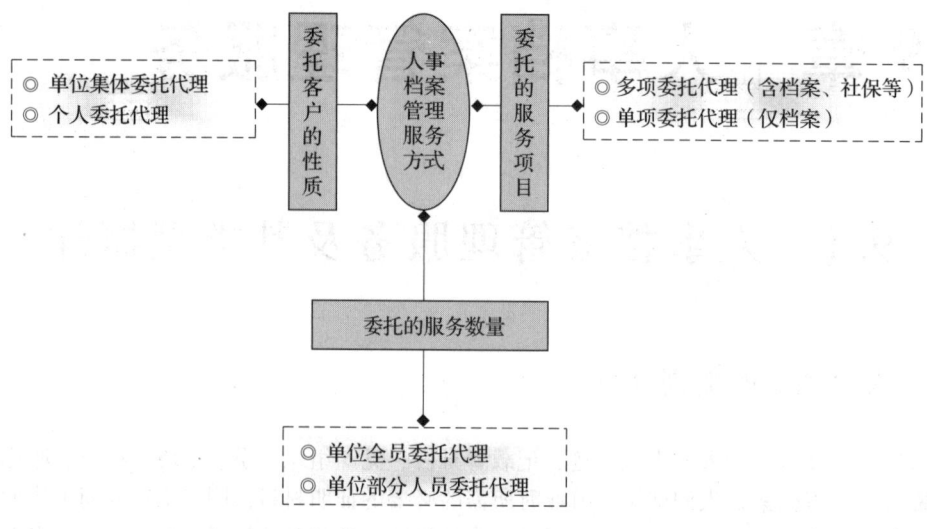

图 9—1　人事档案管理服务方式

9.1.3　人事档案管理服务业务范围

人事档案管理服务业务主要包括人事档案接收、人事档案保管、人事档案转存以及由此派生的其他与人事档案管理相关的服务。第三方人力资源服务单位应在国家政策、地方法规允许的范围内开展人事档案管理服务业务，不得超经营范围开展人事档案管理服务。一般来说，第三方人力资源服务单位开展的人事档案管理服务的类型主要有如图 9—2 所示的 8 种。

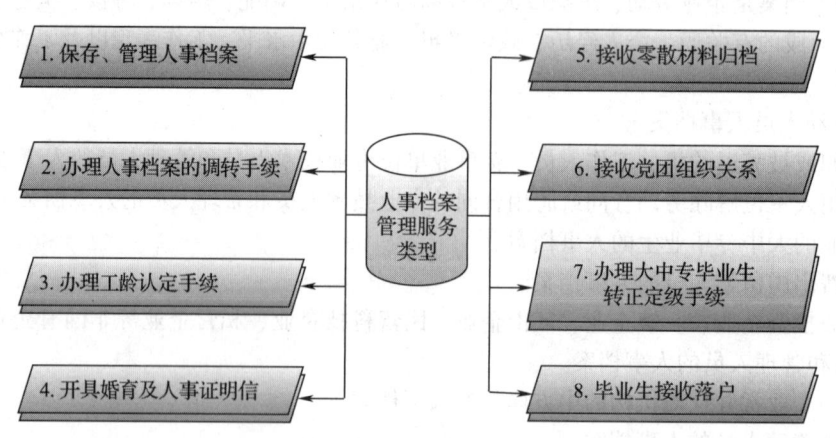

图 9—2　人事档案管理服务类型

9.1.4　人事档案管理主要业务环节梳理

第三方人力资源服务单位要想做好人事档案管理工作，应认真梳理人事档案管理的环节步骤，针对主要业务环节制定相应的规章制度、流程并监督实施，以满足客户的多样化需求。第三方人力资源服务单位开展人事档案管理服务的主要业务环节如图 9—3 所示。

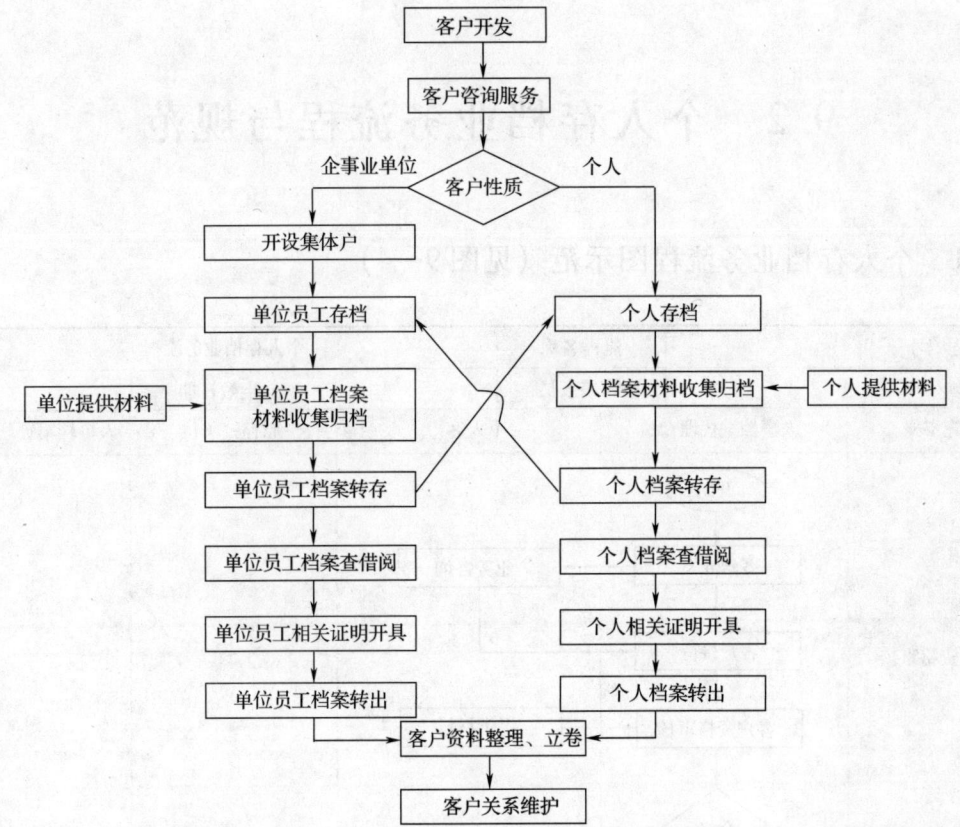

图 9—3 人事档案管理服务主要业务环节

9.2 个人存档业务流程与规范

9.2.1 个人存档业务流程图示范（见图9—4）

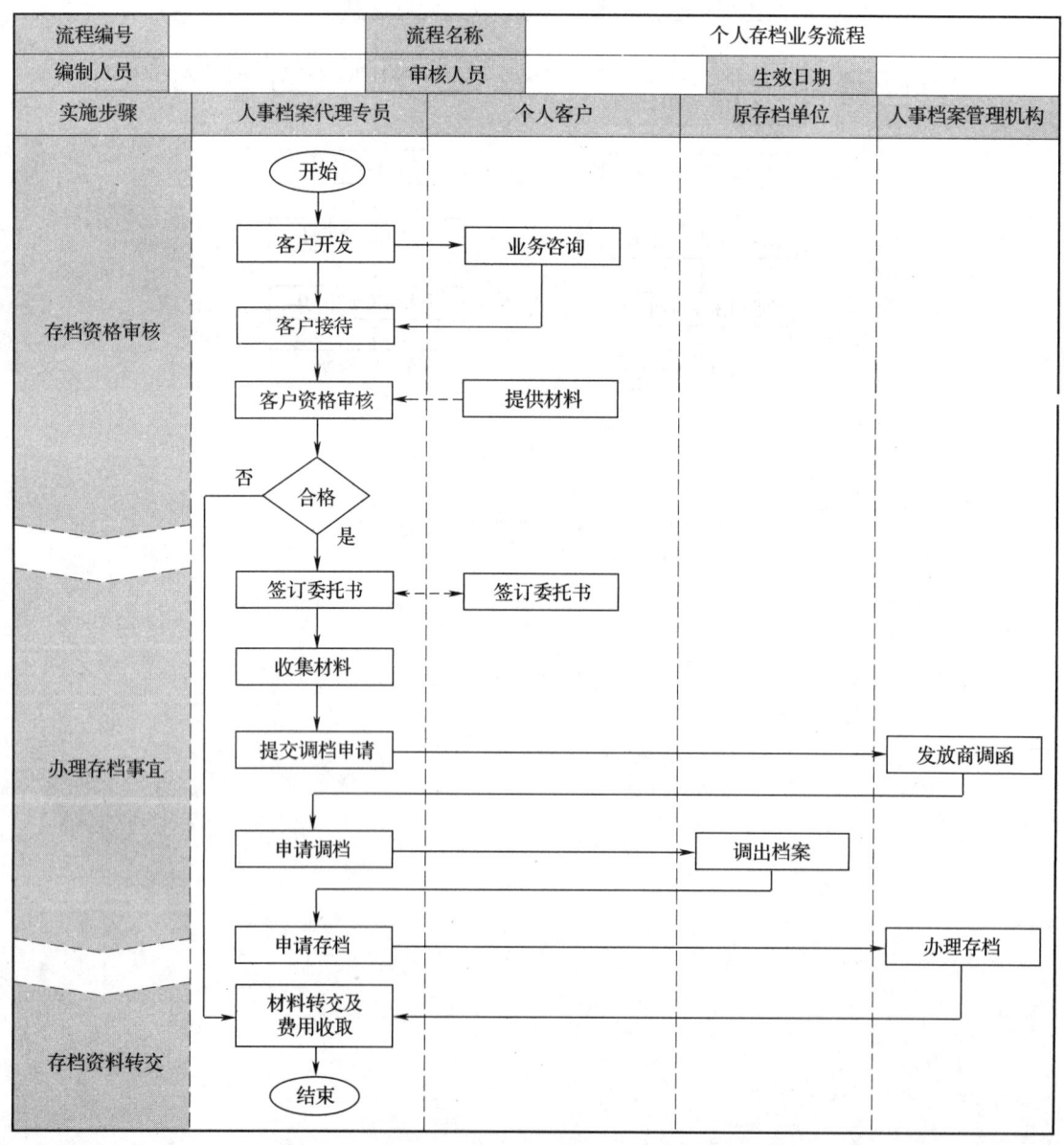

图9—4 个人存档业务流程图示范

9.2.2 个人存档业务规范的编制（见表9—1）

表9—1　　　　　　　　　　　　个人存档业务规范

制度名称	个人存档业务规范	编制部门	
		执行部门	

第1章　总　　则

第1条　目的
为规范个人存档代理业务，提高个人存档代理业务的办理效率，提高客户满意度，结合××市相关规定，特制定本规范。

第2条　适用范围
本规范适用于客户委托本公司进行个人存档的业务代理工作。

第3条　职责分工
1. 人事档案代理专员负责接待客户，确定客户是否符合个人存档的条件，并做好客户资料的收集、核对及存档业务办理工作。
2. 人事档案代理主管负责安排存档业务办理工作，并做好监督指导工作。

第2章　个人委托存档业务代理条件

第4条　个人委托存档客户接待
对于咨询或拟办理存档业务的个人客户，人事档案代理专员应热情、礼貌接待，详细为其讲解国家及地方政策，了解其个人需求及个人情况，说明本代办公司的服务优势及收费情况等。

第5条　个人委托存档业务办理条件
个人委托存档必须同时符合以下四个条件方可办理。对于不符合条件的，人事档案代理专员应委婉指出，并酌情提供合理的解决办法。
1. 委托人应具有本市城镇户口。
2. 委托人无违法违纪行为，且档案在本市原单位或其他存档机构。
3. 委托人在法定劳动年龄内（男在59周岁以下，女干部在54周岁以下，女工人在49周岁以下）。
4. 按规定参加社会保险的正常流动人员。

第6条　个人委托存档不予办理情况
依据国家政策及相关法律法规，以下5类人员本公司无法提供存档代办服务：××市农业户口、非××市户口（外省市城镇、农业户口）、临时性××集体户口（××市在校高校大学生/研究生）、仅持有××工作居住证的非××市户口、与用人单位建立劳动（合同）关系者。

第3章　个人委托存档业务办理程序

第7条　签订委托书
对于符合个人委托存档业务代理条件的客户，人事档案代理专员应与其签订书面委托书，收取____元作为代办押金，并报人事档案代理主管审核。

第8条　收集材料
对于符合个人委托存档业务代理条件的客户，人事档案代理专员应收集以下材料：
1. 委托存档客户身份证和户口簿原件。
2. 委托存档客户本人书面委托书。

第9条　开具商调函
人事档案代理专员持委托客户身份证、书面委托书等到拟调往区县人才人事档案服务窗口送交申请材料，开具商调函，领取相关表格。

续表

制度名称	个人存档业务规范	编制部门	
		执行部门	

第10条　调档

1. 人事档案代理专员持《人才流动商调函》《流动人员近期表现及生育状况调查表》、书面委托书等回委托客户原档案存放单位调出档案及行政、工资介绍信。
2. 人事档案代理专员检查档案的密封是否完好无损，是否盖有骑缝章。
3. 人事档案代理专员指导委托客户规范填写《××市人才流动登记表》，并在本人存档意见处签字。

第11条　存档

人事档案代理专员将委托客户的档案、行政工资介绍信、《流动人员近期表现及生育状况调查表》《××市人才流动登记表》等一并交回拟调往区县人才人事档案服务窗口，并按规定领取存档卡及存档合同，代客户缴纳存档费。

第12条　材料转交及费用收取

1. 委托客户存档业务办理结束后，人事档案代理专员应在存档卡取得的一个星期内通知委托客户领取其个人材料，并结清办理费用。
2. 委托客户来公司后，人事档案代理专员应为其展示办理结果材料，与其结清代办费用后，将其在本公司存放的所有材料转交给该客户，并填写材料转交清单，双方签字。

第4章　附　则

第13条　本规范未达事项，以国家有关法律法规为准。

第14条　本规范自总经理办公会审批通过后生效实施。

编制日期		审核日期		批准日期	
修改标记		修改处数量		修改日期	

9.2.3　高风险环节分析

第三方人力资源服务单位在提供个人存档业务服务时，往往会在如下三大环节面临重大风险，具体如下：

（1）客户资格审核

接受客户个人委托存档前，第三方人力资源服务单位一定要对客户资格进行严格审核，确保其各种情况符合当地个人档案存放资格条件。如果未经审核或审核不仔细即接受客户委托，那么后续一旦无法达成客户委托事项，将有可能带来违约风险。

各地对个人存档资格条件的要求不一，具体办理时应以当地规范为准。例如，上海市规定非本市户籍人员的人事档案，应委托户籍所在地的人力资源社会保障部门所属人才服务机构管理，但申办《上海市居住证》积分人员人事档案则根据居住证积分受理窗口要求调入管理。

（2）申请存档

申请存档时，第三方人力资源服务单位相关办事人员应将委托客户的档案、行政工资介绍信等一并交回人事档案管理机构。此时若出现档案遗失、残缺等，人事档案管理机构一般将不予受理，从而给第三方人力资源服务单位及客户带来巨大风险。

为规避档案遗失、残缺等现象的出现，第三方人力资源服务单位应对调档业务的办理、存档的时限、档案保管与保密工作等予以规范，确保档案的保密性及完整性。

(3) 材料转交及费用收取

材料转交时,第三方人力资源服务单位需要求双方在交接单上签字确认,交接单应对所有交接材料进行详细记录,并对特殊事项予以备注。

为确保费用收取的顺利,第三方人力资源服务单位在接受客户委托时就应对相关收费予以说明,并获得客户认可;在收取相关费用时,第三方人力资源服务单位可要求客户先交费后办理资料移交,同时应对所有费用收取事项进行记录,做好账务管理工作。

9.2.4 常见问题的解析

第三方人力资源服务单位在办理个人存档业务时,经常会面临委托书未签订、拟前往人事档案服务中心的业务要求有变动或与已知政策不统一等问题,常见问题如图9—5所示。

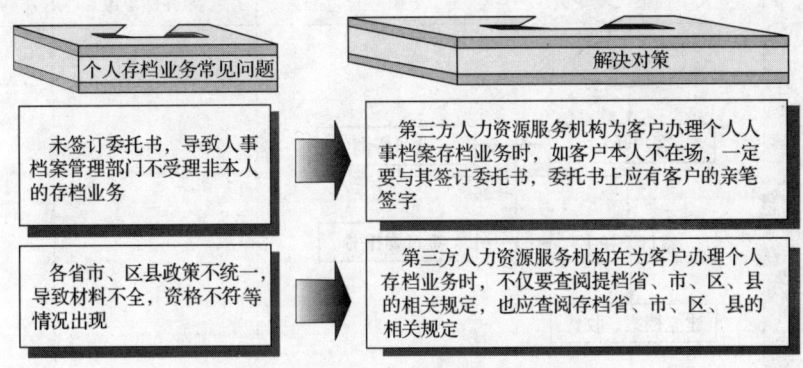

图9—5 个人存档业务常见问题及解决对策

9.3 单位存档业务流程与规范

9.3.1 单位存档业务流程图示范（见图9—6）

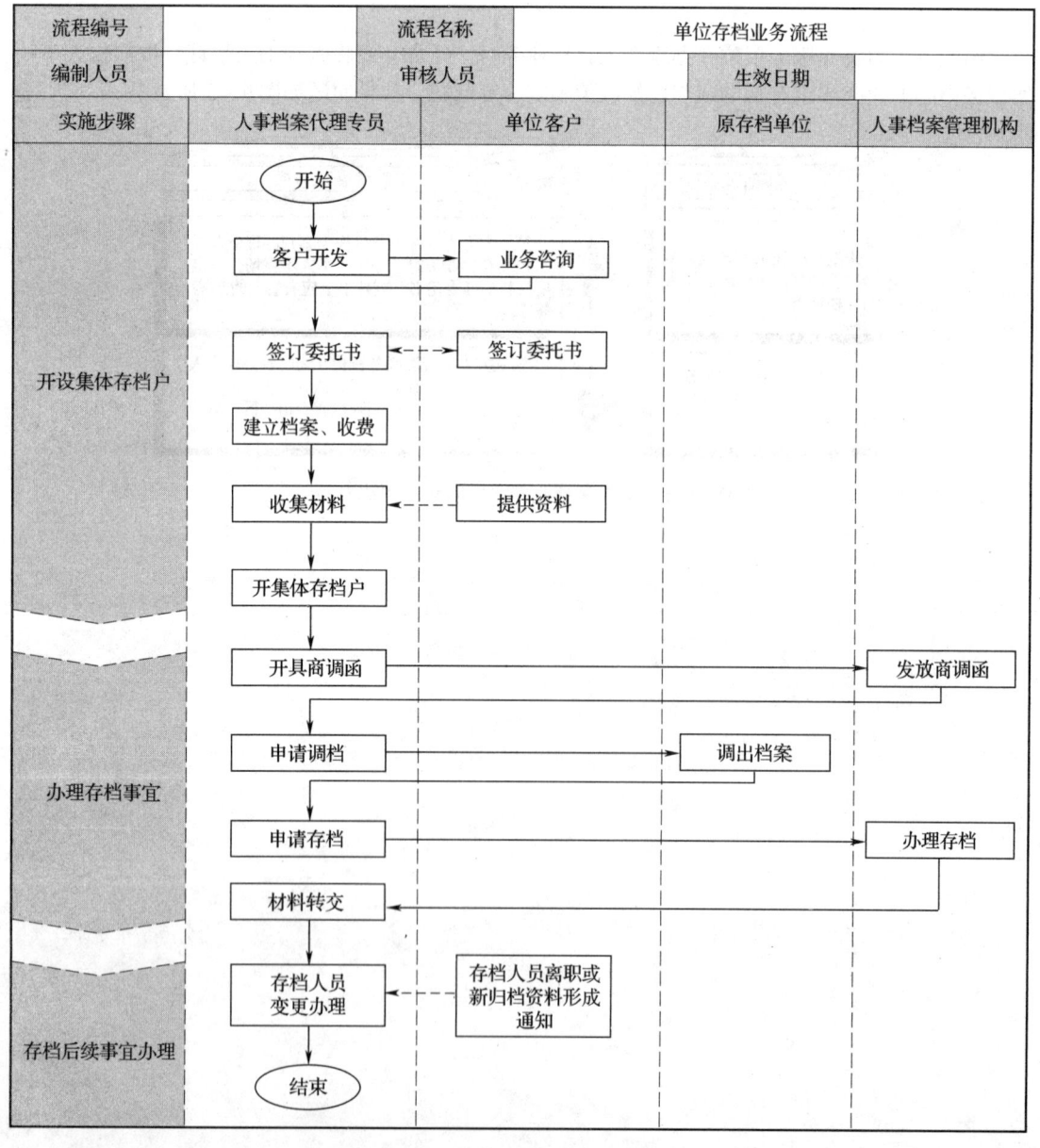

图9—6 单位存档业务流程图示范

9.3.2 单位存档业务规范的编制（见表9—2）

表9—2　　　　　　　　　　　　　单位存档业务规范

制度名称	单位存档业务规范	编制部门	
		执行部门	

第1章　总　　则

第1条　目的
为确保单位存档业务能顺利、有序进行，提高公司的办事效率，结合本市人才服务中心相关规定，特制定本规范。
第2条　适用范围
本规范适用于单位存档的开户、存档办理及新形成文件资料归档等工作。

第2章　单位存档开户与建档

第3条　单位存档代理条件
本公司代理的单位存档业务要求委托单位是本市注册的企业法人或非法人企业。
第4条　建立档案
人事档案代理专员为委托单位按照一户一档的原则建立档案，并收取代理费用。
第5条　开设集体存档户
存档单位未开设集体存档户的，本公司人事档案代理专员需先为其开设集体存档户。开设集体存档户时，需向委托公司收取以下材料：
1. 营业执照副本原件和复印件。
2. 组织机构代码证书副本原件和复印件。
3. 税务登记证原件和复印件。
4. 高新技术企业需提供高新技术企业批准证书原件和复印件。
5. 单位公章、法定代表人人名章。
6. 委托书。
7. 企业是非法人的，还需提供总公司授权书、总公司组织机构代码复印件（加盖单位公章）、总公司企业营业副本的复印件（加盖单位公章）、总公司法人身份证复印件（加盖单位公章）。

第3章　单位存档业务办理

第6条　办理单位存档业务步骤
本公司人事档案代理专员在办理委托单位集体存档业务时，应按照以下步骤执行：
1. 人事档案代理专员持服务卡及拟调人员名单（包括姓名、出生日期、原档案存放单位名称）到人才中心开具商调函，领取相关表格。
2. 人事档案代理专员持《人才流动商调函》和《××市××区人才服务中心流动人员登记表》（以下简称《流动人员登记表》）回原档案存放单位调出档案及行政、工资介绍信。生育状况需原档案所在单位在《流动人员登记表》相应位置盖章。
3. 人事档案代理专员指导存档人员填写《流动人员登记表》全部内容并要求在存档意见处签字，同时告知存档单位在表中单位委托存档意见处盖章。
4. 人事档案代理专员为存档单位提供《同意接收函》（具体内容如下）的模板，并提醒存档单位及时开具《同意接收函》。
5. 人事档案代理专员收集、整理档案、行政工资介绍信、《流动人员登记表》《同意接收函》等资料。

续表

制度名称	单位存档业务规范	编制部门	
		执行部门	

同意接收函

××市××区人才服务中心：
　　××、××、××等_____名同志已被我公司聘用，同意其人事档案关系调入我公司，请协助办理。我公司存档编号：_____。

××××单位（盖章）
____年____月____日

6. 人事档案代理专员将档案及行政工资介绍信、《流动人员登记表》一并交回人才服务中心，领取存档通知、签订存档协议，并按规定交纳代理费。

第7条　新形成文件资料的归档须知

1. 存档单位员工有新形成的文件资料需归档的，人事档案代理专员应携带单位委托书、委托存档人员存档卡、欲归档文件资料等前往人才服务中心办理。

2. 新形成的归档文件资料一般包括国内学历学位材料、职称材料、党员材料、工作材料及其他符合《干部人事档案材料收集归档规定》（中组发〔2009〕12号）归档范围的材料。

3. 新形成的文件资料必须符合下列要求，本公司人事档案代理专员方可为其办理归档业务：

（1）已办理完毕的正式材料。
（2）内容完整、真实、有效，文字清楚、对象明确。
（3）写明承办单位、承办时间。
（4）需要由本人签字的材料应有本人签字。
（5）文字材料不得使用圆珠笔、铅笔、红色及纯蓝墨水和复写纸书写。
（6）归档材料应为原件，复印件不得归档。

第8条　委托存档人员转存或转出

人事档案代理专员收到委托存档单位解聘其委托存档人员通知时，应在解聘之日起30日内持该委托存档人员存档卡、身份证、原合同书及书面通知、聘用期内鉴定材料到人才服务中心办理转存或转出手续。

第4章　附　　则

第9条　本规范实施过程中，如与相关政策不统一的，以相关区县人才服务中心发布的具体政策为准

第10条　本规范自_____年____月____日起实施

第11条　本规范遇国家及地方相关政策有重大调整时，适时予以修订

编制日期		审核日期		批准日期	
修改标记		修改处数量		修改日期	

9.3.3　高风险环节分析

第三方人力资源服务单位在办理单位存档业务时，如出现退档，一定要向客户解释清楚，分清责任方。若是我方责任一定要获得客户的谅解，并积极为客户办理退档事宜，尽量不与客户争

执,避免将矛盾扩大化,产生赔偿风险。

各省市、地区关于退档的具体操作大同小异,以下是深圳市退档事项处理要点,供读者参考。深圳市拟引进的市外人才若不符合引进条件、人事档案需退回原单位的,可按下述要求办理:

(1) 未受理材料的市外人才需持发放商调函时经档案管理部门工作人员签字的"人才信息登记表"、退档人身份证复印件及退档申请(需加盖申请单位公章)等交档案管理部门业务受理窗口。

(2) 已受理材料的市外人才需持"业务受理回执"、退档人身份证复印件及退档申请(需加盖申请单位公章)等交档案管理部门业务受理窗口。

9.3.4 常见问题的解析

在为单位客户办理存档业务时,第三方人力资源服务单位经常会碰到因材料准备不全、不符合当地存档资格条件等原因造成的存档阻碍,这些阻碍有的可以通过多方协调重新准备资料予以解决,而有的则无法解决,直接导致失信于客户。

(1) 材料准备不全

第三方人力资源服务单位在收取、审核客户委托办理存档业务资料时,往往出现材料不齐全、不完备的问题。此时,第三方人力资源服务单位人事档案代理人员一定要一次性告知存档单位需准备何种材料,以便客户一次性准备齐全,既有利于提高客户单位与本单位工作人员的效率,也有利于提升客户对本单位的信任程度。

(2) 不符合存档资格条件

在办理单位存档业务时,最常见的问题是拟存档人员不符合该地区的资格条件。例如,北京市海淀区要求委托存放档案的各类企、事业单位正式聘用的人员,需有在京常住户口,具备干部或工人身份,按规定由单位缴纳社会保险。

面对不符合资格条件的客户,人事档案代理人员应说明不符合哪一规定的哪一条哪一款,在表示惋惜之余,尽量取得企业客户的理解。除此之外,人事档案代理人员也可在符合国家、地方政策的基础上为企业客户的员工档案管理工作提供一些解决思路,如采取人才引进、办理落户等途径。

9.4 人事档案查借阅业务流程与规范

9.4.1 人事档案查借阅业务流程图示范（见图9—7）

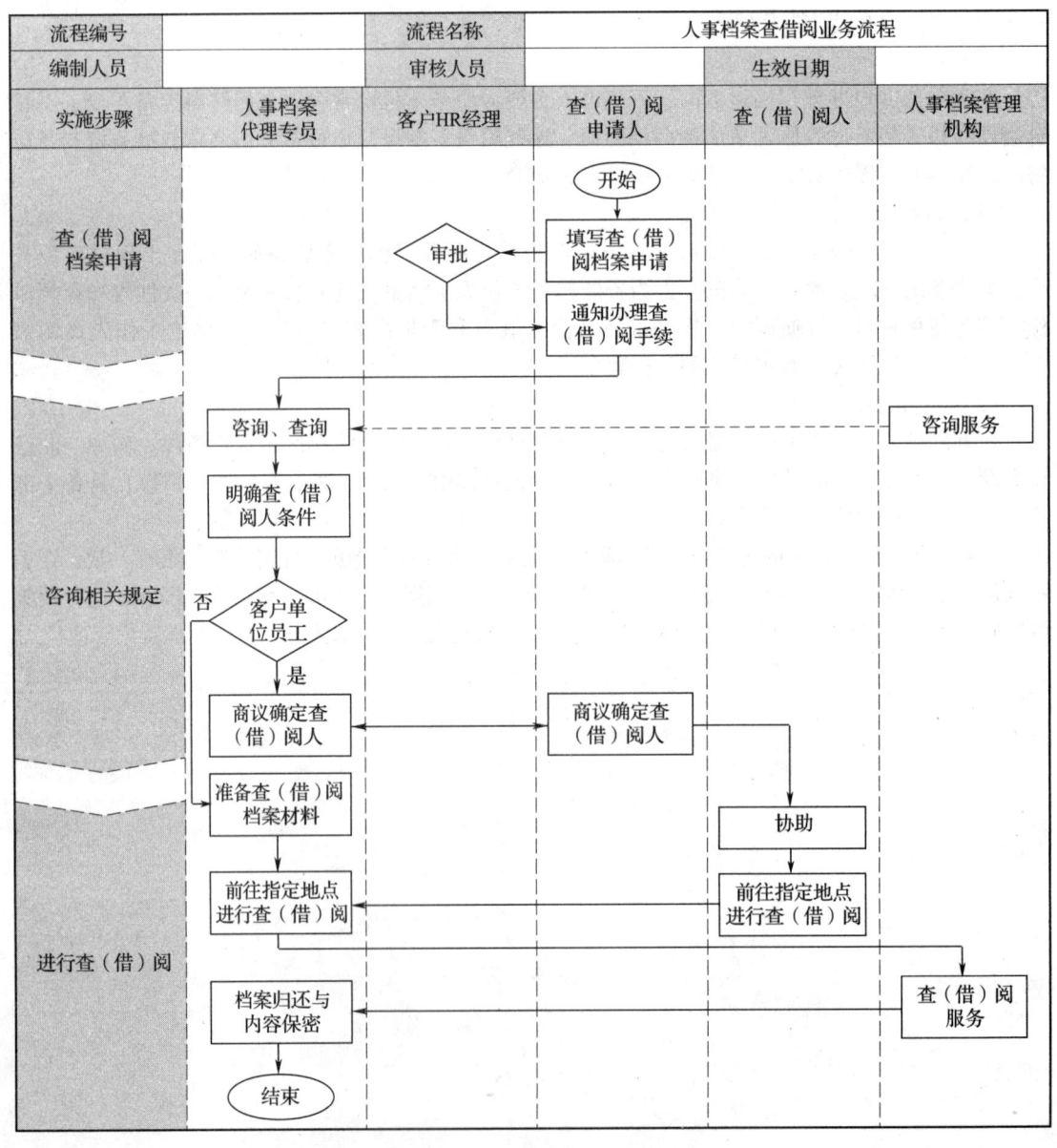

图9—7 人事档案查借阅业务流程图示范

9.4.2 人事档案查借阅业务规范的编制(见表9—3)

表9—3　　　　　　　　　　　人事档案查借阅业务规范

制度名称	人事档案查借阅业务规范	编制部门	
		执行部门	

第1章　总　则

第1条　目的
为规范人事档案查阅、借阅业务的办理事项,遵守相关规定,防止违规行为出现,提高办事效率,特制定本规范。
第2条　适用范围
本规范适用于人事档案的查阅及借阅业务办理。

第2章　人事档案查阅管理

第3条　确定查阅人
人事档案代理专员在收到客户档案查阅需求时,应与客户进行沟通,让客户知悉相关部门对查阅人的硬性要求,从而主动指派两名中共党员进行查阅,同时表明本公司会提供其他协助工作。
第4条　准备查阅资料
查阅档案前,人事档案代理专员需指导客户准备好单位组织部门或人事部门的介绍信、查阅人有效证件、被查阅人的存档卡或单位介绍信等。
第5条　说明查阅规范
查阅档案前,人事档案代理专员应向查阅人认真说明查阅规范,确保其了解规范、遵守规范。具体查阅规范如下:
1. 查阅人不得查阅或借用本人及其直系亲属的档案。
2. 查阅档案,必须严格遵守保密制度和阅档规定,严禁涂改、圈划、抽取、撤换档案材料。查阅人不得泄露或擅自向外公布档案内容。
3. 查阅人不得擅自拍摄复制档案内容。
第6条　协助查阅
人事档案代理专员与查阅人约定查阅时间,并亲自带领其到指定地点进行档案查阅。

第3章　人事档案借阅管理

第7条　档案借阅手续
人事档案原则上不外借,人事档案代理专员办理档案借阅时,需出具单位组织部门或人事部门的介绍信,说明借档理由,经过主管部门负责人批准,并严格履行登记手续。
第8条　档案借阅时间
关于档案借出时间,本市不超过两周,外地不超过一个月。
第9条　档案借阅要求
人事档案代理专员应妥善保管档案,不转借他人或向他人透露档案内容,不擅自拍摄复制档案内容。
第10条　档案借阅情形
目前可以办理档案外借的有以下三种情况,具体见下表。

续表

制度名称	人事档案查借阅业务规范	编制部门	
		执行部门	

档案借阅情形及需提供的资料列表	
借阅情形	需提供资料
办理退休手续及工龄审定	（1）社保部门出具的介绍信 （2）委托存档单位出具的介绍信 （3）存档凭证 （4）本人身份证 （5）存档本人签字的委托书和经办人身份证原件，以及委托人和经办人身份证复印件
办理有害工种提前退休手续	（1）原从事有害工种的工作单位出具的介绍信 （2）委托存档单位介绍信（个人存档不用提供） （3）存档凭证 （4）本人身份证 （5）存档本人签字的委托书和经办人身份证原件，以及委托人和经办人身份证复印件
办理工作调动手续	（1）国家机关、正规院校出具的商调函 （2）存档凭证 （3）本人身份证 （4）存档本人签字的委托书，委托人和经办人身份证原件及复印件

第 4 章 附 则

第 11 条 本规范约定的相关事宜以当地档案管理部门发布的通知、文件等为依据，若不相符，以当地档案管理部门的要求为准。

第 12 条 本规范自＿＿＿＿年＿＿月＿＿日起实施生效。

编制日期		审核日期		批准日期	
修改标记		修改处数量		修改日期	

9.4.3 高风险环节分析

人事档案查借阅服务风险主要存在于查（借）阅、档案归还与内容保密两个环节，具体来说风险如图 9—8 所示。

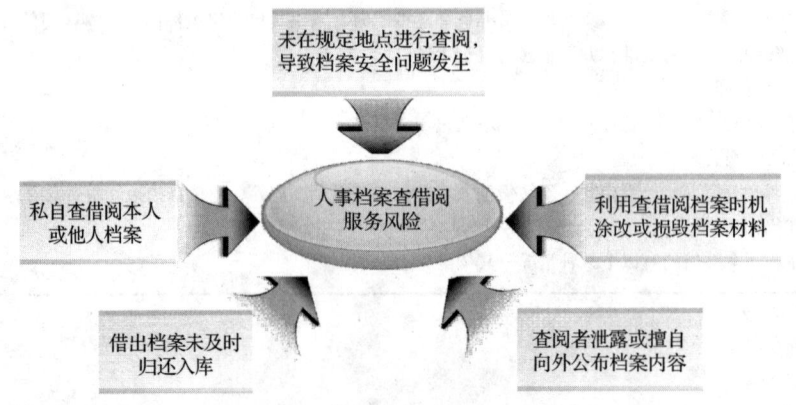

图 9—8 人事档案查借阅服务风险

面对上述风险，第三方人力资源服务单位应从以下几点采取措施加以防范：

（1）对个人查阅本人和他人档案的委托应委婉拒绝，告知其查（借）阅人事档案必须以单位名义，并填写"查（借）阅人事档案审批表"，由单位派两名中共党员按照查（借）阅的相关规定办理审批手续；同时，注意查（借）阅时不得越级查（借）阅干部档案。

（2）督促查阅人自觉遵守相关规定，在档案查阅室内阅看人事档案，查阅结束后，要将人事档案交管档人员检验，当面归还。

（3）人事档案代理人员应严格律己，不得私自或允许查（借）阅人涂改、圈划、抽取、撤换、污损档案材料。档案查（借）阅结束后，人事档案代理人员应协助查（借）阅人做好档案材料的核对、装袋、归还工作，做到材料所属人与档案相符，避免档案材料错装误装，防止丢失档案材料。

（4）借出档案经档案管理单位负责人批准后，一般都要求限期内归还。人事档案代理人员应提醒、督促借阅人到期归还。

（5）向查（借）阅人说明其保密责任及泄密后可能对自己及自己所工作的单位带来的不良后果，让其随时提高警惕性，做到不泄露或不擅自向外公布档案内容。

9.4.4 常见问题的解析

第三方人力资源服务单位在提供人事档案查（借）阅服务时，经常会面临以下三大问题：

（1）委托客户组织内部中共党员人数不足两人

对不符合规定条件的，一般不能进行查（借）阅服务。面对此种情况，如果委托客户特别想要查阅人事档案的，第三方人力资源服务单位可尽量与档案管理单位协调，看档案管理单位是否可根据实际情况向委托客户介绍被查阅人的有关情况。

（2）需复制、拍摄、摘录档案内容时该如何操作

如果需复制、拍摄、摘录档案内容的，应征得档案管理单位的同意，复制的材料需档案管理单位注明出处、日期，并加盖公章。

（3）干部人事档案查（借）阅的特别规定

查（借）阅干部人事档案，查（借）阅人要严格遵守《干部档案工作条例》《中华人民共和国档案法》和保密制度以及档案管理工作的各项法律法规，具体来说应以当地有关部门公布的相关规定为准。

查（借）阅干部人事档案部分内容的，一般不得翻阅全部档案。

查（借）阅人不得擅自拍摄复制档案内容。因工作需要从档案中取证的，必须请示干部档案主管部门审查批准后才能复制（拍摄）。经批准摘抄、复制干部人事档案供组织参考的，一般不盖章。

9.5 人事档案转出业务流程与规范

9.5.1 人事档案转出业务流程图示范（见图9—9）

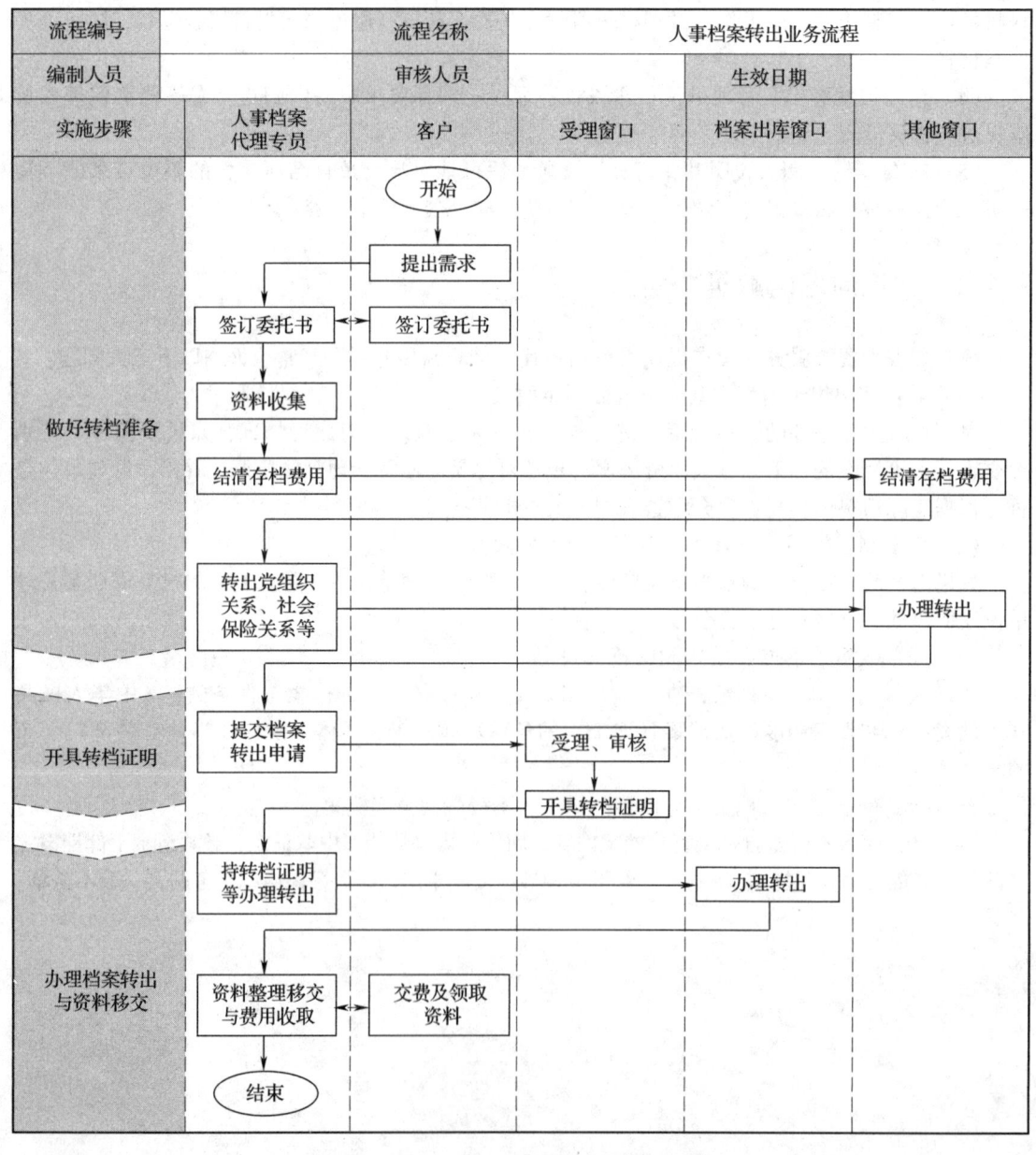

图9—9 人事档案转出业务流程图示范

9.5.2 人事档案转出业务规范的编制（见表9—4）

表9—4　　　　　　　　　　人事档案转出业务规范

制度名称	人事档案转出业务规范	编制部门	
		执行部门	

第1章 总　则

第1条　目的

为规范人事档案转出业务的办理工作，确保转出业务履行必要的手续，符合国家地方相关规定，特制定本规范。

第2条　适用范围

本规范即适用于在××市人才委托存放的个人人事档案及集体人事档案的转出工作。

第2章　存档人员档案转出准备

第3条　办理委托手续

档案调出要求本人办理，如本人不能亲自办理，委托本公司代办的，本公司人事档案代理专员作为经办人需持有存档人签字的授权委托书和身份证原件及复印件，并携带本人身份证复印件前往人才档案公共管理服务中心办理。

第4条　结清相关费用

档案调出前，人事档案代理专员应先到收费处为客户结清相关费用，若存在多交费情况应持交费票据（如系单位委托存档请携带资金往来发票）在收费处办理退费手续。

第3章　本市户籍存档人员档案转出

第5条　将档案调往本市有人事档案管理权限的工作单位或有存档权限的中介机构需提交下列材料：

1. 本人身份证。
2. 存档凭证。
3. 档案接收单位出具的有效商调函。
4. 如系单位委托存档，除需提交上述材料外，还需提交委托存档单位出具的《单位委托存档人员聘用期内鉴定表》和《单位委托存档人员解除存档合同证明信》。

单位委托存档人员聘用期内鉴定表

姓名		性别		出生年月		存档号：
档案管理部门：××市人才档案公共管理服务中心							
聘用时间：自　　年　　月　　日至　　年　　月　　日							
聘用期间工作岗位和任职情况							
年　月　日至　年　月　日		工作岗位			任何职务		
聘用期间鉴定（思想表现、工作状况、有无违法违纪行为）							
				单位盖章		存档人签名	
						年　月　日	
备注							
本表请认真填写，涂改无效。							

续表

制度名称	人事档案转出业务规范	编制部门	
		执行部门	

单位委托存档人员解除存档合同证明信

××市人才档案公共管理服务中心：
　　_____同志（存档号_____），自_____年___月___日开始至___年___月___日为我单位聘用人员，其人事档案委托你中心保存，现我公司同意其委托存档合同自_____年___月___日起解除。（我单位在你中心的协议编号为_____）

　　　　　　　　　　单位盖章　　　　　　　　　　　　　　　存档人签名：
　　　　　　　　　　　　　　　　　　　　　　　　　　　　　_____年___月___日

第6条　申请办理失业，档案转往户籍地街道社保所前需先到户籍所在区、县失业经办部门（职介中心失业经办窗口）咨询、确认档案能够接收，而后办理转出。申请办理失业，档案转往户籍地街道社保所需提交下列材料：

1. 本人身份证。
2. 存档凭证。
3. 社会保险机构出具的《社会保险转移明细单》。
4. 如系单位委托存档，除需提交上述材料外，还需提交委托存档单位出具的《单位委托存档人员聘用期内鉴定表》《单位委托存档人员解除存档合同证明信》《档案转移人员情况表》（一式三份）及《终止、解除劳动（聘用）合同或工作关系的证明书》。

第7条　办理退休手续后，档案转往户籍地街道社保所需提交下列材料：

1. 本人身份证。
2. 存档凭证。
3. 如系单位委托存档，除需提交上述材料外，还需提交委托存档单位出具的《单位委托存档人员聘用期内鉴定表》《单位委托存档人员解除存档合同证明信》及《××市社区管理退休人员人事档案移交区县名册表》。

第8条　考取研究生，申请将档案调往学校，需提交下列材料：

1. 本人身份证。
2. 存档凭证。
3. 学校出具的调档函。
4. 如系单位委托存档，除需提交上述材料外，还需提交委托存档单位出具的《单位委托存档人员聘用期内鉴定表》和《单位委托存档人员解除存档合同证明信》。

第9条　档案调到外省市（异地调动），需提交的材料如下所示。

1. 只调档案不迁户口需提交下列材料：
（1）本人身份证。
（2）存档凭证。
（3）外省市县级以上政府人力社保行政部门所属人力资源服务机构出具的有效商调函。
（4）如系单位委托存档，除需提交上述材料外，还需提交委托存档单位出具的《单位委托存档人员聘用期内鉴定表》和《单位委托存档人员解除存档合同证明信》。

2. 档案、户口一同迁出需提交下列材料：
（1）本人身份证。
（2）存档凭证。
（3）接收方地、市级以上人力社保局开具的有效商调函。
（4）如系单位委托存档，除需提交上述材料外，还需提交委托存档单位出具的《单位委托存档人员聘用期内鉴

续表

制度名称	人事档案转出业务规范	编制部门	
		执行部门	

定表》和《单位委托存档人员解除存档合同证明信》。

第10条 本市户籍存档人员档案转出注意事项

1. 社会保险关系在本市人才档案公共管理服务中心的,调出前请在规定时限期间到社会保险窗口办理转出手续。
2. 集体户口、党组织关系在本市人才档案公共管理服务中心管理的,调出前请分别在中心人事服务科、流动党员管理办公室将其转出后再办理档案调出手续。

第4章 非本市户籍存档人员档案转出

第11条 非本市户籍存档人员档案调出需提交下列材料:

1. 本人身份证。
2. 存档凭证。
3. 户籍所在地县级以上政府人力社保行政部门所属人力资源服务机构出具的有效调函。
4. 如系单位委托存档,除需提交上述材料外,还需提交委托存档单位出具的《单位委托存档人员聘用期内鉴定表》和《单位委托存档人员解除存档合同证明信》。

第12条 非本市户籍存档人员档案调出注意事项

"党组织关系"在本市人才档案公共管理服务中心管理的,调出前请在本中心流动党员管理办公室将其转出后再办理档案调出手续。

第5章 附　　则

第13条 本规范未尽事宜,参照公司其他相关制度规范执行。

第14条 本规范经总经理审批通过生效实施。

编制日期		审核日期		批准日期	
修改标记		修改处数量		修改日期	

9.5.3 高风险环节分析

在为企业客户提供人事档案转出服务时,第三方人力资源服务单位应对提交档案转出申请、持转档证明等办理转出两大环节存在的主要风险予以关注。

(1) 提交档案转出申请环节存在的风险

在提交档案转出申请的环节存在的最大风险就是已离职的员工不配合客户企业进行档案转出工作或企业因疏忽未能及时为已离职的员工办理档案转出工作。依据《中华人民共和国劳动合同法》第五十条规定:"用人单位应当在解除或者终止劳动合同时出具解除或者终止劳动合同的证明,并在十五日内为劳动者办理档案和社会保险关系转移手续。"

如果没有为已离职的员工办理档案转出,那么可能存在企业客户需继续为员工缴纳社会保险费用的风险,因此企业客户可能会向第三方人力资源服务单位索赔。

面对此种风险,第三方人力资源服务单位可从两方面着手防范,具体如图9—10所示。

(2) 持转档证明等办理转出环节存在的风险

第三方人力资源服务单位持转档证明等办理档案转出产生的风险及预防应对措施见表9—5。

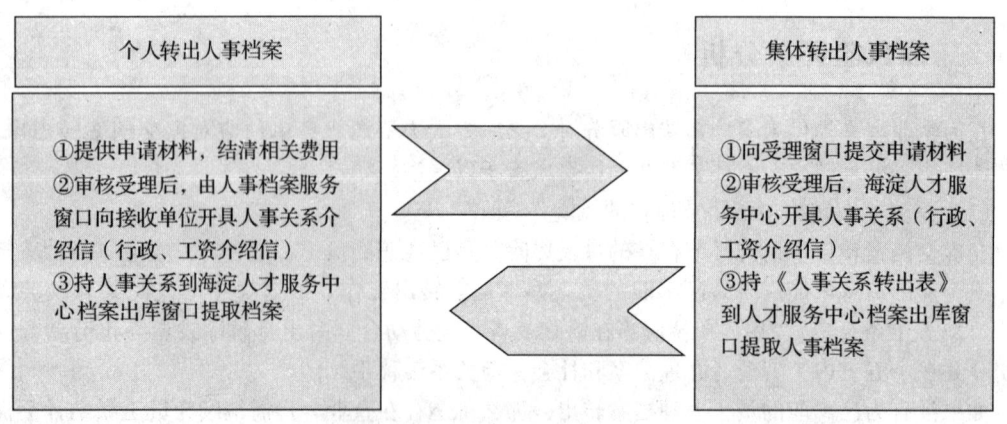

图9—10 档案未转出的风险预防策略

表9—5　　　　　　办理档案转出存在的风险及预防应对措施

风险事项	预防应对措施
迟转档案被索赔	◎ 建立档案转出管理制度、流程与规范 ◎ 每月定期与企业客户进行沟通,确定离职人员名单
私拆档案违法	◎ 规范人事档案代理人员工作行为,建立严厉惩罚制度,坚决杜绝私拆档案事件发生
丢失档案被索赔	◎ 建立档案保管制度,指定专人负责档案保管工作,开辟安全、专门的档案存放地点

9.5.4　常见问题的解析

在为企业客户提供人事档案转出服务时,第三方人力资源服务单位应对以下三个常见问题予以关注。

（1）个人转出与集体转出有差异

个人转出与集体转出往往有些差异,第三方人力资源服务单位应予以重点关注,区别客户的差异,为其提供专业的服务。

图9—11是某市关于个人转出人事档案与集体转出人事档案的办理要求,仅供读者参考。

个人转出人事档案	集体转出人事档案
①提供申请材料,结清相关费用 ②审核受理后,由人事档案服务窗口向接收单位开具人事关系介绍信（行政、工资介绍信） ③持人事关系到海淀人才服务中心档案出库窗口提取档案	①向受理窗口提交申请材料 ②审核受理后,海淀人才服务中心开具人事关系（行政、工资介绍信） ③持《人事关系转出表》到人才服务中心档案出库窗口提取人事档案

图9—11 个人转出人事档案与集体转出人事档案的办理要求

（2）不同地区对档案转出规定有差异

不同地区对档案转出的规定往往不同,第三方人力资源服务单位应在充分掌握转出地相关规定的基础上,严格遵守有关规定进行操作。下面介绍深圳市宝安区对干部档案转出的相关规定。

1）申报对象为已与宝安区人才服务中心建立人事代理关系，并付清相关费用的人员。如果费用未清，可在办理调出手续时同时结清，不收取滞纳金。

2）调出深圳市需准备好接收单位开具的商调函原件、提供最近一期的人事代理协议，如果人事代理协议丢失，可提供身份证复印件查询。

3）本人身份证或户口簿原件及复印件（如户籍已迁出深圳市，提供复印件即可；也可提供原深圳户籍地派出所出具的户籍迁出证明或户口底册复印件）。

4）委托第三方人力资源服务单位办理档案调出，需提供有委托人签字并盖手印委托书原件，并提供被委托人身份证原件及复印件。

5）《商调（录用）人员审查表》。

6）《调出人员信息登记表》。

（3）原委托存档单位已被注销、查封

如果原委托存档单位已被注销、查封，第三方人力资源服务单位人事档案代理人员应持转出人本人身份证、工商局等有关部门出具的注销证明、接收单位的有效商调函办理相应调出手续。

第10章 人力资源咨询服务

10.1 人力资源咨询服务及其类型概述

10.1.1 人力资源咨询服务范围界定

人力资源咨询服务是指从事第三方人力资源服务的单位利用己方丰富的知识、经验及专业所长,在客户单位提出咨询服务要求的基础上,深入客户单位进行调研,找出客户单位人力资源管理存在的主要问题及原因,进而提出切实可行的人力资源咨询方案与指导实施方案,帮助企业提高管理水平及经营效益的一种服务形式。

人力资源咨询服务是针对"人力资源"这一活的资源,围绕招聘、绩效考核、薪酬体系、培训和职业生涯规划等方面展开的咨询服务工作。人力资源咨询服务的主要范围及其详细说明见表10—1。

表10—1　　　　　　　　　人力资源咨询服务范围

服务范围	范围说明
1. 人力资源战略规划	分析客户单位战略对人力资源的要求,进行人力资源供需预测,制定保证客户单位发展战略目标实现的人力资源配置计划和人力资源管理政策
2. 岗位管理	通过客户单位的岗位设置、岗位说明书编制、定岗定员等岗位管理工作,落实岗位职责,实现人岗匹配
3. 员工招聘管理	优化客户单位的员工招聘操作流程,指导招聘与面试各个环节实施,设计面试及测评具体工具并辅导应用
4. 人才测评	运用心理测评、智力测评、能力测评、人格测评等人才测评技术,对客户单位重要岗位的内外部应聘人员进行心理、知识、能力、业绩等方面的测评,公平、公开、科学地选聘客户单位所需要的人才
5. 岗位胜任素质模型	为客户单位建立岗位胜任素质模型,为员工的选、用、育、留提供科学依据
6. 培训管理	帮助客户单位设计、构建培训课程体系,帮助企业内部培训师掌握培训内容设计、培训实施的主要方法和技巧,努力提高培训投入产出效果
7. 薪酬设计和激励管理	根据客户单位的特点和需要设计薪酬构成、各类人员薪酬制度及激励方案,真正体现多劳多得、少劳少得、不劳不得,激发员工潜力,充分发挥薪酬的激励功能
8. 绩效考核和管理	根据客户单位的经营特点和需要,设计科学实用的绩效考核办法,进行绩效目标分解,建立绩效管理体系,指导实施绩效考核工作并有效运用绩效考核结果,促进客户单位绩效水平的不断提升

续表

服务范围	范围说明
9. 员工职业生涯管理	为客户单位建立员工职业生涯管理体系，规划不同类人员的职业生涯发展通道，制定出员工职业发展规划及人才储备计划和接班人计划，指导客户单位有力落实员工职业生涯管理规划
10. 劳动关系管理	指导客户单位用工及劳动合同管理，帮助客户单位处理解决劳动纠纷，规避劳动用工风险
11. 保险、福利计划	设计客户单位各项保险方案和福利计划，既有效规避风险，又能长效激励员工
12. 人力资源管理提升	帮助客户单位的人力资源管理部门建立、健全部门职能和管理制度，完成由人事管理向现代人力资源管理的转变
13. 人力资源外包	为客户单位制定人力资源外包方案，向其推荐合格合适的外包服务商等

10.1.2 人力资源咨询服务类型分析

人力资源咨询服务根据不同标准有不同的分类，具体类型如下所述。

(1) 根据服务范围分类

根据服务范围，人力资源咨询服务可分为全局性咨询和单元性咨询。其中，全局性咨询是对客户单位的总体人力资源管理情况进行咨询；单元性咨询是对客户单位的某一人力资源管理模块（如绩效、薪酬等）进行具体咨询。

(2) 根据服务对象分类

根据服务对象，人力资源咨询服务可分为国有企业人力资源咨询服务、中小企业人力资源咨询服务、外资企业人力资源咨询服务。

深化国有企业改革是大型国有企业发展的要求及机会，对现代化、专业性的咨询建议需求很大，因此，改革中的大型国有企业为中国本土的第三方人力资源服务单位提供了良好的发展机会。

中小企业由于发展迅速、管理不规范、竞争激烈、人才问题严重等，对人力资源咨询服务十分渴求。

而外资企业一般具有重视人力资源管理的传统，其对人力资源咨询服务的需求也很大。

(3) 根据从业主体分类

根据从业主体，人力资源咨询服务可分为咨询公司人力资源咨询服务、个体人力资源咨询服务及政府机构人力资源咨询服务，具体如图10—1所示。

10.1.3 人力资源咨询服务行业分析

不论是深化改革的国有企业，还是数量众多的中小企业，都面临管理现代化、经营国际化的挑战，对管理咨询的需求，特别是人力资源管理咨询的需求非常大，人力资源咨询服务行业有广阔的市场及发展前景。

同时，人力资源咨询服务行业如不能规范化、高效运作必然会导致市场的混乱，阻碍本行业的健康发展。具体来说，人力资源咨询服务单位及个人可采取以下措施提高规范化水平：

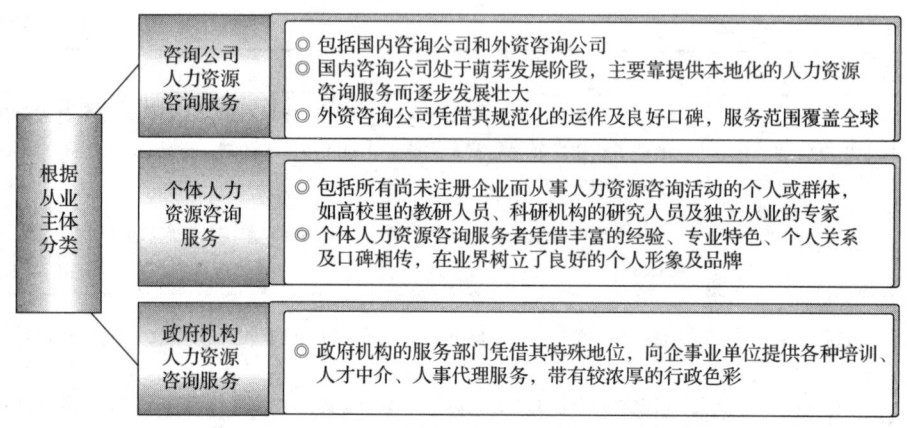

图 10—1　根据从业主体划分的人力资源咨询服务类型

（1）人力资源咨询服务行业的从业主体应以企业为主导，通过市场竞争实现优胜劣汰。这一方面需要有志于从事人力资源咨询服务的个人，进入企业或者创办企业开展咨询活动；另一方面需要政府机构淡出营利性的咨询业。

（2）大力宣传人力资源管理的理念，让客户企业认识到"人力资源"这一活资源的重要性，用长远的眼光培育和开拓市场。

（3）人力资源咨询服务应朝着专业化的方向发展。在开展人力资源咨询服务时，第三方人力资源服务单位可将不同领域、不同特长的专家组成项目小组，对项目小组各成员实行专业化分工，而后项目小组以一个整体进行咨询服务，提供专业化的咨询建议。

10.1.4　人力资源咨询服务主要业务环节梳理

所有的业务程序都有开始、过程和结束，人力资源咨询服务也不例外。根据咨询服务的具体事项，第三方人力资源服务单位可将人力资源咨询服务分为下列六个阶段。

（1）客户营销

任何一项业务的开展都离不开营销工作。在开展人力资源咨询服务前，第三方人力资源服务单位的工作重点是进行市场营销、线上线下品牌推广等，促使潜在客户能找上门。

（2）立项准备

第三方人力资源服务单位在立项准备阶段的主要工作事项如图10—2所示。

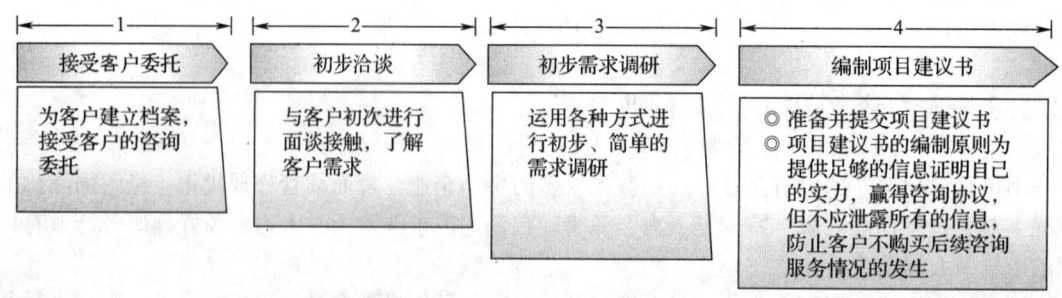

图 10—2　立项准备阶段的主要工作事项

(3) 项目正式启动

1) 第三方人力资源服务单位组建咨询项目组，任命项目经理。项目经理明确咨询项目组成员的职责分工。

2) 咨询项目组对项目进行整体规划，确定项目操作目标、工作内容、工作程序、经费安排等。

3) 咨询项目组明确与客户在本项目中的角色、分工及沟通方式等。

4) 咨询项目组进驻客户现场，开项目启动会。

(4) 问题诊断

问题诊断是解决问题的第一步，只有准确诊断出问题所在，才能有针对性地制定真正能够解决问题的咨询方案。问题诊断一般参照下列步骤实施，如图10—3所示。

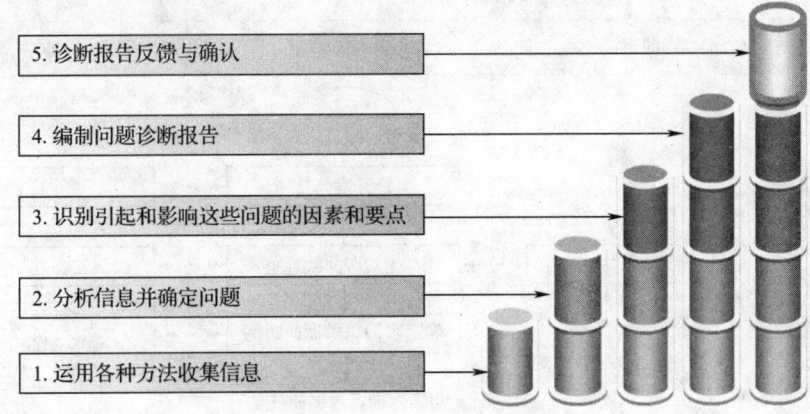

图10—3 问题诊断的步骤

(5) 咨询方案设计

咨询项目组设计的咨询方案一般包括多种小的方案，如薪酬体系设计方案、培训体系设计方案、绩效体系设计方案、岗位职责优化方案等。对于大型人力资源咨询项目，在设计咨询方案时，咨询项目组可参照如图10—4所示内容进行设计。

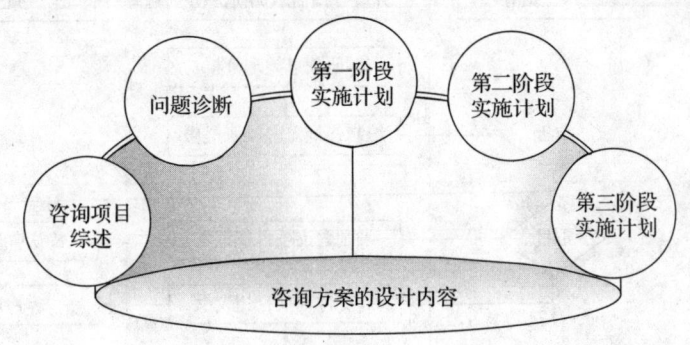

图10—4 咨询方案的设计内容

(6) 咨询方案实施

咨询工作的目的是帮助客户实现真正提升，因此咨询方案的实施也是咨询服务的重中之重。咨询项目组应协助、指导客户实施方案，直到客户验收通过。

10.2 人力资源管理项目咨询需求调研业务流程与规范

10.2.1 人力资源管理项目咨询需求调研业务流程图示范（见图10—5）

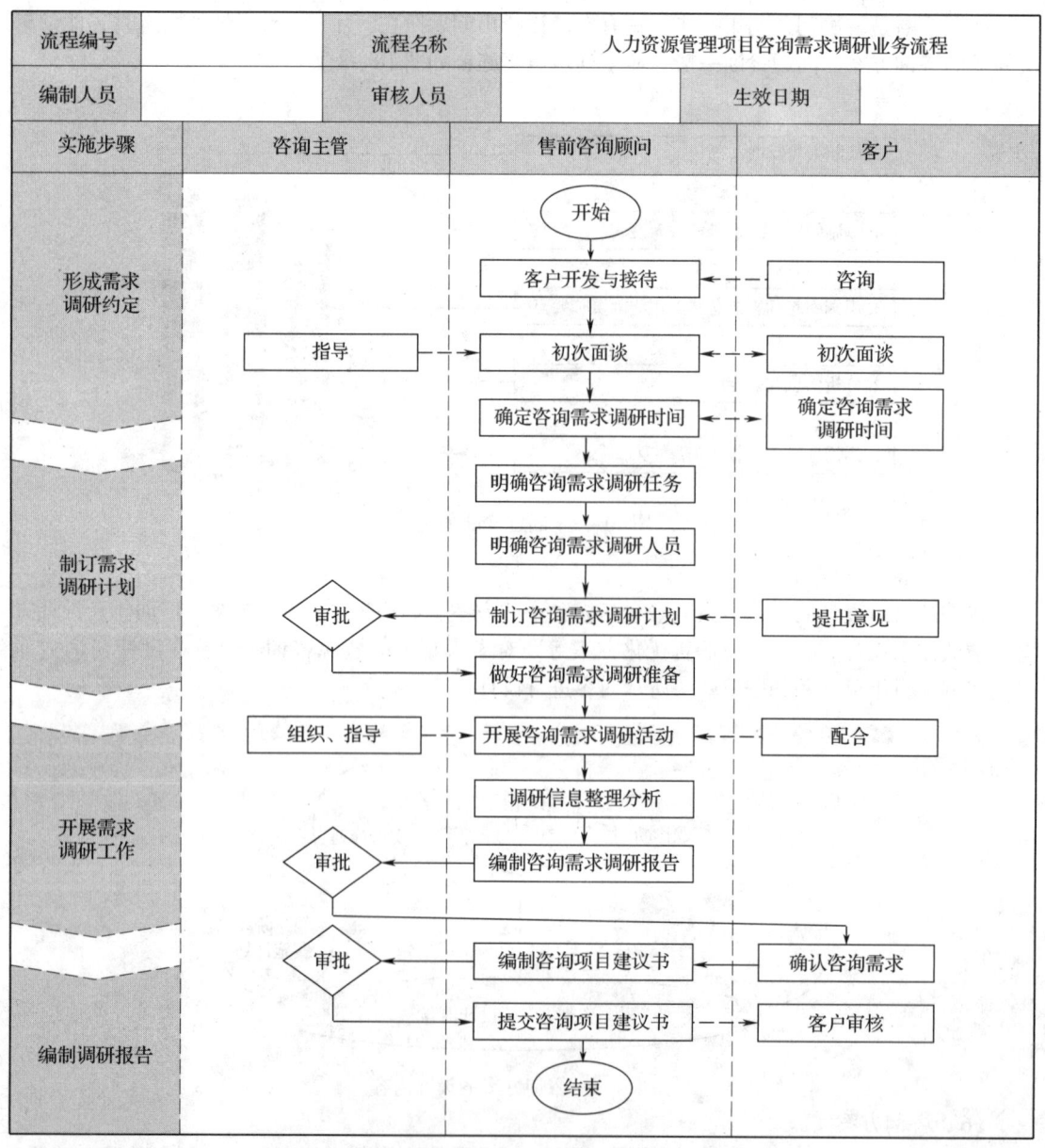

图10—5 人力资源管理项目咨询需求调研业务流程图示范

10.2.2 人力资源管理项目咨询需求调研业务规范的编制（见表10—2）

表10—2　　　　　　　　人力资源管理项目咨询需求调研业务规范

制度名称	人力资源管理项目咨询需求调研业务规范	编制部门	
		执行部门	

第1条　目的

为了确保意向客户咨询需求调研的有序性、有效性及规范性，与意向客户建立良好、融洽的合作关系，大力拓展公司业务，促进公司业务长足发展，特制定本规范。

第2条　适用范围

本规范适用于本公司在承接咨询项目前，对意向客户咨询需求进行调研、分析的所有工作。

第3条　职责分工

1. 售前咨询顾问负责客户开发、客户咨询处理、与客户进行初步面谈、制订与实施客户咨询需求调研计划等工作。
2. 咨询主管负责指导售前咨询顾问处理工作中的难题，审核客户咨询需求调研计划并组织实施客户咨询需求调研计划。

第4条　客户咨询处理

1. 接到客户咨询电话或在线客服系统咨询信息时，售前咨询顾问应第一时间予以回复，回复标准语为："您好！这里是××咨询公司，我是咨询顾问×××，欢迎您进行咨询。"
2. 通过与客户的交流，售前咨询顾问可与意向客户约定具体的面谈时间与地点。

第5条　咨询面谈

1. 售前咨询顾问应按照约定的时间地点与意向客户进行初次面谈，尽量为其留下深刻、良好的印象。
2. 通过与客户面对面的交谈，售前咨询顾问应确定意向客户的问题，并判断本公司是否有能力帮助其解决，与客户建立良好融洽的关系。
3. 初次面谈结束后，双方有进一步合作意向的，售前咨询顾问应与意向客户确定咨询需求调研的时间及对方需做的准备工作。

第6条　制订咨询需求调研计划

1. 售前咨询顾问应在充分考虑意向客户意见的基础上，及时制订咨询需求调研计划，明确咨询需求调研范围、调研地点、调研时间、调研方式、调研工作安排等。
2. 制订好的咨询需求调研计划，售前咨询顾问应报咨询主管审批，审批通过后方可实施。
3. 本公司常用的咨询需求调研方式见下表。在制订具体的咨询需求调研计划时，售前咨询顾问应灵活选择应用。

咨询需求调研方式表

调研方法	具体操作说明
问卷法	◆ 事先准备好问卷表，发给意向客户相关部门，由相关部门员工填写后收回 ◆ 注意反馈信息的完整性及问卷的有效性
个别交流	◆ 可以就某一人力资源管理问题与意向客户相关人员进行直接交流，谈话时应及时记录谈话要点
资料研究法	◆ 收集相关的文档资料，如公司概况、薪酬福利制度、员工感受期望等，可从报纸、杂志、客户官网、宣传手册等获取，也可直接要求客户方提供 ◆ 注意资料来源的权威性，尽量选择国家统计机构发布的数据、官方网站介绍、意向客户签字盖章的存档文件等
观察法	◆ 对意向客户的工作现场进行观察，并进行详细记录
开会讨论	◆ 对跨部门、跨岗位的业务，可以把意向客户的相关人员召集在一起，了解这些业务的真实情况

续表

制度名称	人力资源管理项目咨询需求调研业务规范	编制部门	
		执行部门	

第7条　实施咨询需求调研计划

1. 售前咨询顾问应将制订好的咨询需求调研计划发给意向客户，在获得意向客户认可的情况下，提前做好咨询需求调研的准备工作。

2. 售前咨询顾问在咨询主管的组织领导下，根据咨询需求调研计划内容，有步骤地实施咨询需求调研活动，并做好相关资料信息的收集、记录、保存工作。

第8条　调研信息整理分析

售前咨询顾问必须对调研信息进行整理加工，使之真实、准确、完整、简洁、统一，能反映事实的特征和本质。

1. 售前咨询顾问应及时将收集到的资料进行分类，并根据类别制作成统计表，以便分析和运用。

2. 售前咨询顾问应对资料信息的真实性和准确性进行检验。做真实性检验时，可以根据以往的经验对调查资料进行判断，也可以根据其内在逻辑关系和各种数据关系进行判断。

3. 售前咨询顾问应对资料信息的一致性和口径的统一性进行检验。对含糊不清的资料或记录不完备的地方，应进行及时辨认，必要时可复核更正。对于不合格的资料应剔除，以保证资料的准确性。

4. 售前咨询顾问应根据真实、有效的咨询需求调研信息得出客户真正的咨询需求。

第9条　编制咨询需求调研报告

1. 对调研信息进行分析后，售前咨询顾问要将咨询需求调研信息情况、咨询需求调研分析结果等以调研报告的形式呈现出来，并按照公司规定格式进行编写，上报咨询主管审批。

2. 咨询需求调研报告经咨询主管审批通过后，售前咨询顾问应与客户就咨询需求进行确认。

第10条　编制咨询项目建议书

1. 售前咨询顾问必须重视咨询项目建议书的编制，认识到咨询项目建议书是决定咨询协议签订的关键要素之一。

2. 售前咨询顾问向客户提供的咨询项目建议书应至少包括技术部分、人员部分、财务及其他部分三大内容，具体如下图所示。

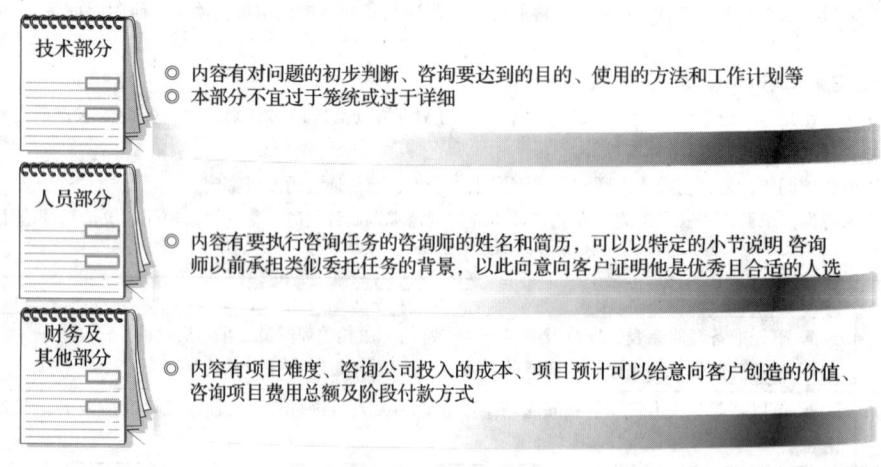

咨询项目建议书的三大内容

3. 在意向客户无特殊要求的情况下，售前咨询顾问可参照本公司提供的项目建议书模板进行编制，以提高工作效率，保持统一性和规范性。

第11条　本规范由咨询事业部制定、解释及修改。

第12条　本规范自发布之日起实施。

编制日期		审核日期		批准日期	
修订标记		修订处数量		修订日期	

10.2.3 高风险环节分析

人力资源管理项目咨询需求调研是在接受客户委托后,对客户的咨询需求进行初步的调研,旨在找出客户真正的咨询需求,并在此基础上编制咨询项目建议书。人力资源管理项目咨询需求调研主要在做好咨询需求调研准备、开展咨询需求调研活动和确认咨询需求三个环节存在着高危风险。

(1) 做好咨询需求调研准备环节存在的风险及预防措施

做好咨询需求调研准备环节存在的风险最主要的是客户准备工作未能彻底落实,导致咨询需求调研工作不能按计划执行。面对此类风险,第三方人力资源服务单位应与客户方相关负责人就咨询需求调研需准备的工作进行确认,并对可能发生的特殊情况进行设想,制定临时调整计划以备不时之需。

(2) 开展咨询需求调研活动环节存在的风险及预防措施

开展咨询需求调研活动存在的风险主要有客户方配合度不高,导致无法按期完成咨询需求调研工作。面对此类风险,第三方人力资源服务单位可采取如图10—6所示的预防措施。

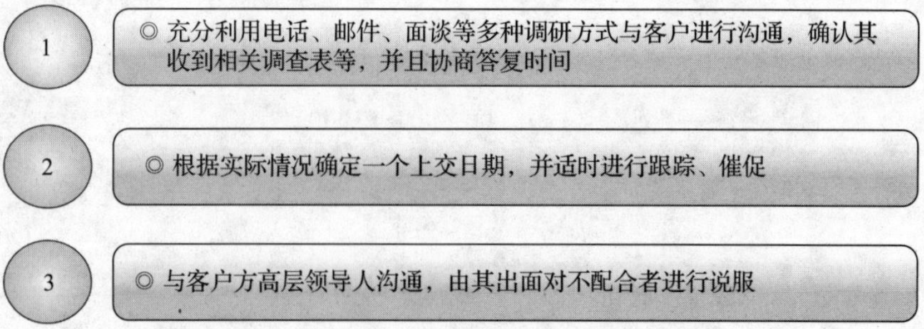

1. ◎ 充分利用电话、邮件、面谈等多种调研方式与客户进行沟通,确认其收到相关调查表等,并且协商答复时间

2. ◎ 根据实际情况确定一个上交日期,并适时进行跟踪、催促

3. ◎ 与客户方高层领导人沟通,由其出面对不配合者进行说服

图10—6 客户方配合度不高的风险预防措施

(3) 确认咨询需求环节存在的风险及预防措施

确认咨询需求环节存在的风险主要是客户不愿意在咨询需求调研报告上签字,存在客户需求大量变化的风险。面对此种风险,第三方人力资源服务单位应积极与客户沟通,让其了解执行需求调研与分析的过程,高质量的需求调研成果是降低此种风险的有效办法之一。

10.2.4 常见问题的解析

咨询需求调研存在的最主要问题是未能设计出合理、有效的调研问题,从而无法得到客户真正的需求信息。下面列举几个典型的咨询需求调研问题,供参考。

1. 您想要本公司解决的问题是什么?
2. 您何时发现这个问题的?
3. 您认为导致这个问题发生的原因是什么?
4. 您尝试过解决这个问题吗?您是如何做的?结果怎样?

5. 对于本公司如何着手处理，您有什么建议吗？
6. 对于这个项目，您的目标是什么？
7. 在项目完成后，你想看到的可以衡量的效果是什么？
8. 贵单位可以提供何种资料和其他支持？
9. 在寻求解决办法的过程中，会有来自内部哪些部门或人员的阻力？
10. 对于这个项目，贵单位有专项的预算吗？
11. 您想让我们多久之后开始工作呢？
12. 贵单位要求在什么时候完成这个项目？

10.3 人力资源管理咨询项目投标实施业务流程与规范

10.3.1 人力资源管理咨询项目投标实施业务流程图示范（见图10—7）

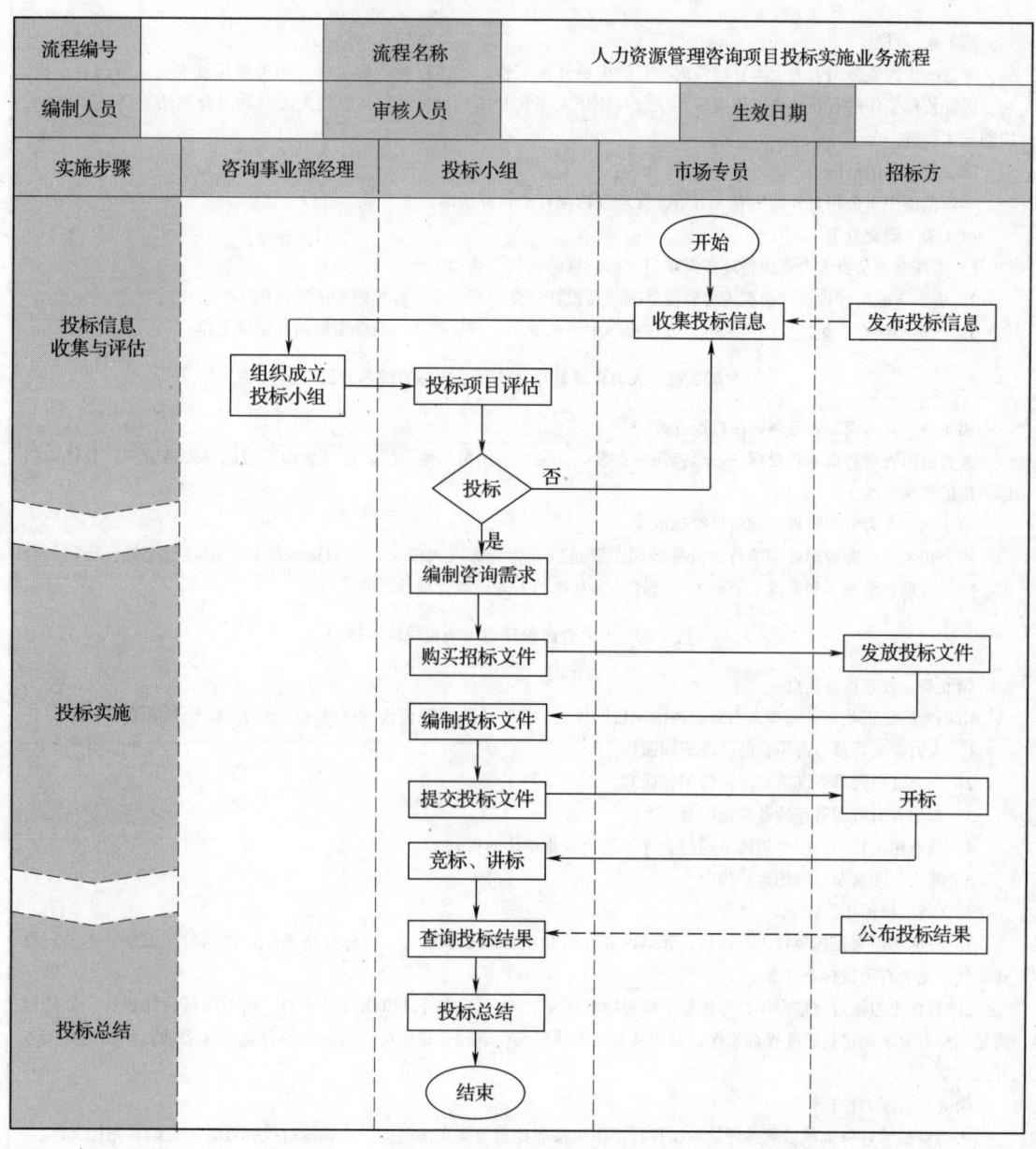

图10—7 人力资源管理咨询项目投标实施业务流程图示范

10.3.2 人力资源管理咨询项目投标实施业务规范的编制（见表10—3）

表10—3　　　　　　　　　人力资源管理咨询项目投标实施业务规范

制度名称	人力资源管理咨询项目投标实施业务规范	编制部门	
		执行部门	

第1章　总　　则

第1条　目的
为进一步加强公司人力资源管理咨询项目的市场开发工作，规范投标竞标工作，明确投标过程各环节的责、权、利，保证投标工作的有效性和工作效率，结合《中华人民共和国招投标法》《中华人民共和国合同法》等法律法规，特制定本规范。

第2条　适用范围
本规范适用于公司对外的所有人力资源管理咨询项目的投标活动。

第3条　职责分工
1. 市场专员负责人力资源管理咨询项目投标信息的收集、整理工作。
2. 咨询事业部经理负责根据人力资源咨询项目投标信息组织成立投标小组并指定投标小组组长。
3. 投标小组在小组组长的带领下，完成投标项目的评估、投标准备、投标实施与总结等工作。

第2章　人力资源管理咨询项目投标方式与范围

第4条　人力资源管理咨询项目投标方式
人力资源管理咨询项目投标可采取公司独立投标，也可采用与其他单位联合（合作）投标等多种方式，具体以招标单位的要求为准。

第5条　人力资源管理咨询项目投标范围
本公司人力资源管理咨询项目的投标范围主要是以人力资源六大模块（人力资源规划、招聘与配置、培训与开发、绩效管理、薪酬福利管理、劳动关系管理）为基础的人力资源管理方面的项目。

第3章　人力资源管理咨询项目投标程序

第6条　收集投标信息
市场专员负责收集、整理人力资源咨询项目的投标信息。人力资源咨询项目投标信息的主要获取渠道如下：
1. 人力资源管理咨询项目的公开招标通告。
2. 人力资源管理咨询项目的邀请招标通知。
3. 参加人力资源管理的各类交流会。
4. 政府相关机构、中介机构及同行业等各类企事业单位的推介。
5. 熟人、朋友及已签约客户的推介。

第7条　投标项目评估
1. 投标小组对投标项目进行评估，评估内容有投标项目的基本情况、投标资格条件、投标时间要求、本公司投标条件、竞争对手投标条件等。
2. 投标小组通过评估得出是否进行后续投标的决定。对于不能满足招标方要求的，则不进行后续投标，如能够满足招标方要求则进行后续投标工作；对于具有竞争优势的，则强化该优势，对于不具备竞争优势的，则制定并实施补救方案。

第8条　报名投标
人力资源管理咨询项目通过评估后，投标小组应按照招标方要求的时间、方式进行投标报名，并购买招标文件。

续表

制度名称	人力资源管理咨询项目投标实施业务规范	编制部门	
		执行部门	

第9条 做好投标准备
1. 收集投标方信息。投标小组应多途径地收集投标方的信息，能进行现场考察的可进行现场考察。
2. 编制投标文件。投标小组应按照招标文件的具体要求编制投标文件，投标文件编制要点如下图所示。

4个要点

1. 投标文件应当对招标文件提出的实质性要求和条件作出响应

2. 投标文件应当由本公司法人代表或者授权代理人签字并加盖公章后密封

3. 如是国内人力资源管理咨询项目，投标文件需按规定使用"人民币"作为货币计量单位；如为国际人力资源管理咨询项目，投标所使用货币则按招标文件的规定执行

4. 编写要做到前后一致、风格统一，符合招标文件的要求，并保证所提供全部资料的真实性、有效性

投标文件编制要点

3. 按时递交。投标小组应当在招标文件要求提交投标文件的截止时间前，将投标文件送达投标地点，并在确保招标方签收后方可离开。
4. 文件修改。在招标文件要求提交投标文件的截止时间前，投标小组认为投标文件的组成部分有必要修改的，可以在书面通知招标方并取得同意后，予以补充、修改或者撤回。

第10条 竞标讲标
1. 选择讲标人员：接到开标通知后，投标小组组长需在投标小组中选择讲标人员，由其进行投标竞标现场的答辩。
2. 参加开评标：投标小组组长及讲标人员应在规定的时间到达开标地点参加开标会议和现场答辩，并接受招标方评标委员会的审核。
3. 简单介绍投标文件：在正式开标时，讲标人员需在规定的时间内完整地将投标文件主要内容、特点作概要性介绍，介绍要做到重点突出，特色鲜明，从而体现本公司的信心和实力，感染并打动招标方评标委员会。
4. 进行现场答辩：在评委提出疑问时，讲标人员应当围绕评委提出的疑问进行准确回答，打消招标方的疑虑。
5. 退出讲标现场：讲标人员在现场所有讲标人员讲标结束后，礼貌、有序退出讲标现场。

第11条 查询投标结果
投标结束后，投标小组应随时关注投标结果，如收到"中标通知书"后应及时做好后续合同签订工作。

第12条 投标总结
每次投标完成，无论是否中标，投标小组都要对工作中的失误、好的做法、可供以后参考的内容等进行认真总结，以便吸取经验和教训，改进投标工作。

第4章 人力资源管理咨询项目投标其他规定

第13条 保密规定
投标小组不准和任何不相关的人包括亲戚朋友谈论公司投标信息，不准在私人通信中泄露公司投标信息，更不得将公司的投标信息泄露给其他投标单位。

续表

制度名称	人力资源管理咨询项目投标实施业务规范	编制部门	
		执行部门	

第14条 违法行为规定

投标小组不得弄虚作假、骗取中标;更不得以向招标人或招标委员会行贿的手段谋取中标;一旦造成违法,将由个人承担相关法律责任。

第 5 章 附 则

第15条 本规范由咨询事业部制定后,报总经理审批。

第16条 本规范经总经理审批通过后,自公布之日起执行。

编制日期		审核日期		批准日期	
修改标记		修改处数量		修改日期	

10.3.3 高风险环节分析

人力资源管理咨询项目投标实施过程中,存在因投标项目评估不佳导致项目流失或项目得不偿失的风险,也存在因投标过程违反相关法律法规而产生的法律风险。

(1) 投标项目评估不佳引起的风险

投标项目评估不佳引起的风险主要有两类,具体如图10—8所示。

○ 不宜投标的项目评价为宜投标的项目,导致投入了大量人力、财力却没有中标;或虽中标但不宜履行的项目,从而产生使投标保证金不能退回的风险

○ 宜投标的项目评价为不宜投标的项目,导致错失好项目,影响业绩

图10—8 投标项目评估不佳引起的风险

为规避上述两大风险的发生,投标小组应建立投标项目评估体系,针对本单位的实际情况建立评估标准,确保评估结果的科学性、准确性,依据评估结果慎重选择投标项目。

(2) 竞标讲标过程违反相关法律法规风险

在竞标讲标的过程中,第三方人力资源服务单位如违反《中华人民共和国招标投标法》《中华人民共和国招标投标法实施条例》相关规定的,可能被判中标无效、罚款或取消其1～3年内参加依法必须进行招标的项目的投标资格;给他人造成损失的,依法承担赔偿责任;构成犯罪的,依法追究刑事责任。

第三方人力资源服务单位在进行人力资源管理咨询项目投标时,一定要遵守相关法律规定,不能存有侥幸心理、知法犯法,否则会付出惨痛代价。

10.3.4 常见问题的解析

人力资源管理咨询项目投标实施过程中,投标小组易碰到两个方面的问题。

(1) 投标文件如何编制

投标文件是根据人力资源管理咨询项目招标文件的要求编制的，编制时应一一对应招标文件中关于投标文件格式的详细条款，逐条响应。

(2) 如何有效竞标讲标

1) 进行答辩模拟训练。为确保讲标过程的顺利，讲标人员不仅要进行讲标前的投标概述演讲的训练，还应针对评标委员会可能提出的答辩问题进行模拟演练。常见的答辩问题有项目的基本情况和相关数据问题、报价的合理性问题、目标和承诺的实现方式问题、项目完成人员问题等。

2) 保持良好的形象。在投标现场进行讲标时，讲标人员需注意自己的仪表、行为，具体要求见表10—4。

表10—4　　　　　　　　　　讲标人员仪表行为要求

仪表行为要求	具体要求
仪表形象要求	可化淡妆，着装应舒适、正式且适合投标竞标讲标的场合
声音要求	1. 发音清晰，不要出现语言含混不清或者把句子的末尾词语吞掉的情况 2. 恰当地调整或改变音调以增加讲标的变化性和趣味性 3. 保持足够大的音量，让在场的每位人员都能听到讲标的内容
站位要求	1. 在讲标时需站立笔直，双肩稍向后，充分表现出自己的自信和自尊 2. 在讲标的过程中需要走动时，要站在不会挡住屏幕的位置上，如屏幕的右边
身体动作要求	在讲标时，不得晃动双手和身体，玩小物体，避免传递出紧张不安、未做好准备的信号
眼神要求	1. 不论提问的人是谁，需一直用眼睛看着提问的人，表现出对提问者的尊重、对问题的认真态度 2. 与现场人员有目光交流，以读懂对方的目光语言，了解其内心活动，有效讲标

3) 掌握讲标技巧。讲标人员应掌握一定的现场讲标技巧，通过不断累积经验、吸取教训，提高自我的讲标能力，从而促使本单位获得招标方的青睐。投标竞标现场讲标的常用技巧如图10—9所示。

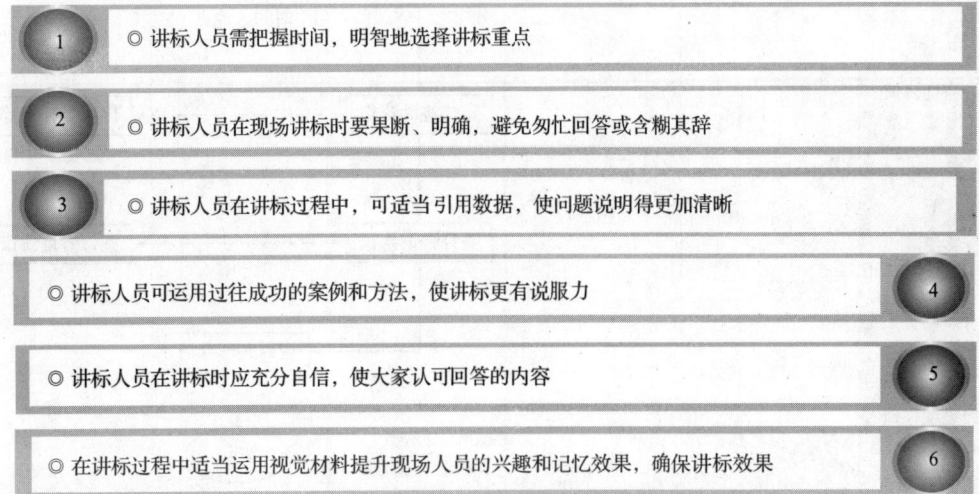

图10—9　现场讲标常用技巧

10.4 人力资源管理项目咨询协议签订业务流程与规范

10.4.1 人力资源管理项目咨询协议签订业务流程图示范（见图10—10）

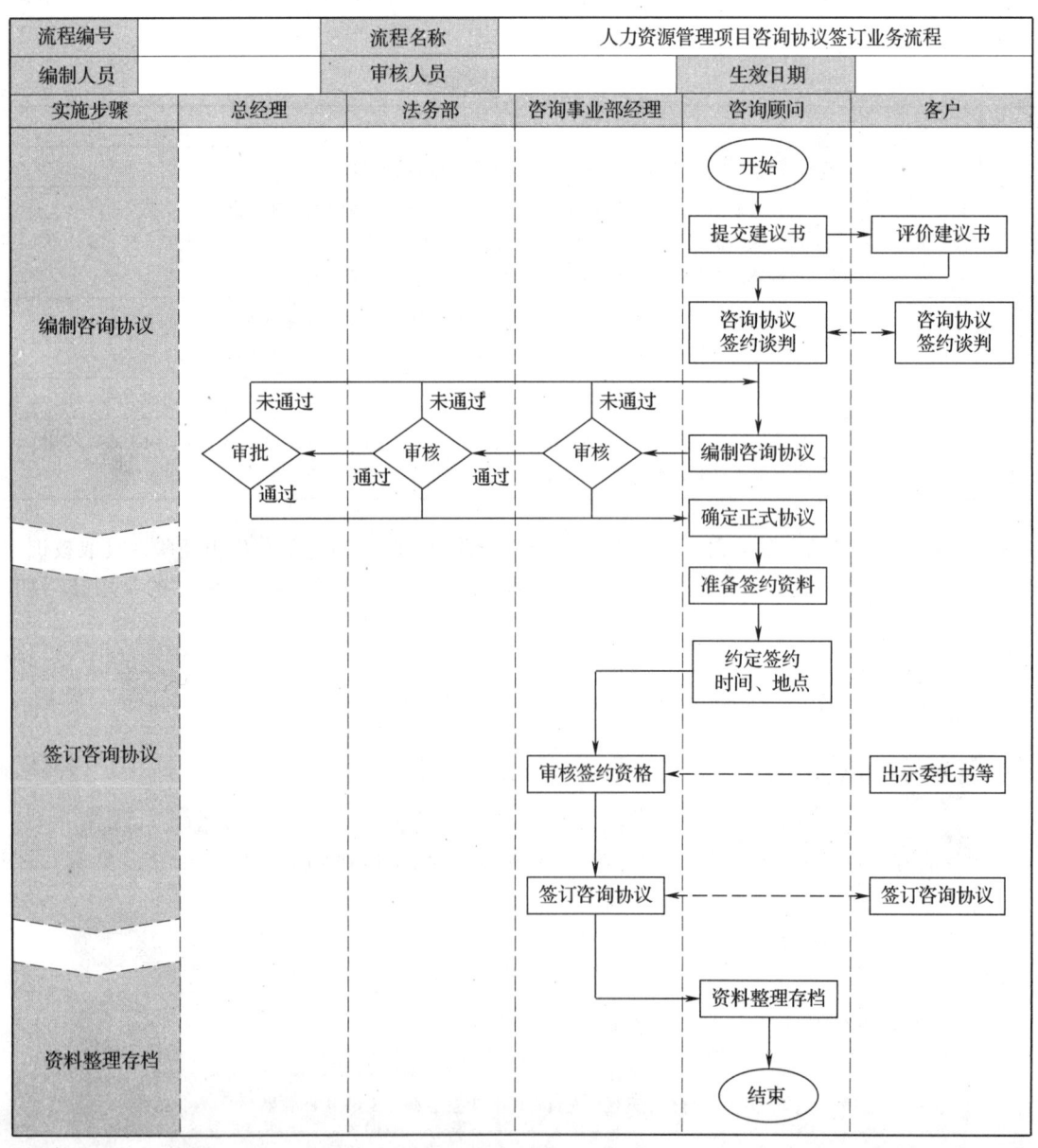

图10—10 人力资源管理项目咨询协议签订业务流程图示范

10.4.2 人力资源管理项目咨询协议签订业务规范的编制

(1) 人力资源管理项目咨询协议签订规范（见表10—5）

表10—5　　　　　　　人力资源管理项目咨询协议签订规范

制度名称	人力资源管理项目咨询协议签订规范	编制部门	
		执行部门	

第1章　总　　则

第1条　目的
为规范公司人力资源管理项目咨询协议的编制、会审、签订行为，避免公司因咨询协议签订的不规范而遭受外部处罚、经济损失及信誉损失等，依照有关法律法规，特制定本规范。

第2条　适用范围
本规范适用于咨询协议签订的管理工作，具体包括咨询协议的编制、会审、签订以及归档等工作。

第3条　职责划分
1. 咨询事业部经理负责组织编制咨询协议、审核咨询协议，代表公司与客户签订咨询协议。
2. 咨询顾问负责执行具体的咨询协议谈判、编制工作，并按公司要求做好客户签约资格的审核工作。
3. 法务部在职责范围内履行咨询协议合法性审核职责，对咨询协议的合规性、合法性等进行审核。

第2章　咨询协议编制管理

第4条　明确咨询协议内容
咨询协议至少应包含以下内容：协议编号、甲乙双方名称及联系方式、双方权利与义务、协议期限、支付数额、支付方式、违约责任和不可抗力条款、协议解除与终止、争议解决等。

第5条　确定咨询协议的形式
为避免人力资源管理项目咨询协议不规范带来的举证风险，本公司必须采取书面的方式签订咨询协议。

第6条　进行咨询协议签约谈判
1. 咨询顾问需与客户就人力资源管理咨询项目的具体问题进行协商谈判和确定，并以此编制相应的咨询协议条款。
2. 对于中标的咨询项目，投标小组应根据中标通知书要求的时间、地点与招标方进行咨询协议谈判，咨询协议的内容不得对招标文件和投标文件进行实质性修改。

第7条　咨询协议编制与审核
1. 一般人力资源管理项目咨询协议由咨询顾问起草，而后经咨询事业部经理审核、法务部审核，总经理审批后，定为正式合同。
2. 重大人力资源管理项目咨询协议应当由公司法务部参与起草，而后经咨询事业部经理审核，总经理审批后，定为正式合同。
3. 由对方起草的人力资源管理项目咨询协议，公司应指定专人认真审查咨询协议，确保合同协议内容准确。
4. 一般情况下，应优先选择公司的人力资源管理项目咨询协议模板，并根据实际需要进行修改与审核。

第3章　咨询协议签订管理

第8条　咨询协议签订权限
1. 人力资源管理项目咨询协议一般由咨询事业部经理负责签订，下属人员不得代为签订。
2. 下属人员在权限范围内做好人力资源管理咨询协议签订的配合工作，如需要签订超越权限的咨询协议，应当提出申请，经上级主管人员审批通过后，依授权或委托签订。

续表

制度名称	人力资源管理项目咨询协议签订规范	编制部门	
		执行部门	

第9条　咨询协议签订注意事项

1. 签订人力资源管理项目咨询协议时，签订人员应首先审核客户方签订人的身份，重点审核有无代表客户方签订协议的资格。凡代表他人的一定要有授权委托书，代表企业的还要加盖公章。
2. 签订人力资源管理项目咨询协议时，咨询协议条款必须能确保本公司的合法利益不受损害。
3. 签名、盖章应清晰可见，人力资源管理项目咨询协议文本有修改的应在修改处盖章、注明，并保持双方存留合同文字内容的一致性。

第10条　咨询协议存档与使用

1. 咨询协议签订过程中所产生的一切文件、语音资料等应当编号、整理、存档。
2. 咨询协议签订后，应将咨询协议正式文本复印若干份，平时应尽量用复印件，以免造成原件丢失。

第4章　附　　则

第11条　本规范由咨询事业部负责制定，其解释和修改权归咨询事业部所有。

第12条　本规范需报总经理审批通过后，自公布之日起生效。

编制日期		审核日期		批准日期	
修改标记		修改处数量		修改日期	

（2）人力资源管理项目咨询协议（见表10—6）

表10—6　　　　　　　　**人力资源管理项目咨询协议示范**

人力资源管理项目咨询协议示范
甲方（委托方）： 乙方（受托方）： 依据《中华人民共和国合同法》规定，甲、乙双方经友好协商，本着自愿、相互信任、真诚合作、共同发展的原则建立长期友好合作关系，经甲方委托，乙方认可，双方深入沟通，并就＿＿＿＿咨询项目的服务内容、范围、费用等有关事项达成共识，拟订以下条款，形成本协议。 一、本项目成果表现形式 1. 乙方与甲方合作，共同完成本次咨询项目。项目成果表现形式主要分为＿＿＿类：PPT 文件格式和 WORD 文件格式。 2. 本项目成果包括（略）。 二、项目范围和目标（略） 三、协议期限（略） 四、项目组织和人员安排（略） 五、项目成果确认方式（略） 六、双方权利义务（略） 七、项目费用与付款方式 1. 本咨询项目总费用为人民币＿＿＿万元整，即 RMB ＿＿＿元。项目期间和项目后续服务期间，如因项目需要，＿＿＿顾问需要去异地出差，则甲方负担＿＿＿顾问的交通、住宿和餐饮等费用。 2. 本咨询费用分四次支付，支付方式如下。 （1）第一次：项目咨询协议签订后三个工作日内，甲方向乙方支付人民币＿＿＿万元整，即项目总额的30%。 （2）第二次：项目启动后第五周，且乙方正式完成约定的咨询成果（见《项目建议书》），并经甲方确认认可该成果后三个工作日内，甲方向乙方支付人民币＿＿＿万元整，即项目总额的40%。

续表

人力资源管理项目咨询协议示范
（3）第三次：乙方正式完成所有约定咨询模块的成果（见《项目建议书》），并甲方确认可该成果后三个工作日内，甲方向乙方支付人民币_____万元整，即项目总额的25%。 （4）第四次：乙方完成后续跟踪服务后五个工作日内，甲方向乙方支付人民币_____万元整，即项目总额的5%。 八、违约责任和不可抗力条款（略） 九、协议变更、解除与终止（略） 十、争议解决（略） 本协议一式四份，双方各执两份。 甲方（盖章）：   乙方（盖章）： 授权代表签字：   授权代表签字： 日期：   日期：

10.4.3 高风险环节分析

在人力资源管理项目咨询协议签订过程中，第三方人力资源服务单位面临的最大风险就是咨询协议无效或存在重大漏洞，导致己方有可能面临巨大损失的风险。为规避此种风险，第三方人力资源服务单位应建立规范的人力资源管理项目咨询协议会审机制。

人力资源管理项目咨询协议在形成正式文本前，应由咨询协议关键条款涉及的部门（如咨询事业部、财务部）会同法务部对咨询协议文本进行审核。咨询协议会审主体及要点见表10—7。

表10—7　　　　　　　　咨询协议会审主体及要点

会审主体	会审要点	会审要点说明
咨询事业部	可行性	包括签约方是否具备签约资格，本单位是否具备履约能力等
法务部	合法性	合同的主体、内容和形式是否合法，合同订立程序是否符合规定，资金的结算方式是否合法
	严密性	合同条款及有关附件是否完整齐备，文字表述是否准确，附加条件是否适当合法，合同约定的权利义务是否明确，数量、价款、金额等是否准确
财务部	经济性	对方的资信情况、价款支付条件是否合格，违约责任条款（如违约金的赔偿及经济损失的计算）是否明确、有效

10.4.4 常见问题的解析

在签订人力资源管理项目咨询协议时，第三方人力资源服务单位经常会遇到合同双方有异议，难以达成一致或即使达成一致，相关条款也多对我方不利的情形。面对此种情形，第三方人力资源服务单位应不断总结、吸取经验教训，掌握谈判技巧及方法，从而能高效地将问题解决。

（1）做好咨询协议谈判的准备

准备工作是签订一份人力资源管理项目咨询协议的关键步骤。在进行人力资源管理项目咨询协议谈判前，第三方人力资源服务单位负责谈判的人员应做好相应的准备工作，具体如图10—11所示。

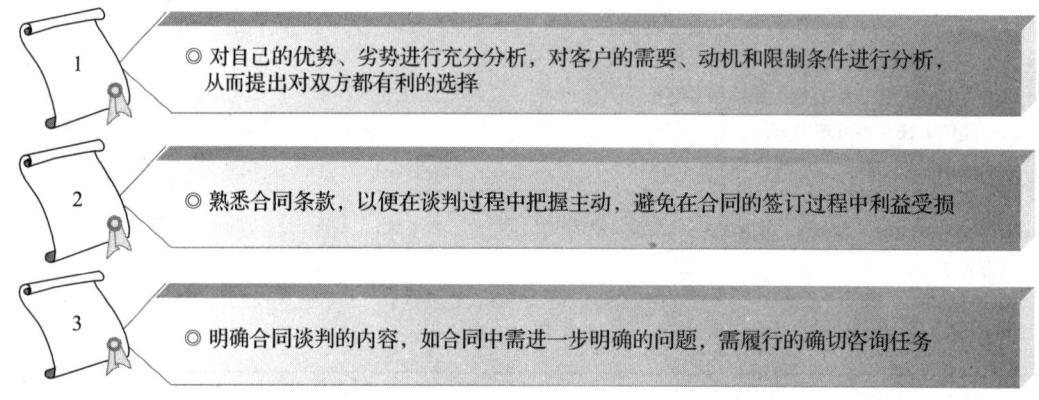

图10—11 咨询协议谈判的准备工作

（2）给谈判留出余地

咨询协议谈判是一个双方不断博弈的过程，一点妥协都没有的谈判往往会以失败告终。第三方人力资源服务单位如果以自己能接受的最低价格或最好的服务作为交易起点，就没有后续和客户进行讨价还价的资格。因此，在刚开始谈判时，第三方人力资源服务应留有一定的谈判余地，从而确保双方都对最终的结果感到满意。

（3）不要放弃得太多或太早

一份双赢的咨询协议往往是基于双方都愿意做出让步，且这种让步不会让某一方觉得特别不公平。第三方人力资源服务单位如果让步得太多或太早，在谈判中就容易使自己处于不利地位，难以获得客户等同的让步。所以，第三方人力资源服务单位千万不要急于求成，轻易放弃自己的条件，应在做出让步时尽可能从对方获得同等的让步。

10.5 人力资源管理项目问题诊断业务流程与规范

10.5.1 人力资源管理项目问题诊断业务流程图示范（见图10—12）

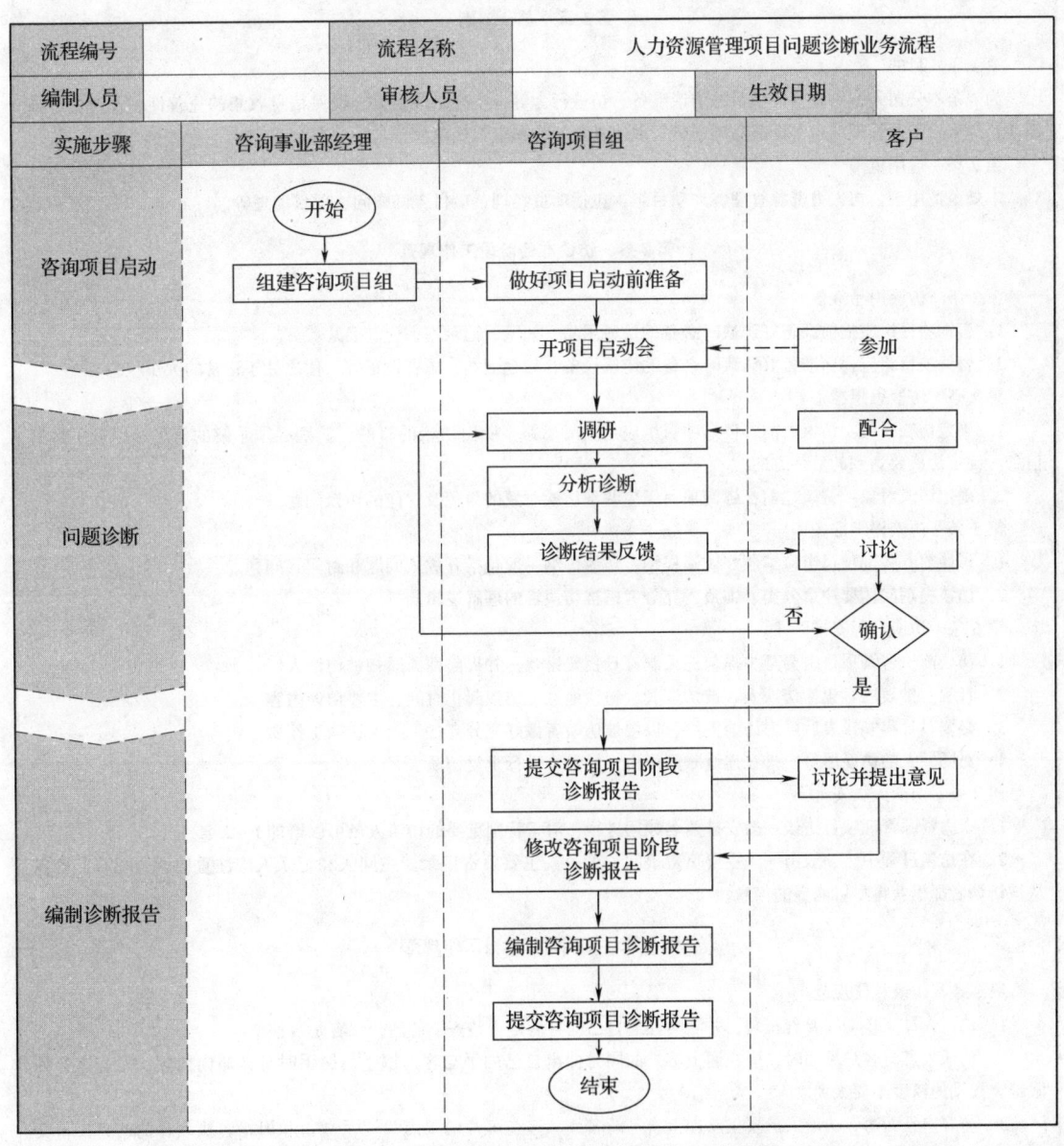

图10—12 人力资源管理项目问题诊断业务流程图示范

10.5.2 人力资源管理项目问题诊断业务规范的编制（见表10—8）

表10—8　　　　　　　　人力资源管理项目问题诊断业务规范

制度名称	人力资源管理项目访谈工作规范	编制部门	
		执行部门	

第1章　总　　则

第1条　目的

为规范本公司人力资源咨询项目的访谈准备、访谈行为等，提高访谈质量，确保信息收集的完善性、及时性、准确性，为人力资源管理项目咨询服务顺利进行奠定基础，特制定本规范。

第2条　适用范围

本规范适用于公司人力资源管理咨询项目组，包括项目经理、项目咨询顾问、项目助理等。

第2章　访谈准备阶段工作规范

第3条　访谈用品准备

1. 咨询项目组应提前准备好访谈时必备的访谈用品，如笔、记录本、包、名片等。
2. 咨询项目组应提前准备好访谈时必备的访谈设备，如笔记本、录音设备等，使之处于正常的工作状态。

第4条　访谈思想准备

1. 确定访谈目的：访谈之前，咨询项目组应当理清思路，明白访谈的目的，辨别必须了解的信息和尽量了解的信息，确定访谈要达到的最终方向。
2. 确定访谈对象：访谈之前，咨询项目组应明确访谈对象的角色及对应的访谈问题。

第5条　访谈提纲准备

1. 访谈前，咨询项目组应编制好访谈提纲，访谈提纲一般包括开放式问题和封闭式问题。
2. 访谈提纲问题要注重分类、细致，充分考虑被访谈者的理解逻辑。

第6条　访谈日程安排

1. 访谈前，咨询项目组要至少提前三天制订日程安排表，并提前两天通知被访谈人。
2. 日程安排表内容包括访谈人、被访谈者、访谈地点、访谈起止时间、主要访谈内容。
3. 必要时日程安排表后可附访谈提纲，以便被访谈者做好充分准备，确保访谈工作质量。
4. 对同一人的访谈尽量安排在连续时间段内，尽量不进行重复访谈。

第7条　访谈人员安排

1. 人力资源管理项目访谈一般安排两名顾问进行，对于特别重要的访谈人员可以增加1~2名。
2. 在访谈过程中，一般由一人主要负责提问，另一人主要负责记录。主问人和记录人应注重协调、配合，确保从被访谈者那里获得尽可能多的信息。

第3章　访谈执行阶段工作规范

第8条　访谈礼仪规范

1. 访谈人员工作期间要着正装，并随时注意自己的着装是否整齐、清洁，仪容是否整洁。
2. 访谈人员与客户见面时，应在迎上客户的同时伸出自己的手与客户握手，握手时身体略向前倾，看着客户的眼睛，摇动的幅度不要太大。
3. 与客户见面时，访谈人员要主动递上自己的名片。递交名片的要点为双手食指和拇指各执名片的两角，将文字正面朝上，一边自我介绍，一边向顾客递名片。

续表

制度名称	人力资源管理项目访谈工作规范	编制部门	
		执行部门	

第9条　访谈语言规范

访谈人员应注意交流、沟通的语言使用,避免出现攻击性、不礼貌语言。本公司访谈人员在与客户沟通时禁止用以下语句"你说的不对""你听我的""你什么都不懂"等。遇有分歧时,可用"我不赞同您的观点,我的观点是……""我们先沟通一下概念"等。

第10条　访谈工作纪律

1. 访谈人员应服从项目经理的工作安排,项目经理安排工作时也应注意与访谈人员进行充分沟通。
2. 工作时间,访谈人员不得做与工作无关的事项,不要大声说笑,以免影响他人工作。
3. 开会、讨论等集体活动,访谈人员要准时出席,以体现对他人的尊重。
4. 在客户面前,访谈人员的观点必须统一,不得发生矛盾与争吵。
5. 访谈人员应维护公司形象,不得接受客户方的任何个人私下馈赠的贵重物品。
6. 访谈人员应遵守客户方的制度,尊重客户方的企业文化和当地风俗习惯。

第11条　访谈作息时间安排

1. 访谈作息时间由项目经理根据项目特点及客户作息时间确定,访谈人员应严格执行。
2. 原则上每天工作最晚到晚上11点,11点以后若还需加班的,项目经理应征得访谈人员同意后再安排。
3. 访谈人员有事外出或单独活动,需提前向项目经理请示,并时刻保持通信联络畅通。

第12条　访谈记录管理规定

1. 访谈人员应利用笔记本,客观、准确、全面记录下对方所有观点。
2. 对于重点问题、难点问题访谈人员也可用笔在记录本上进行记录,并加以标记。
3. 提纲未列出的问题,但访谈中发现很重要的,访谈人员可随机应变予以追问,并进行记录。
4. 访谈记录要按照访谈记录模板及时进行整理,并做好保存备份工作。

第13条　访谈保密规定

1. 访谈开始时,访谈人员要向被访谈者申明保密原则,解除访谈对象疑虑。
2. 访谈中,访谈人员不得泄露其他被访谈者的观点,防止串话或误导。
3. 在公开场合或有其他人在场时(如就餐、乘车、外出等),访谈人员不得互相或与他人谈论工作。
4. 访谈用的笔记本、录音笔等应妥善保存,不要随便放置,防止丢失或泄密。

第4章　附　　则

第14条　本制度由咨询事业部负责制定、解释,并于每年的12月修订一次。

第15条　本制度自20＿＿年1月1日起实施。

编制日期		审核日期		批准日期	
修改标记		修改处数量		修改日期	

10.5.3　高风险环节分析

咨询项目组组建不佳、调研遇到破坏者、分析诊断结果有重大失误等,都会导致人力资源管理项目咨询服务的失败。

(1) 未能成功组建咨询项目组

咨询项目组的水平、能力如果与所承接的人力资源管理项目非常不匹配,那么基本来说这个项目不会成功。而项目经理作为整个项目的灵魂及核心人物,将直接影响咨询项目组的整体水平。因此,在选择项目经理时,咨询部经理应慎之又慎。具体来说,项目经理最重要的能力依次如图 10—13 所示。

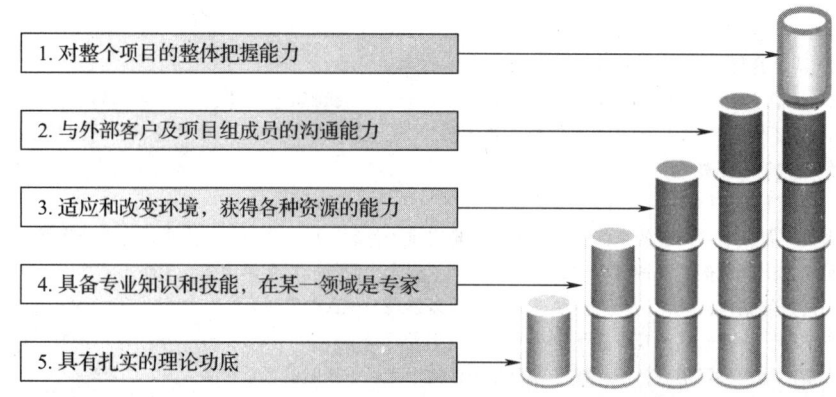

图 10—13　项目经理最重要的能力

（2）调研遇到破坏者

基于个人利益或其他考虑,咨询项目组的调研有时候会遭遇到破坏者的干扰或阻拦。面对此种情况,咨询项目组可以采取以下对策：

1）与破坏者进行重点谈话,消除其误解及疑虑。

2）用事实、用数据与破坏者对质,请他放弃原来的不合理的主张。

3）将破坏者的行为向其领导反映,让其领导来处置。

（3）分析诊断结果有重大失误

分析诊断结果一旦出现重大失误,将直接影响后续咨询方案的出具,从而影响咨询项目的验收结果。为规避此种情况的出现,咨询项目组应采取多种方法收集项目信息,并对项目信息进行仔细、科学的分析。除此之外,咨询项目组在提交诊断报告前,还应举行一次或多次反馈会议,和客户一起去评论主要的调查诊断结果,确保调查诊断结果的准确性。

10.5.4　常见问题的解析

在进行人力资源管理项目问题诊断时,第三方人力资源服务单位经常会碰到访谈效率不高、问题诊断结果片面、客户单位对咨询项目诊断报告不认可等问题。针对所发生的问题,第三方人力资源服务单位可采取以下措施,以确保人力资源管理项目问题诊断工作顺利、有效进行。

（1）做好访谈工作

1）访谈前,要对访谈时间进行预先设计。实施访谈时,访谈人员要注意控制访谈时间,一般不超过或少于原定访谈时间的四分之一。

2）访谈时,访谈人员要注意控制对方话题,防止对方漫无边际地谈论,可在对方稍微停顿时用总结对方观点的方法打断对方,并将话题拉回来。

3）对某些典型事例、问题要深入了解,弄清人员、部门、时间、相关数据等准确的内容。

（2）做好问题诊断工作

为做好问题诊断工作,确保编制的问题诊断报告符合客户单位的实际,获得客户认可,项目经理应在将诊断问题反馈给客户单位之前,组织项目组成员开展项目研讨会。具体开展项目研讨会的要求如图10—14所示。

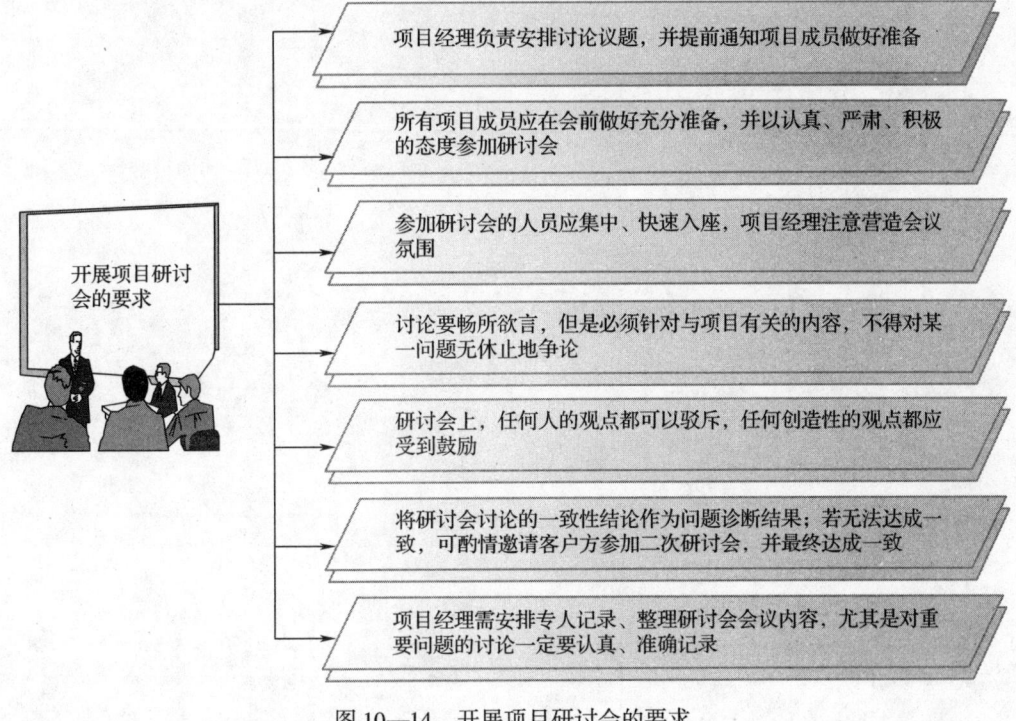

图10—14 开展项目研讨会的要求